債券天王

MARY CHILDS

瑪麗·蔡爾姿——著　劉道捷——譯

THE BOND KING

How One Man Made a Market,
Built an Empire, and Lost It All

目錄 CONTENTS

前言

王者的崛起與謝幕

二〇一三年十一月，我犯了一個嚴重錯誤。幾週以來，我一直忙於處理這本探討世界最大基金管理業者——品浩太平洋證券投資顧問公司（Pacific Investment Management Company, PIMCO）的著作，他們在債券市場上投入了驚人賭注。為了撰寫本書，得勸誘很多消息人士，告訴我不透明的信用違約交換（Credit Default Swap, CDS）市場上的真正交易狀況；我必須列出資料，進行事實查核，我拿著這些數據，和品浩公關人員比對極多次，以致對方似乎極討厭接聽電話。本書付印前夕，我完成最後一次事實查核，編輯把本書安排在半夜付印。

早上，我收到同事柯戴爾寄來的電子郵件，裡面充斥著驚嘆號，像是在為了什麼事情道歉。似乎是該公司的傳奇創辦人，有投資天王美名的比爾．葛洛斯（Bill Gross），在彭博廣播（Bloomberg Radio）中指責我的著作裡某些事實有誤。

他說：「我要指責瑪麗的報導，她需要改正事實。」[1]他還補充，在掛掉電台採訪的電話後，會在「幾分鐘內」和我說話。我覺得自己快吐了，搞錯一件非常重要又基本的事：說錯葛洛斯最大且最重要基金的**績效數字**。我在第一章寫道，以**價格**報酬率而不是**總**報酬率來說，這檔基金下跌約三%。你大約閱讀三十頁後，就會知道這絕對是菜鳥的寫法。

葛洛斯上廣播受訪時，談的是這檔基金的**實際**報酬率，他說：「我們擊敗大盤多達七十五個基點（Basis Point）。」

我現在必須修正自己的重大說法，我在羞愧之餘，坐在彭博終端機（Bloomberg Terminal，這是整個華爾街賴以運作的特殊機器）前，拚命複製葛洛斯在廣播中所說的數字，也就是勝過大盤〇．七五%。這應該不難，但是我卻無法算出，一再得到相同的答案，也就是這檔基金**輸給大盤一%**。我嘗試不同的投資時間、重新輸入基金名稱，卻還是想不通為什麼。

葛洛斯遵守諾言，在廣播專訪後打電話給我。我沒有嘔吐，記得當時他對我的錯誤和善到讓我吃驚，原因可能是他已經公開指責過我。略微交談後，我告訴葛洛斯，正在努力修改說法，一再設法得出他在廣播上說的績效數字，卻算不出來，**我到底哪裡錯了？**

是這樣啊！他輕笑著說，**妳得說妳的數字，我得說我的數字。**

那是八年前，我們的第一次互動。這些年來，我們聊了數百個小時，談論他的公司、他的事業生涯、他的交易、他的錯誤、他對千禧世代的看法、人際關係的本質、遺澤的意義。我得知他格外自豪與不安全感，他和數字的關係，還有他與真理的聯繫。

名聞遐邇的債券基金帝國

金融圈很少有人像葛洛斯一樣，受到持續不斷的關注。他為人樸實謙虛，出身俄亥俄州，憑藉著他的口號、數十億美元的個人財富，以及透過品浩代客操作的數兆美元，從一九八〇年代開始建立債券基金帝國到現在，已經在金融界揚名數十年。

當時美國進入空前未有的借貸熱潮才幾年，資金湧入任何經濟生產行為，促進經濟急速成長，熱烈的自由市場出現混亂的欣欣向榮現象，助長績優的產業公司與革命性科技和邊緣的新創企業。這場偉大的實驗有助於推動進步，創造改善數十億人生活的平價工具。

葛洛斯站在一切的最前線，在創造和塑造「債券市場」，繼續為全世界企業提供融資上，發揮關鍵性作用，啟發成千上萬的投資人想要像他一樣投資，像他一樣賺錢後還能再賺更多錢。

儘管葛洛斯全力施為，但名聲卻很少外溢到金融圈之外，主因是一般人不喜歡談論「債券」。大家認為債券太複雜、太讓人困惑，反而喜歡談論**股票**，股票也代表對企業的部分債權，但風險比債券高，也比較反覆無常。股票是讓你我這種人購買的文件，代表持有一家公司的一小部分所有權，如果我們擁有的企業生意興隆，多少會變得比較富有；如果這家公司倒閉，我們會損失部分或全部的資金。

在你我這樣的人之上，有一個更有趣又更有影響力的廣大天地，就是債券市場。購買債券的大多是精明的機構投資人之類的大戶，債券的交易金額通常不小，一筆交易都要數百萬美元。

債券和貸款聽起來雖然很嚇人，但卻不難了解：每個人都需要資金，有時候需要一筆錢購買大東西或興建大物件，發行債券只是把未來的付款變成今天的預付款。如果你曾經利用貸款，買過房子、汽車或隱適美（Invisalign）牙齒矯正器，你就是債券發行人，把錢借給你的人靠著你繳交的利息賺錢。企業和你我一樣需要借錢，然後為借來的錢繳納利息。

債券和貸款就像房貸，有不同的結構與風格，有些借款會有擔保品擔保，如果借錢的人無法還款，可以賣出擔保品償債；有些借款則建立在信用和司法體系保障的協議文件上。第一檔公司債是在將近四百年前發行，過去半個世紀以來，公司債加速發展出很多精微和奧妙的地方，新結構與新產品層出不窮。在你閱讀這段文字時，就有一種新產品正在蓬勃發展，這種情形很有趣，也很令人興奮。有些人喜愛這種東西，也藉此發跡，他們像是把蝴蝶釘在展示盒裡的昆蟲學家，深知其中不同的種類，並珍視特異之處。

其中的王者是葛洛斯，他在這個市場早年加速發展之初闖入，發明不少方法，把購買債券變得極為有利可圖，他在狂熱參與之餘，協助製造市場的斷點，促成這個黃金時代的結束。

金融海嘯帶來的危機與啟發

二〇〇八年金融海嘯來襲時，企業發行數十年的公司債到期，企業借了錢，不但沒有還款，反而由美國政府代為償還，企業和金融機構獲得政府「紓困」，避免虧損，但是換個角度來看，是我們這些人民替它們紓困。

在房貸上，這種情形表現得最明顯，隨時能把影響力發揮到最淋漓盡致的人，莫過於葛洛斯和品浩。這時候美國房貸市場早已變成半社會主義的市場（儘管我們從來不曾這麼說），政府多少總是承諾會介入、會為房貸提供「保證」，和其他市場參與者相比，葛洛斯和品浩更施壓政府，要求明確宣示這種保證。政府會確保購買房貸產品的終端投資人「獲得完全清償」，不致虧損，保證他們在財務之島上安全無虞，進而擴大到包括收取費用、代客投資四〇一（k）計畫的理財業者，如共同基金和避險基金業者的投資機構，卻不包括還在繳交房貸本息的人——這些人現在是在為一個負數空間繳款，因為積欠的房貸債務大於住宅價值。

在一個自稱熱愛混亂、不受限制的自由市場社會裡，擔保房貸市場可能是反常現象，但是後來政府的擔保卻繼續擴大和轉移。在金融市場的大部分領域裡，業者都感受到美國政府明示或暗示性的完整信心或信用保障。以前放款人如果突然不想貸放，企業就會借不到錢；金融海嘯爆發十多年後的今天，聯邦準備理事會（Federal Reserve，聯準會）則會介入。如今看來，為了生態系統的健全而讓事物倒下的「創造性破壞」機制太有破壞性，仍然稱為**資本主義**的東西已經變成有趣的沙盒，在這種沙盒裡，如果你受傷，總是會有人跑過來幫忙。

在本書裡，你會看到這些人為我們今天見到的系統奠定基礎。一九七〇年代，葛洛斯承襲這個系統時，該系統並不完美，是由世界觀較小的人建造，所以在用利潤、年度、成本和攤銷速度等數字來描述這個世界時，排除了很多會讓這個遊戲變得無趣或無利可圖的因素。例如歧視，會扭曲經濟行為者並打擊定價能力；例如環境，會導致飲用水的成本變成零，汙染飲用水也不用付出代價。這些缺陷藉著複利的力量而壯大，也使得投入其中的資金獲得驚人的利潤。

這是葛洛斯在一九七一年涉足的遊戲，之後五十年裡，他和品浩協助這種遊戲進一步發展，而且為客戶和自己從中抽走數十億美元。葛洛斯偶爾會覺得他們拿走太多錢，為了補償而捐出近十億美元，給認為值得捐助的慈善事業與人物，但卻繼續玩著這種遊戲。

品浩的合夥人仍維持這種遊戲，好繼續享受其中的樂趣，以免遊戲中斷或惡化，這些系統創造的權力和金錢的支流，流入我們的經濟與社會版圖裡，為他們的保護者提供金援，維護他們的政治事業；他們在住宅政策上大力遊說，以免自己的地區發生變化；他們透過合法賄賂，送子女就讀全美最好的大學，其中有一個案例聲名狼藉，甚至涉及非法賄賂。

事實查核強化訪談的正確性

二〇一四年春天，我以「跑線記者」的身分，開始主跑品浩（和其他資產管理業者）時，已撰寫與公司債相關的報導四年，因此會說他們的行話，也在喜歡用電子郵件勝過直接對話的壓力鍋裡工作過，所以我已經了解他們的大部分文化。

我的工作是寫出他們對美國經濟展望的看法、他們接受電視和廣播電台專訪的內容、他們的白皮書與遊說嘗試，要和大樓內獲得公司公關團隊核准，可以跟我溝通的人談話；要是有人收到我發送的訊息，就會立刻傳給公關團隊，然後公關團隊會指責我想不按規矩，胡亂和他們的人談話。我會提醒他們，這是我的職責，我也會繼續這樣做。

這對突發新聞有利，對了解當下發生的事情有利，但是為了撰寫本書，我卻必須回到過去，要和公司聯合創辦人、最初的客戶和舊客戶談話，和一九七〇年代與原始時期公司合作的顧問談話，和在那裡工作到上週離職的人和還在職的人談話。我要跟他們的妻子、朋友、競爭對手及敵人交談，還要和葛洛斯的中學同學和一位口技藝人談話。

我傾聽每一位願意與我交談的人說話，本書就是以這些訪談（和兩百多人數百個小時的採訪）為基礎，他們都直接了解或接觸這家公司及其人物陣容。我挖掘公共檔案、法庭紀錄、訴訟、證物和證詞，大量引用彭博新聞社（Bloomberg News）、《金融時報》（*Financial Times*）、《霸榮週刊》（*Barron's*）、《華爾街日報》（*The Wall Street Journal*）、路透社（*Reuters*）、《紐約時報》（*New York Times*）、全國廣播公司商業頻道（*Consumer News and Business Channel, CNBC*）、《橘郡商報》（*Orange County Business Journal*）、《交易機會仲介》（*Dealbreaker*）、《洛杉磯時報》（*Los Angeles Times*）、以及《浮華世界》（*Vanity Fair*）、《大西洋月刊》（*The Atlantic*）、《債券買家》（*The Bond

Buyer）、網站法律三六〇（Law360）、債券發行（Debtwire）和很多其他出版品的報導。

因為保密協議在金融業很常見，品浩又以好訟聞名，有助於撰寫本書的大部分訪談都是「幕後消息來源」，意思是我不能引述姓名或身分資訊。這些談話出自大家不完美的記憶、多年前事件的回憶，我利用同一時期事件的文件和其他人的說法，謹慎查核與比對所有紀錄。我很遺憾不能與相關的每個人談話，因為有些人無法接觸，有些人已經過世，或是從未回電，也有一些狀況是我根本不可能追查到的。本書架構一定會受到願意和我說話的人影響，這方面已經盡量補救，每個人只要還在世，都會有機會評論或更正書中呈現的事實。多年來，穆罕默德・伊爾艾朗（Mohamed El-Erian）一直拒絕我請他發表意見的請求，卻顯然在本書出版前，取得未經授權的版本，然後透過律師寄來非常詳細的信件，列出對某些章節的明確反駁，我已酌情處理這些意見。每個還在世的人都有機會評論，或更正書中呈現的事實資訊。

我蒐集多年的零碎資訊、舊剪報、分析師報告、學術論文和專訪後，集中放在本書。本書不是品浩的詳盡歷史，其中缺少一些東西，而且我敢說，裡面多少有些東西沒有正確陳述，因為我們全都有自己的東西要訴說。本書已經過專業的事實查核，同時盡量在這家公司漫長的崛起和迅速瓦解過程中，說明到底出了什麼事、奪走什麼東西，又留下哪些遺澤。

第一章

預測房市風暴

二〇〇五年八月，艾達信（Daniel Ivascyn）進入房仲的座車，坐在副駕駛座上，繫好安全帶。他要在這個美好八月天一大早，和這位陌生房仲四處閒逛，他們開著車，離開國家金融公司（Countrywide Financial Corporation）辦公室，這裡是該公司在波士頓地區新設的四間事務所之一。他們要開車經過眾多建築吊車、推土機及包著泰維克（Tyvek）塑膠布的房屋鋼架，查看某個郊區住宅區，標語寫著：「如果你住在這裡，就代表你到家了。」

他們已討論房地產市況，艾達信覺得市況帶有泡沫不是新聞，房市已經稍微降溫，但是每年到了這個時候，學校開學，天氣變壞，房市降溫是正常的。房仲打算讓艾達信看幾個社區，認為艾達信會對這幾個地方有興趣，在接近那裡時表示：「我們在這裡承作很多只繳利息、不繳本金的貸款，下一個建案大多數是承作浮動利率貸款，如果我們在這裡轉彎，再一路走下去，就會走到承作很多『輕鬆貸』產品的地方。」當他們把車子開到更郊區時，估算正在上漲的房價：「伍斯特（Worcester）市場是在波士頓房價漲到大家買不起，退出波士頓後才上漲的。」

艾達信是買賣房貸與相關產品小組的分析師，風度翩翩又和善，讓人放心。他耐心聽著房仲的話，盡責記錄。這麼做並沒有讓艾達信不耐，他可以看出這在行銷上的好處，他們可以告訴客戶，品浩不光是信任資料，實際上還會出去查核資料。

葛洛斯曾堅持道：「我們需要了解這個國家的其他地區。」[1]有些經濟學家已經提出房市泡沫的警告，但金錢的力量還是能淹沒其他雜音。即使聯準會主席亞倫．葛林斯班（Alan Greenspan）明白表示，市場上「有一些泡沫」，[2]但漲價熱潮還是如火如荼。品浩分析師認為，根據他們一貫的深入研究，再根據年租金兩萬美元的彭博終端機上黑色和黃色資訊，明瞭市場失控的程度有多嚴重。但葛洛斯要的是「真正的」資料，是手下房貸債券交易員已經歸結出來的資訊，艾達信無法拒絕這個要求。

實地訪查房市獲得的洞見

葛洛斯性格善變，是品浩的掛名負責人和領導者，在一九七一年與另外兩人共同創辦這家公司。他們接收一家人壽保險公司某個冷清部門，並轉變為世界最大的債券管理公司。如今這位高高瘦瘦、留著小鬍子、看似虛弱的投資長，是唯一還在奮力衝刺的人。二〇〇二年，《財星》

（*Fortune*）雜誌稱葛洛斯為「債券天王」（Bond King），[3]這個尊稱就這樣流傳下來。

品浩有四十位信用分析師，負責研究ＩＢＭ和通用汽車（General Motors, GM）之流的大企業，因此葛洛斯推想到，為什麼不派遣十位分析師到各地研究？他說：「不用派他們到阿蒙克（Armonk）訪談ＩＢＭ財務長，而是要派他們去底特律、邁阿密或拉斯維加斯之類的地方。」[4]

葛洛斯是在交易日中間，倒立做著瑜伽孔雀起舞式時，想到這個絕妙的主意。分析師要出門，假裝潛在購屋客，坐車跟著房仲四處賞屋，得到市況變化的真正資訊。所以，現在艾達信各有一位同事在底特律、邁阿密和拉斯維加斯，他的上司——房貸小組主管史考特．席蒙（Scott Simon）則前往達拉斯，因為他愛吃烤肉。他們都不會購屋，甚至不會假裝買房，席蒙和整個團隊的人都反對假裝買家的想法。

因此他們轉而打電話給房貸業者裡的熟人——品浩向他們買過成千上萬，甚至以億美元計的房貸證券，要求他們聯絡本地房仲和分公司職員，好進行這種有點虛假的行程。這些業者在警惕之餘又覺得困惑，不知道品浩為什麼要這樣做，但礙於對方是超大客戶，因此都一口答應：「當然沒問題，到瑞麥地產（RE/MAX）和我們的人會合。」

之後葛洛斯表示，他們確實按照他的要求去做，而且假裝成有興趣的購屋者。他告訴《紐約時報》，他曾為了這個花招是否合乎道德而苦苦掙扎，他說：「我覺得這麼做不好，但不知道怎麼樣才能得到真正的資訊。」[5]

葛洛斯當然沒有上路，他討厭旅行，待在新港灘（Newport Beach）大本營的辦公桌，背後有燦爛的陽光、天空和大海的風景，他卻從未轉身欣賞。他不發一語，眼睛急眨，腦袋在很多閃爍的螢幕之間轉動，就像在一窩老鼠前的老鷹，監看著他的彭博終端機，搜尋債券價格和新聞提要，也搜尋外界稱為電子郵件，終端機上稱為「訊息」（MSG）的資訊。

這個房市計畫（Housing Project）引發艾達信和上司席蒙的怨言，兩人在其他公司多少都會受到敬重，席蒙卻毫不反對地奉行這個計畫，幾乎讓人覺得訝異。席蒙是品浩裡少數受到外界尊敬的人，善於創造報酬率的能力不容置疑，也有調皮的性格，這些特質加上他在交易方面的優異表現，發揮神奇的力量，讓他不受公司的侮辱、小氣和迂腐影響。

席蒙發現，房市計畫在後勤方面很煩人，要花時間把整個房貸團隊部署在全國各地，確認他們在**本分上**已經知悉的事，卻**沒有**留給他們多少時間，也並未經過投票同意，但有免費的烤肉還算值得。

一整天，那位房仲載著艾達信經過好多個社區，途經一棟要賣二十二萬五千美元的房子、一棟要賣三十六萬美元的房子、一棟售價比上次交易高出八成的房子，以及一棟比要價高出三〇%成交，令人深感震撼的新房子。這些建築物的貸款結構不太有創意，很多都是浮動利率房貸，目前的每月還款金額超低，幾年後還款金額卻會飛躍上升，但是這種貸款愈來愈普遍。老實說，這位房仲認為波士頓在這一點上並未與眾不同。

他們回到國家金融公司辦公室，艾達信握手感謝對方，兩人同意保持聯繫，艾達信在每個月底會打電話給他，閒聊十五分鐘，看看情勢有什麼變化。這位房仲似乎相當清楚房貸市場的情勢，因此維持溝通順暢可能會很有用。

艾達信轉身走回自己的車子，他往好的方面想，可以去探訪在波士頓的家人，這是好事；跟房仲和房貸銀行業者建立關係，可以取得其他公司得不到的資料，這也是好事。況且他親眼看到自己的團隊已經開始思考的現象，也就是房市已經失控，現在**遠遠**過熱。

大浪來襲前的反向下注

「用好話來說，不當放款的程度高到令人震驚。」[6]二〇一一年葛洛斯告訴《商業週刊》（*Businessweek*）。

一旦所有分析師帶著實地研究結果，回到新港灘後，就會把自己的發現寫成研究報告，因此到了二〇〇六年五月，公司發表「房市計畫」這份報告，探討現在每個人都知道的二〇〇〇年代初房市熱潮，說明低利率降低每月還款金額，讓買主可以用相同的每月還款金額，購買更大、更華美、更昂貴的住宅，房價一再上漲，貸款機構為了滿足市場，創造只繳利息和其他延後或隱藏還款的貸款，這種貸款只是在借款人累積債務愈來愈多時，為他們爭取時間而已。最後，他們會積欠太多債務，唯一的解決之道是用更高價格找到另一位買主。總有一天，這種伎倆會失效，借款人會停止還款。品浩的報告表示，市場會在「本身的壓力下趨緩」，[7]實際銷售的房屋數量會減少，求售的房屋數量會增加。

品浩的企業信用主管更進一步表示，二〇〇六年六月，預測房市也會決定經濟方向和企業借款人的展望，如果房市冷卻，消費者會緊縮支出，造成整體經濟冷卻，從而緊縮貸款標準，資產價格攀升的速度會趨緩，違約會增加，交易會枯竭，金融市場的價格波動會變得更加劇烈。「到時候，『待售』的牌子不只會出現在你鄰居院子的前方，投資人也可能會把『待售』的牌子，放在風險性資產上。」[8]

企業信用主管這麼一說，葛洛斯在交易廳的辦公桌上，原本就一直堆高的大量研究報告又多了一份。他也因此加入公司從葛洛斯以下到席蒙的房貸團隊和艾達信，大家合力發聲，預測房市榮景會結束，更糟糕的事情會開始出現。他們詳細提出，該結論會影響品浩的其他業務：如果房價停滯不前，品浩應該避免購買太多與房價相關的產品，如資產擔保證券（Asset-Backed Security, ABS）和房貸抵押擔保證券（Mortgage-Backed Security, MBS），或是充斥金融業，由過熱的華爾街機器生產出來，具有風險的衍生性金融商品（Derivative）。

一方面，像這樣的賭注正好符合品浩的利益，該公司一直宣揚世界處於「穩定失衡」狀態中，[9]好日子即將變壞。品浩的悲觀是與生俱來的，因為它是債券投資人。債券投資人是惡名昭彰的烏鴉嘴，債券只是一筆債務，是答應還本付息的一種承諾。在最好的情況下，債券買家會在到期日拿回本金，加上事前承諾期間要給付的利息。現在多虧葛洛斯和他的債券交易先驅，他們或許也可以在**正確的**債券上下注，賺取一些額外利潤。但是連債券價格的波動，都還是用「基點」計算，也就是用投資人拼湊起來百分點的一小部分計算。最糟的情況是借錢的公司破產，但是即使如此，債券投資人還可以從破產的剩餘資產中，挑選並收回一些東西。債券投資人追求的是安全性、經過計算的確定性。樂觀則是股票投資人的天性，股票投資人對公司資產沒有半點追索權，他們相信與成長、潛力和前景相關的題材，希望跟著這些題材飛到月球。理論上，他們的上漲空間無限，但是投資可能化為烏有，他們賭的是對企業管理階層的信心，而不是押注在債券文件上白紙黑字的承諾，也不是押注在限制借款人做出愚蠢抉擇的契約上。

開拓債券主動交易的先鋒

回到葛洛斯剛開始時，債券是鎖在保險公司保險櫃裡的文件，公司倒閉時，通常會吃虧。但是數十年前，葛洛斯說服上司，讓他開創一個小小的試驗性投資組合，以開創新局的方式交易債券時，預測災難突然變得可以賺錢。現在，整個房市看起來就像一場蓄勢待發的災難。

另一方面，對品浩來說，在買進房貸抵押擔保證券幾十年後，這麼做等於重大的策略逆轉。

其他投資人一向高估利率降低時，購屋者重新融資或繳清房貸的程度，品浩則樂於在其他人認為有風險的地方，撿拾額外的鈔票，因此該公司高興地搶購房貸抵押擔保產品。數十年來，品浩的熱情和優異績效，吸引其他投資人也試著投資房貸產品，這個市場在需求推動下不斷成長。現在要和這台賺錢機器對賭，幾乎好比改變身分。

然而，葛洛斯旗下的其他偵察者也告訴他，麻煩正在醞釀中。保羅．麥考利（Paul McCulley）用與眾不同的方式，在品浩出人頭地。麥考利主管現金小組，但實際上他是經濟學家，也是大思想家。二〇〇六年，他正詳細闡述自己提出的「影子銀行體系」（Shadow Banking System），[10]這是一種茂密、無形的交易森林，把從高盛（Goldman Sachs）到保險公司，再到品浩的金融機構綁在一起，全都簽訂合約，要買賣債券、交換合約（Swap Contract）和衍生性金融商品。這些關係讓它們緊緊纏繞，高度掩蓋誰實際上擁有什麼，以及誰積欠什麼債務。雖然每個人幾乎都視而不見，但是麥考利卻可以看出，纏繞、糾結在整個全球金融體系底下的，是已經腐爛的債務和融資根基。他是經濟學家海曼．明斯基（Hyman Minsky）的門徒，明斯基從一九六〇年代至一九八〇年代之間，一直宣揚過於平靜、穩定會埋下不穩定的種子，經濟繁榮時，大家會忘記苦日子，做的事會過分一點，借的錢會太多一點。麥考利早在二〇〇二年就敦促葛洛斯，要閱讀這些見地深刻、大家卻不熟悉的論文。他表示，經濟正在接近「明斯基時刻」（Minsky Moment），[11]也就是接近市場混亂的轉捩點。

品浩召開投資委員會（Investment Committee）會議時，隨時可能會變成爭吵，葛洛斯偶爾會無動於衷，看著大家吵鬧，偶爾又會主動帶著大家吵鬧。麥考利會高談闊論「影子銀行體系」，用慢條斯理的山地口音說過，也會拍會議桌，說**一切都糾纏在一起，一切都會爆炸**。

品浩不是唯一預見未來危機的公司；在房貸市場混亂的角落裡，有一些聰明人也心急如焚，但是棘手的是他們仍然必須為客戶創造報酬率，不然客戶通常會把錢收回口袋去。如果葛洛斯及其團隊要根據災難即將來臨的預感，採取行動，就必須明瞭怎麼安然度過知道事件要爆發，和事件即將經過之間的日子。

葛洛斯決定信任同聲一氣的艾達信、席蒙和麥考利等人，公司要大舉和市場作對。

與市場作對的先見之明

「葛洛斯大致上都是順勢而為，但是他擁有獨一無二的能力，知道什麼時候應該逆勢而行，反向操作。」品浩前合夥人班恩．托洛斯基（Ben Trosky）溫和地回憶道：「有很多次大家都驚嚇至極，葛洛斯卻繫好安全帶。」

葛洛斯以善於做出重大的反向預測聞名，而且他的預測經常都很正確。一九九〇年代初，美國爆發儲蓄貸款銀行危機後，銀行業步履蹣跚，聯準會為了造福銀行業，進行利率調整，維持短期低利率，同時容許長期利率上升。葛洛斯因此決定出售長期國庫券（Treasury），他做對了，交易很成功。

現在同行繼續大買風險性產品和衍生性金融商品，以及資產負債表外載具（off-balance sheet vehicles）時，品浩的交易員逐漸減少很多先前買進的高風險債券，而且葛洛斯準備好要對全世界發表宣言。他在二〇〇六年七月七日，在彭博電視（Bloomberg TV）和路透社上，宣布利率已經升到最高峰。他知道在金融業裡，有時候必須把自己的看法，灌輸到每個人的意識中，讓大家加入，強迫市場轉向。這是品浩的專長，一再發表報告、專訪、電視專題，麥考利發表「全球中央銀行焦點」（Global Central Bank Focus），而葛洛斯總是會發表他的，也是公司的《投資展望》（*Investment Outlook*），原因就在這裡。

葛洛斯從一九七八年開始，就發送這份已經成為傳奇的投資通訊，給客戶和想要閱讀的其他人。當時他從前任手上承接這份工作，不過他很快明白，如果想要擴大讀者群，吸引一群債券怪胎之外的讀者，就必須提供不同又有趣的事物，因此他把這份投資通訊變成一千四百字的古怪個人軼事與告解，文字質樸而口語化，提到他童年時期在俄亥俄州故鄉潺潺流動的小溪、五歲兒子在棒球場上的屈辱、自己大學時在籃球上的失敗嘗試，還把這些東西當成市場的比喻。有一篇通訊開頭是他自己所寫，與投資有關的詩，風格師法著名的美國詩人羅伯．福洛斯特（Robert Frost），另一篇談到聖誕節派對折磨帶來的恐怖，還有一篇則提及，他的白日夢是和穿著饒舌歌手風味弗拉福（Flavor Flav）戲服的精靈聊天。他把自己最喜歡的事物加以調整，塞進一九九七年的著作《道聽途說的投資術》（*Everything You've Heard About Investing Is Wrong!*）。葛洛斯的寫作風格雖然有點古怪，但那種古雅、深思的角色卻很討人喜歡，他還配合文字風格，以溫和的形象出現在財經節目上，尖細的聲音在全美交易廳裡還引發諸多嘲笑。

與眾不同的交易廳氛圍

熟知他的人都知道一切與事實不符，葛洛斯在實際生活上要求嚴格，毫不妥協、毫不退讓，而且他根據自己的形象建立品浩。銀行業或其他基金管理公司的交易廳裡，通常都會亂成一團，電視機的聲音很吵雜，大家大吼大叫、摔電話、說著粗俗的笑話或辯論。但是品浩的交易廳並非如此，大廳像圖書館一樣寂靜無聲，敲擊鍵盤的聲音是唯一例外。如果交易員必須說話、打電話給銀行，下單買賣債券，會悄無聲息地進行，對著話筒輕聲細語。偶爾有人會小小做秀，向電話另一端的華爾街人士強調，願意多給他們十六分之一美元，**因為我們是品浩**。不過這只有危急時才會採用。傳送電子郵件始終是較好的做法，即使收件人坐的地方離你只有九十公分遠。

葛洛斯坐在辦公桌後，把鬆開的領帶繞在脖子上，西裝外套掛在附近的衣架，從早上六點到十點半前結束的瑜伽時間，然後再到下午很晚時，都會待在那裡。技術員每天早上會先來辦公室，替他登入個人電腦、Unix作業系統、路透社和彭博終端機，也會進行印表機測試，好讓眾多的彭博終端機螢幕閃閃發光，歡迎他的到來。其他人大多必須用指紋登入，葛洛斯的終端機沒有生物辨識的登入方式，如果他或技術員忘記密碼，密碼已經寫在便條上，用膠帶貼在鍵盤。

葛洛斯一週要開四次投資委員會會議，從中午開到下午兩點左右，有時還要加開其他緊急會議，沒有這樣的會議最好，他希望一直坐在那張椅子上。

他不喜歡閒聊，走在走廊上會避免眼神交流或打招呼，但比較高壓式互動的風險總是存在。對公司交易員來說，從螢幕上意外抬頭，和葛洛斯短暫的眼神交會，可能會輕易讓這一天脫軌，變成慘劇！幾秒後，你可能收到這樣的電子郵件：「你的投資組合中的五大部位是什麼？原因何在？」「交給我三個可行的交易概念。」那你的這一天就完了。這種恐慌會一路蔓延，從投資組合經理人到手下的分析師，再到負責執行公司市場概念的交易員，恐懼會瀰漫在面對客戶的投資組合專家、負責發明新產品讓客戶購買的產品經理，以及全力讓事情合乎法律規範的法遵人員之間。不管你做得多好都不夠，你要更努力、做得更好，你**總是**處於危機中。

葛洛斯不斷測試大家，過去經常在交易廳走動，詢問屬下和他們的工作只有些微相關的某種冷門證券，現在的價格是多少，還要說到小數點以下的價格；或是要求五、六位資深投資組合經理人，手算只要輸入彭博終端機，即可輕鬆找到的數字。或者，他會在你買賣債券的委託單上草草書寫，然後留一張便條在你的桌上，有時是稱讚你的交易概念，較常見的情況是要你說明：你為什麼會持有這麼多那種債券？不管你持有的部位多小，或是從已經內爆或辭職的上一位仁兄繼承而來，而你不知道他在兩年前為什麼會購買，重要的是公司「擁有」這種風險，而現在這種風險屬於你，你要為它辯護，在新資料和價格下，你有什麼想法和理由？

創造報酬率是唯一指標

地點強化了這種緊張，他們被困在美國另一端的西岸，與東岸的紐約華爾街遙遙相對，如果你在華爾街，又認為自己選錯工作，競爭對手會樂意聘用你。但是在品浩，你無處可去，最近的大型競爭對手位於洛杉磯，開車要兩小時才能抵達，而且兩地之間的交通總是非常繁忙。

因此這家公司的資金經理人、分析師、交易員、法遵人員等，全都困在這裡，困在峭壁盡頭非常漂亮的沙漠裡，他們的豪宅顫巍巍地蓋在懸崖上，面對狂暴的海洋。會選中這個地點其實是一個意外：一九七二年，品浩的母公司太平洋人壽保險公司（Pacific Mutual Life Insurance Company），因為這裡比洛杉磯市區便宜而搬遷到此。

數十年後的現在，品浩設立在新港中央大道（Newport Center Drive）上，公司是一棟低矮建築，白色外觀閃閃發亮，四線道的新港中央大道像套索一樣，圍繞著時尚島（Fashion Island）

購物中心。如今這個陽光明媚的地點，是公司招攬潛在員工的賣點之一，但是公司設在偏遠的這裡，員工可以避免金融方面自我強化的思想泡沫；在遙遠的美西，員工可以免於「每天和老同事，吃一成不變的午餐，談論同樣的舊事」，[12]也像葛洛斯所說的，免於「所有喧囂忙亂的氣氛」。他表示，刻意地與世隔絕，這裡是「一片寧靜的綠洲」。對葛洛斯來說可能很寧靜，但是他的個性卻破壞其他人原本可以享受的平靜，這裡處處可見他明顯不安全感的痕跡，深怕別人可能會迎頭趕上，威脅品浩的主導地位。

一秒都不能浪費，一毛錢都不能不壓榨，這是從交易廳流傳出來，主導一切的企業文化：葛洛斯的「拚搏人」（Pimbot）連夢中都會咬牙切齒，尖叫著醒來；他們的婚姻和肝臟都會分崩離析。他們必須說服自己，正是如此積極才能臻至卓越，做到競爭對手做不到的事。他們在新港灘這裡，毫不關心其他事情，只關心賺錢和賺更多錢，他們要看出缺陷，然後好好利用，這正是葛洛斯與這家公司最擅長的事。他們不能容忍無法創造報酬率，他們會嗅出任何人的弱點。

市場並不認同葛洛斯在二〇〇六年七月七日的宣告，他的宣告或許早了一些。幾週後，他撰寫一篇《投資展望》，名為歷史的終結和最後的債券多頭市場，文中寫道：他的發言「輕率，而且可能有點莽撞」，不過「碰到新聞界時，我偶爾真的會情不自禁。」從那時候開始：「有著太多的緊張、太多的失眠夜。市場的轉捩點通常造成這種事，而這一次也不例外。」

這些話對葛洛斯以外的每位品浩員工都有實際影響，該公司的旗艦基金總回報債券基金

（Total Return Bond Fund）績效不佳，這表示大家要避開葛洛斯，甚至要比平常更注意。總回報債券基金是葛洛斯管理的基金，是他的小孩，自一九八七年這檔基金成立以來，他一直親自監督。總回報債券基金是他畢生的事業：他在一九七〇年代，協助開創主動債券交易方式，當時債券都存放在保險櫃裡，很少易手，他和同業徹底改變一切，彼此交易公司債的所有權，購買看來前途無量企業的公司債，賣出相反的公司債。總回報債券基金就是這麼做的成果，是葛洛斯精心安排、排斥傳統、低風險債券管理方法的巔峰傑作，是他得來不易、橫掃市場的創造發明；代表他令人毛骨悚然又有先見之明的市場預測；代表他的直覺和技巧；代表他多年的戒慎努力，在市場上搜尋售價過低的債券，或是精明的衍生性金融商品操作——代表所有的一切。這檔基金數十年屹立不搖，造就葛洛斯的傳奇地位，這項紀錄是大家叫他「債券天王」的原因。這是他衡量自尊的標竿，二十年來始終如此。這檔基金是品浩最大的基金，經常占據該公司管理資金的一半以上。當這檔基金績效落後同業時，葛洛斯就會變成怪獸。

葛洛斯必須避開所有人，因為他們可能只會提醒他刻骨銘心的失敗之苦，提醒他績效落後的恥辱。據說他的第二任妻子蘇・葛洛斯（Sue Gross）會在總回報債券基金績效不佳時，在他們廣闊的拉古納海灘（Laguna Beach）豪宅裡，替自己準備另一間臥房（這個謠言並不是真的）。

「暗號是保持匿名，不是搞得惡名昭彰。」[13] 葛洛斯在二〇〇一年的一段文字中，談到他因應市場評論時，典型非正統、過度揭露自己的方法：「悶悶不樂，低垂著頭，毫無來由地痛罵妻子，半夜三點醒來，然後爬樓梯，而不是坐電梯上班，這就像經前症候群，只是這種症狀叫做『績效不足症候群』（Performance (is) Missing Syndrome）。在這種時候，你不要和我說話，別想對我好，別管我就好！」

對品浩的交易員來說，平常這裡就是地雷區，現在更是到處都布滿地雷。保持沉默，避開葛洛斯的眼睛，盡量少互動，祈禱績效好轉。**主啊！請讓市場轉變，引導我們到安全的避風港，賜給我們抵押房貸拖欠，大家繳不出錢。**

這次的差勁績效幾乎是刻意造成的，但似乎一點也不重要。品浩在打安全牌，等待市場惡化，而不像所有人一樣，「追求殖利率」，這應該會讓大家有些寬慰，市場遲早會轉變，當市場轉變時，會證明他們正確無誤，公司每個人在理性上都知道。

金融界有一句諺語：「市場維持不理性的時間，比你保有良好償債能力的時間還久。」大家經常認為這句話是經濟學家約翰．凱因斯（John Keynes）說的。麥考利坐在公司辦公室時，凱因斯的肖像就俯視著他。如果你的錢先花光，事後證明你判斷正確並沒有多大的好處。

品浩沒有償債能力的問題，擁有能夠創造管理費的資產高達六千多億美元，都是來自退休基金和散戶投資人的投資，公司不必擔心資金不足。如果真的需要資金，還有一條生命線可以依賴，就是看來有點遙遠的母公司德國保險業者安聯（Allianz），安聯在二〇〇〇年買下品浩的控制性股權，而到目前為止，績效不佳並非很嚴重，每個人偶爾都會碰到績效不佳，但是公司績效不佳的時間愈久，客戶就會愈擔心，而客戶愈擔心，資金留下來的黏著度也會愈低，一旦客戶開始撤資，情勢可能變得如同滾雪球一般。

對於房市泡沫化的預測

品浩從未碰過這種事，但是他們所押注的美國甚至全球經濟極其脆弱，且無法利用。品浩不能讓市場屈從自己的意願，也不能威逼市場，只能**等待**。市場繼續維持樂觀情緒，每個人都認為，不管是銷售量趨緩，還是偶發的拖欠，任何問題都已經受到控制。聯準會很著急，已經動用調整利率的基本工具，一再提高利率，打壓房市榮景。就像麥考利說的：「反應遲鈍的驢子並非真的沒有反應，只是需要用木條在腦袋多打幾下而已。」14

品浩知道，房市泡沫破滅時，聯準會一定會降息，所以買了聯準會最後降息時會獲益的債券。該公司也囤積現金，減少持有資產擔保證券，只保留最安全的證券，也避開最具風險公司發行的新債券，放棄這類債券（相當）報酬豐厚的息票（Coupon），避開其中的風險，因為確信經濟即將崩潰。不過原本應該遭遇財務困難的公司卻在市場上大受歡迎，不但沒有破產，反而能輕鬆再融資，破產企業極少，以致於企業違約率創下二十五年來最低紀錄。品浩看著報酬豐厚卻沒有購買的高風險債券一路飆升，道瓊工業平均指數（Dow Jones Industrial Average）一再創新高，十分痛苦。

二〇〇六年會變成十多年來總回報債券基金第一次輸給同業的年度，葛洛斯在二〇〇六年十二月的《投資展望》中，一開始就寫道：「現實是微妙的結構，即使面對確鑿的事實，大家也會為了保護珍貴的幻想而自欺欺人。」[15]

他後來寫道：「時機就是一切，我們有很多的內部質疑和辯論，或許應該隨波逐流。每位投資人都有一個鬧鐘，我希望自己每天早上六點起床，把事情的時機安排得恰到好處，我很可能四點半就起床，早起這麼一小時半要付出代價，你會坐在餐桌旁，承認競爭對手正在吃你的午餐，不過這樣還是勝過太晚起床。」[16]

金融界有一句老生常談，說太早等於犯錯。還有一個明白的道理，嘗試波段操作的人是傻瓜。葛洛斯在這個不可能領域裡的紀錄比大多數人來得好，因此這次他們太早了一點，整家公司都已準備好，交易員已經各就各位。他們可以熬過這段艱難的日子，看著魯莽的冒險獲得豐厚利潤，知道情勢會證明他們是正確的，混亂可能不會這麼快到來。

第二章

五百萬美元的債券實驗

二〇〇七年一月，沒有人認為美國經濟已經陷入險境，史蒂夫・賈伯斯（Steve Jobs）推出只要五百九十九美元的iPhone，喬治・布希（George W. Bush，即小布希）總統在國情咨文中，預測美國的聯邦預算會在二〇一二年達到平衡。「次級房貸」貸款人無法繳交房貸，但是投資人繼續搶購風險愈來愈高的債券，要求愈來愈少的補償，股市愈衝愈高。

葛洛斯覺得，自己正在看著某些愚蠢的新宗教興高采烈崛起，市場上的每個人似乎都認為，不管增加什麼債務，總是會產生正報酬率，他知道這是胡說八道，但品浩還是錯過這一點，錯過愚蠢為每個人創造的豐厚報酬率，葛洛斯呆若木雞，看著公司名次滑落到比同業更低。

表面上，葛洛斯表現出堅定不移的樣子，用深自懺悔的每月《投資展望》作為工具。大家喜歡他的《投資展望》，投資圈裡的每個人都熟知他的寫作風格，新文章一貼在網站上，幾分鐘內，大家都已經消化完畢，全國性報紙偶爾會摘要報導，這些文章證實葛洛斯的開放和古怪，他極為有趣，是傳奇人物，也是天才。

葛洛斯在二〇〇七年一月的《投資展望》中警告說：「有一股歪風正在吹拂。」[1]不過他私下想知道，市場是否已經超越他，他是否未能看出某些更大的變動，如果是這樣，是不是表示他的黃金時代已經過去？他宣稱自己是傳奇人物是否言之過早？他是否不再堅韌？

那一刻感覺像是某些事情的終結。二〇〇六年九月，第三個也是最小的孩子尼克離家上大學，在拉古納海灘的豪宅中，原本青少年焦躁不安的躁動，變成震耳欲聾的空虛，只剩下兩個清瘦老邁的身軀，留在廣闊、寂靜而消極的空間裡，兩人還是父母，只是責任已了。

幾個月後，葛洛斯剃掉招牌小鬍子，希望看起來年輕一些，小鬍子已變得斑白，而且妻子說染劑有毒。或許有點迷信：換個新面貌，好打破連續的不祥，或許市場現在應該清醒了。

數十年來，葛洛斯一直苦思讓人變得偉大的原因，覺得現在已經了解自己迫切需要變得傑出的緣故，了解自己的衝動和恐懼。他認為取得的杜克大學（Duke University）心理學學士學位，有助於看清構成金融市場的人類期望，同時也反映他的內省天性，而這種天性在金融業者中並不多見。很多年前，他想通在中午跑步時，為什麼這麼害怕停下來：如果不擺脫停下來的衝動，他可能就會停下來，而且可能常常停下來，直到失去跑步的能力為止，然後多少會失去自我，因此他必須繼續前進。

「我的人生計畫一直是比他們活得更久。」一九九三年，葛洛斯在一篇《投資展望》中寫道：

「堅持下去，堅忍求成，腳踏實地，繼續奔跑，絕不停頓。」即使在他四十八歲當時，都覺得自己的身心都已經慢了下來，但是他知道這樣的情形很正常。「對大多數人來說，卓越只會萌發、發揮和閃現短暫的片刻，無論是因為人類的脆弱、成熟，或只是因為純粹的疲倦，人們很難長期保持巔峰狀態，很少人長久留在高峰。」之後十四年，這種焦慮並未減輕。

主動交易債券的突發奇想

葛洛斯和品浩都是從小做起，葛洛斯從商學所畢業後，苦苦求職，好不容易落腳在古板又老牌的太平洋人壽保險公司，在該公司的固定收益部門，擔任證券分析師和放款人員。要從事壽險業務，通常必須知道每年會有多少顧客死亡、保險公司必須給付多少，以及何時給付等事項。給付通常不會很快，因此太平洋人壽保險公司可以拿顧客的壽險保費，投資到期（和償還本金）前，保險公司大致預期需要償還前會配發利息的債券。保險公司可以相當安全，用再過三十年都最不可能死亡顧客的資金，購買三十年期債券賺取利息。

葛洛斯會分發到固定收益部門，是因為他在偶然的情況下，寫了可轉換債券（Convertible Bond）的論文。顧名思義，是指在公司股價達到某個價格時，這種債券可以轉換為股票，面試官認為他撰寫的論文令人印象深刻，正是公司需要的人才。

這個工作並不刺激，葛洛斯發現自己做的事很無趣，包括剪掉公司保險櫃裡的債券息票，還有剪下公司證書底部的小標籤，寄去領取利息給付。這是當時的人處理債券時，必須做的全部工作。最初幾年，葛洛斯迫不及待地想調任到股票部門，但是到了一九七〇年代初，他說服上司讓自己試試**交易**債券的激進想法。

這件事源於市內的經紀人霍華．雷科夫（Howard Raykoff），在午餐時向葛洛斯的上司推銷，表示交易債券可以賺錢。雷科夫偶然發現後，這件事就像歌曲一樣停留在腦海裡。一開始，凡是公司發行債券，以便管理銀行債務時，雷科夫就會買進這種新債券。他一直在研究十公分厚的債券殖利率一覽表，這種表格會列出每種債券、每種價格、每種殖利率和每一種息票，晚上他會帶回家加強研究，最後這些數字的意義開始顯現，還自行組織。

雷科夫說：「我記住債券的價格變化，不管那種債券可能是什麼債券，或曾是什麼債券，記住每個基點的變化，或是五到十個基點的變化，也記住這些變化對債券的美元價格會有什麼影響。」他對這些數字、對不同數字彼此之間的關係，開始產生感覺，覺得這些數字幾乎以可預測的方式，表現出某些行為。他說：「根據債券的息票、到期日和契約協議，每種債券都有不同的特性。」對他來說，看著殖利率隨著環境變化而上下起伏，市場變成活生生、會呼吸的動物。「那張表會讀給你聽，說其中有一個故事，故事的內容就是波動率（Volatility）。」

利率正在攀升，利率和價格呈反向變動，就像天平一樣，所以每當一家公司對投資人出售新債券時，價格會立刻下跌，讓購買新債券的人非常煩惱。

雷科夫希望賣掉差勁債券，買進較好債券，但是僱用他的銀行堅決反對，希望他購買不同到期日的債券，這樣就會有可靠的時間表，知道資金在什麼時候——就是債券到期時會收回。雷科夫認為，這是浪費大好良機，因此做了無論如何都想做的事，在一張詳細的試算表上，記錄每筆交易及其結果，接著把試算表放進封面又薄又硬的棕色卷宗夾，然後帶著卷宗夾，展示給他可能說服的人，看看這張債券交易原因和方法的藍圖。

雷科夫很快就在一家券商找到新工作，因此需要努力招攬生意，這表示他需要仲介交易、需要**和**別人交易，因此需要宣傳他的債券交易新宗教。

「我走遍所有公司，告訴大家『可以這樣做，以便改善你們的投資組合！如果債券殖利率是八%，你的整體投資組合報酬率可以提高一%，就可以在八年內，而不是花費九年，才能讓你的資金翻漲一番，這就是複利的力量！』」

雷科夫沒有什麼吸引力，大多數人都像他的雇主，只希望採取「階梯化」方式安排投資組合，持有一堆不同到期日的債券，好讓他們在可以預測的時間拿回本金，雷科夫的提議可能會造成無法想像的收益損失。

「沒有人聽我的，這種東西真的很難推銷。」

五百萬美元的實驗

雷科夫不屈不撓，到處考察債券交易。下班後，他從洛杉磯的高速公路上回家，有一條車道上的車流停下來，「另一條車道的車流卻能稍微前進，因此我會變換到另一條車道，開到比現在位置還要前面的地方。」他回憶道：「於是我會說，**債券交易就是這樣！我要拿一種債券交易另一種債券，得到另一種報酬率。而且如果繼續這樣做，我會持續下去，不受阻擋**，那就是我當時想像的情景，就像債券交易一樣。」

截至當時為止，亞歷桑納州的山谷國民銀行（Valley National Bank）有一個人進行一些交易，斯庫德史蒂夫與克拉克（Scudder, Stevens and Clark）的另一個人也交易一些債券。然而，葛洛斯的上司在午餐會上告訴雷科夫，不用了，謝謝你，他們不能這麼做，但是這種做法很有意思，為什麼不到他們公司，把詳情告訴投資組合分析師？

「我覺得這樣聽起來非常好。」雷科夫說：「我會和任何人談論債券的數學波動率！」

因此雷科夫帶著棕色卷宗夾，來到位於洛杉磯格蘭大道（Grand Avenue）和奧利夫街（Olive Street）之間，第六街上的太平洋人壽保險公司辦公室，走過一個巨大的時鐘，也走過時鐘下方寫著「該投保了」的標誌。他對兩位年輕的投資組合分析師做簡報，一位是雷斯·衛特（Les Waite），另一位是葛洛斯，最後雙方握手道別，彼此沒有承諾，除了時間之外，大家沒有失去什麼。雷科夫離開時，其實並未期望會有後續。

然而葛洛斯看到機會，因此詢問上司，我們為什麼不試試？可以賣出一些存放在保險櫃裡的債券，反正通貨膨脹會吃掉它們的價值，我們會有什麼損失嗎？如果試著這樣做，只要利用擁有太平洋人壽保險公司資金的一個小小帳戶，即可開創績效紀錄，如果績效夠好，就可以對外界的客戶證明，這麼做可以賺多少錢。

葛洛斯很有說服力，他表示，上司比他年長，卻「也夠年輕，看得出什麼是好主意。他說，『哦，我們試試吧！』」

太平洋人壽保險公司給他五百萬美元進行操作，對公司來說，這是一次性現金支出，但這項實驗很激進。雷科夫說：「以一家保險公司設立試驗性投資組合，從事債券交易來說，這項實驗非常前衛。」[2]他記得要在投資組合裡放入十檔債券，每檔債券各值五十萬美元，然後進行交易，看看結果。衛特和葛洛斯輪流管理這個小小的投資組合，葛洛斯喜歡管理，衛特最後離開。

葛洛斯對債券交易的奉獻精神，連雷科夫都感嘆不已。他記得葛洛斯和妻子在夏威夷度假時還接他的電話，說想要交易某些債券。「他就是這麼感興趣。」雷科夫尊敬他這一點。

開創新事業的鐵三角

這個團隊還包括另一位年輕新秀吉姆．穆基（Jim Muzzy），他曾在券商任職，比葛洛斯晚幾個月入職，他有著友善的臉孔，尖尖的耳朵襯托出精靈般的氣息。他會前來應徵，是因為住在新港灘，而且聽說這家公司要搬來這裡，所以不用每天開兩小時的車往返洛杉磯。他的職務和葛洛斯相同，要研究公司，協助承銷債券，並在適當時候從公司保險櫃簽署息票，帶著息票到借款人那裡，領取利息給付。

太平洋人壽保險公司是規模很小的玩家，信用投資組合的規模遠低於十億美元，但是碰巧該公司從管理顧問業者麥肯錫（McKinsey），得到應該藉由投資來追求成長的建議。葛洛斯的眾多上司為了因應這個建議，建立太平洋股票管理公司（Pacific Equity Management Company）這家空殼公司，而後很快就變成太平洋**投資**管理公司（Pacific Investment Management Company）。

太平洋人壽保險公司最後會指派一位成人，照顧他們戲稱為「臭鼬工廠」（skunkworks）的落伍投資公司（他們根本不了解這家公司）：此人名叫比爾．波里奇（Bill Podlich），他在一九六六年加入公司，擔任信用分析師，負責在投資部門監督資深員工推動所有的規劃和策略，大家都認為他是正在崛起的新星。

因此他們拿著五百萬美元和空殼公司的外殼離開了，這是一家冷清保險公司內部的祕密計畫。三人自然扮演不同的角色：穆基不喜歡投資，也不喜歡管理投資組合，但是他熱心和善，而且在活絡行銷方面（也就是實際對客戶解釋，他們用這些錢做了什麼事），有一些好主意；葛洛斯討厭差旅，也討厭和大家談話——其實他可以做好這件事，而且客戶發現他很有魅力，但是這樣會把他從辦公桌前拉走，也會害他錯失較為重要的交易業務；波里奇在業務策略方面顯然極有天分，倘若增加其他職務，在他的時間配置上都是嚴重錯誤。

所以他們輕而易舉地形成「鐵三角」，葛洛斯負責債券交易，穆基負責客戶服務，波里奇負責業務策略，三人也因而達成平衡。

這家臭鼬工廠證明靠著債券交易可以賺錢後，開始設法爭取客戶，好為太平洋人壽保險公司以外的企業管理資金。企業希望為未來的退休人員投資，而且有很多公司希望由外部經理人代客操作。品浩憑藉在債券上的專業，加上五百萬美元投資組合的績效紀錄，致力推動這個目標。因此從一九七〇年代初到一九八〇年代中，公司規模不斷擴大，一家又一家大客戶也出現客戶名單上，首先是南加州愛迪生（Southern California Edison），然後是雜貨店連鎖業者艾伯森（Albertsons）。品浩受到一九七四年《員工退休所得證券法》（Employee Retirement Income Security Act, ERISA）鼓舞，為企業退休帳戶制定標準，也讓資金管理成為正式行業。然後到了一九七七年，該公司取得重大的突破，爭取到美國電話電報（AT&T）這家大客戶。

隔年，雷諾菸草公司（R.J. Reynolds Tobacco Company）的退休金經理人造訪新港灘，興趣盎然地聽這些年輕人談話，卻也憂心忡忡，他回憶道：「我們談到要把數千萬美元交給他們，對我們來說，這筆款項很大，而且我想對品浩而言，也是很大的金額，卻在這裡碰到看來好像小孩的這些人。」但是，他們的真誠令人感動。

雷諾菸草公司的退休金經理人表示：「他們不會華而不實，而是努力工作，看來像是很有前景的公司。」而且在他們考慮的所有經理人中，品浩的費用最低，因此決定和他們簽約。他說：「我認為品浩對於簽下一家數千萬美元的客戶，又能把雷諾菸草公司當成頭號客戶宣傳，其實滿感激的。」

漸入佳境的操作績效

一開始，「品浩」的操作並不出色。在一九七〇年代，沒有人想當股票或債券經理人，葛洛斯回憶道：「所有的錢都在業務部門。」投資組合經理人一年賺一萬五千美元，業務員卻賺十萬美元以上。好幾年來，這家臭鼬工廠都沒有賺錢，每當太平洋人壽保險公司的高階經理人對不必要的冒險感到厭煩時，都有面臨關閉的風險。

但是一九七〇年代通貨膨脹失控飆升，使得這家臭鼬工廠得以繼續運作，為活躍的債券交易創造火種。債券只是藏在金庫保險櫃裡，價值會喪失，這讓葛洛斯的上司樂意聽到有人交易債券，靠著買進較好的債券，並賣出差勁的債券賺錢。如果不是通貨膨脹燒掉寶貴債券的價值，太平洋人壽保險公司或許不會把那一點少少的資金交給他操作。

從一九七〇年代開始，除了幾次小問題外，冒險都會賺錢。一九七一年，美元擺脫對黃金的固定匯率，信用創造的熱潮開始以來，精明的冒險、增加「槓桿」及避開幾次下跌，變成賺更多錢的好方法。

這個小小鐵三角在第一年的績效並不出色，還虧損了。但是那年年底，他們預期市場會強力反彈，因此決定全力投資債券，加強投資力道。他們猜對了，而且時間抓得很準，在一九七五年和一九七六年，就在《員工退休所得證券法》立法，促使退休金經理人和投資顧問加強預測之際，葛洛斯的投資組合創造亮眼的報酬率，績效紀錄愈來愈驚人。

他們靈活度過一九七〇年代，然後葛洛斯正確預測到一九八一年迷你經濟衰退的結束，也預測到一九八三年正常衰退的終結，這次正常衰退結束後，開啟數十年的債券市場反彈，葛洛斯因此在路易斯．魯基澤（Louis Rukeyser）主持的電視節目《華爾街一週》（*Wall Street Week*）中大為出名，成為美國公共廣播電視（Public Broadcasting Service, PBS）這個週五晚間節目打造出來的業界名人。

一九八〇年，葛洛斯僱用克利斯．戴里納斯（Chris Dialynas）。戴里納斯剛從芝加哥大學（University of Chicago）商學所畢業，有著黑髮、黑臉，是一個怪人，很快就變成葛洛斯的替身、崇拜者、朋友及交易廳中的王子。葛洛斯認為戴里納斯很聰明，善於看穿陰謀詭計，即使會嘲笑他喜歡咆哮。戴里納斯和葛洛斯有很多相似的地方，包括高度重視細節、對複雜與新穎的事物感興趣。戴里納斯預見未來所有可能災難的能力超越葛洛斯，而且他桌上成堆的研究報告、筆記和債券文件高達一公尺，以至於要換辦公室時，最下面的紙張已經嵌入透明漆裡。

激勵員工的諸多做法

他們一起組成奇怪的小團體。高大白人波里奇正式又鎮定的舉止，為公事帶來官方色彩。穆基的和藹可親有助於這個小團體的結合，他偶爾的惡作劇提醒員工，知道他們是有活力、善於尋歡作樂的人。他是維持企業文化的人，開創用「穆基美元」（Muzzy bucks）獎勵表現優異的人，這是上面有著他臉孔的小額美元鈔票，也開創公司一旦簽訂新客戶時，就要邀請交易廳同事抽雪茄的習慣，他會在交易廳裡走動，說：「我們爭取到一家新客戶了！」大家就會上去五樓，菸味飄散到這棟大樓的其他地方，代表他們為公司帶來好消息。葛洛斯討厭菸味，也討厭吸菸，因此這個傳統難以為繼，不過隨之而來的獎勵是現金。

派特．費雪（Pat Fisher）在一九七六年加入後，負責管理整個後勤部門的運作。她指出，每次爭取到新客戶時，下屬都會增加更多工作，因為必須記錄並處理每筆新交易，不能出半點差錯。他們需要一些激勵，也需要什麼東西讓他們興奮，她建議一個新做法。

連接公司兩層樓的樓梯附近，設有接待處祕書的辦公桌，上面有一個小小的電鈴。有一天，他們按下這個小電鈴，召集所有後勤部門員工到樓梯間集合，宣布新客戶的名字，也說明新客戶擁有什麼投資組合與總金額。費雪把手伸進口袋，拿出厚厚一疊百元鈔票，然後把鈔票呈扇形展開，每個人都瞪大眼睛。她把鈔票一張張發給手下的後勤部門員工，獎金等於新客戶投資金額的百萬分之一。最後，這麼做太花時間，因此改為發放裝滿現金的紅包袋。

嚴格來說，費雪是營運主管，負責公司的運作，管理事項包括人事、薪資和科技，有一段時間，還要負責短期現金的投資，把一些閒錢拿來投資，一夕之間賺到二〇%的收益。她也負責安排把公司搬遷到新辦公室、增設從交易廳通往後勤部門的氣送管，方便文件處理，以免手下必須跑到交易廳的熱區，承受蒙受損失的風險。她的主要工作是確保公司不出錯，沒有交易錯誤、不必調整數字或遺失委託單據等事項。在一九八〇年代，費雪把無效率的支付系統，改造成最適合品浩需要的，也纏著所有保管銀行裝設傳真機，以便提高精確性，還慫恿所有保管銀行競爭品浩的業務。

隨著成交量激增，這一點變得愈來愈重要。在一九八〇年代，退休基金和共同基金蓬勃發展，相關產品呈現爆炸性成長，資金開始湧入。一九七五年，五百檔共同基金（就是吸收較小的投資人資金，匯聚起來成為大型投資人）管理的資產不到五百億美元，推銷這種基金的業務員可以賺取兩位數的豐厚佣金。到了一九八〇年代中，共同基金變成散戶投資人、一般家庭的首選產品。到了一九八五年底，共同基金管理的資產超過兩千億美元，品浩稍微順勢而為，但仍把重心放在大型退休金客戶上，追求更快成長。到了一九八七年，該公司管理約一百五十億美元的資產。

葛洛斯的成就確立「總回報」（Total Return）這種投資風格的地位，也確立這種類別的策略型態，這種策略的重心放在債券並非只能產生債息給付，價格也會上漲的觀念。債息給付加上資本增值結合後，就產生「總回報」，葛洛斯發明的債券市場也繁榮發展。

總回報的成功並非僥倖，債券市場蓬勃後，造就成千上萬的專業人士，他們靠著債市滋養，經過數十年後，人數變得愈來愈多，大家競相借錢給企業，表示企業可以取得的便宜資金愈來愈多，愈來愈多的資金流匯聚起來，融通建設新工廠、新計畫和新事業需要的資金。這些專業人士與交易員會告訴自己：**我們把市場變得更有效率，降低企業的資金成本和營運成本。**

他們在這段歲月裡，年復一年都在這個為客戶和自己賺更多錢的簡單遊戲裡，設法擊敗別人，同時為自己賺到更富足的生活。

金融從業者的特質

選擇進入金融業的人經常具有下列特質：喜歡處理數字，以及預測從時事到打袋棍球的一切事情，對經濟會有什麼影響。品浩的情形更明確，那種環境似乎吸引一種特定人群：奇怪、熱切、偏執的男性（和古怪的女性），他們的茁壯成長似乎與自身情緒問題的強烈度成直接反比。一九九〇年代，為品浩建立高收益債業務的野性牛仔托洛斯基曾說過，聘用新員工的面談中，應該詢問兩個問題：一是「你小時候曾受虐嗎？」二是「你喜歡這種虐待嗎？」

早年的員工似乎都喜歡在交易廳裡互相折磨，折磨的目標輪流換人，不過經常都是同一個人受害。在一九九〇年代的大部分時間裡，對象都是法蘭克．拉比諾維奇（Frank Rabinovitch），他是投資組合經理人暨科技專家，進入公司時是平易近人的統計怪才，受盡欺凌後，性格扭曲、滿懷怨憤地離開。大家會拿殺蟲劑噴他，還怪他很臭；他打著一條昂貴的領帶上班時，大家會拿剪刀剪掉領帶底部，還說領帶很醜，我們是在幫你；在玩觸球運動時，會在交易廳內絆倒他，即使由他制定規則，規定在搶到球後必須數到三，還是一樣如此（有一位合夥人回憶道：「他不是真正的運動員，大家無論如何都會上去壓垮他。這是他們的心態問題，你必須非常強悍地爭辯，才能占到贏面。」）

他們說這樣很有趣，但是卻很殘酷，好比小孩扯下蒼蠅的翅膀——因為他們進入公司時就少了翅膀，凌虐別人是在展現自己的力量，證明他們值得生存，還會磨礪他們為上戰場做好準備，正如一九九〇年代葛洛斯的口號說的：「不成長就死亡，不成長就死亡！」

到了一九九〇年代初，這句口號變得和鐵三角中的一角密切相關。波里奇本來就有健康恐懼症，除了抽屜裡必須裝滿胃藥美樂事（Maalox）外，還會突然覺得困惑，他知道現在自己擁有需要的錢，可以輕鬆做想做的事，例如整天坐火車到處遊玩，為什麼還要繼續應付這些事？他和費雪在一九八五年結婚，費雪在辦公室裡開始覺得退縮，不滿與效率不佳卻似乎比自己高出一等的人共事。

兩夫妻有一條「在家不談公事」的規定，但是在一九九〇年某個早晨五點三十分，費雪準備上班時，無意間埋怨無法得到狄恩·梅林（Dean Meiling）的支持，波里奇茫然看著她。費雪後來開車上班時，才想到自己不但打破規定，而且她的焦慮根本不值一提。當時她已經退位擔任顧問，梅林和其他人已經升任合夥人，或許是繼續前進的時候了。

幾年後，波里奇想到同樣的事，他晚上睡不著，而且失眠時會磨牙，壓力太大，是繼續前進的時候了，該搭乘火車行遍全美，享受這麼一大堆的鈔票，不然做這一切到底是為了什麼？

離開後波里奇會繼續擔任好幾年顧問，但是他們需要找人取代他，這件事很困難，因為讓葛洛斯很尊敬，又能忍受他鋒芒的人太少了。但是有些人知道，基本上，葛洛斯唯一尊敬的華爾街業者是雷曼兄弟（Lehman Brothers），因為該公司有著積極進取、趾高氣揚又超級愛現的文化。有些人也知道，那裡有一個剛離開的好手，可能適合出任應付品浩，尤其是應付葛洛斯的工作。幾通電話和幾次拜訪後，比爾·湯姆森（Bill Thompson）在一九九三年加入，波里奇帶著一堆錢和被胃酸燒壞的食道離開，坐火車遊歷美國大平原。

初期企業文化的微調與平衡

湯姆森和他的新同事不同，不是樂於被折磨的人，始終保持積極和尊重的態度，高聳的眉毛顯示他的快樂習性，輕鬆幽默協助他化解緊張的時刻。他記得同事小孩的名字，會詢問他們是否安好；記得誰和他一樣喜歡棒球，又喜歡哪一支球隊。他和葛洛斯有相似的出身背景，都是簡單的中西部男孩，父親是中產階級，都同樣在混亂的加州致富，但是湯姆森有耐心應付葛洛斯的怪癖，能夠容忍他的情緒波動，欣賞他奇怪的小小幽默感，會在這麼做可能有用時表現出來，為葛洛斯的不安全感提供解藥，安撫葛洛斯的心靈和他所創造文化的傷口。

湯姆森在細心觀察這種文化之餘，也設法加以平衡，他站穩腳跟後，知道這群不守規矩的野生動物，其實是一群自以為是的純粹主義者。有一次，拉比諾維奇還拿椅子丟他，他可以感覺到，他們對他的個人和優雅態度還不怎麼確定。

因此上任一陣子後，湯姆森決定建立團隊意識，設法讓大家一齊歡笑，但是不能採取一般公司「信任跌落」（Trust Fall，身體向後倒，讓其他人接住的信任遊戲）的做法。他已經想到一個方法，但是有點冒險。

一九九四年初，公司宣布新合夥人時，湯姆森為新舊常務董事安排一場盛大的慶祝晚宴，這是讓大家放鬆的機會。當時品浩的核心成員大都還很年輕，有時會社交一番。喝酒活動大致由能力高強的比爾．鮑爾斯（Bill Powers）帶頭，但他還必須保持華爾街好警察的角色，葛洛斯偶爾會參加這種夜間活動，他不善飲，也不喜歡和大家廝混，但在非常早年，甚至到了一九九〇年代初，他偶爾還會現身，合夥人去拉斯維加斯時也會同行，但是早早搭機返回，以便早上能神清氣爽地現身交易廳。

葛洛斯在湯姆森的安排下現身，晚宴在太平洋俱樂部（The Pacific Club）古板的會議廳裡舉行，那裡距離公司不到八公里。一開始，就像標準的晚餐，有飯店的牛排和紅酒。氣氛變好，大家放鬆後，湯姆森站起來，拿出一疊照片，都是在眼前聚餐的每位常務董事的大頭照，他們一口飲盡杯中的紅酒，發出笑聲，還竊竊私語，露出染成紫色的牙齒。湯姆森說，他們要一起做一個練習，他高舉一張約翰．海格（John Hague）的照片，海格英俊的臉孔曬成古銅色，有一對濃眉，展現令人目眩神搖的好萊塢式笑容，大家都叫他「簽約大師」，因為他搞定新客戶簽約的紀錄好到不可思議。湯姆森轉身，把海格的照片釘在身後的牆壁。

「我們要告訴他，我們對他的真正想法。」湯姆森一面釘照片，一面說：「快，說出來，叫他混蛋。」

大家面面相覷，有點不安。

湯姆森為他們加油打氣，「快說！」

最後，終於有一位坐在很後面的人說：「他是……混蛋！」

「混蛋！」其他人跟著說。

湯姆森舉起戴里納斯的大頭照，他帶著有點僵住的笑容。這次大家的反應比較自然：「混蛋！」

接下來是爾尼・施密德（Ernie Schmider），他其實是可愛的人，你在公司裡當然不能說他是混蛋，否則就會完蛋，但大家還是喊著：「混蛋！」

然後溫和、挑剔的梅林，在大家口中也成了「混蛋！」

「大家其實很喜歡這件事。」葛洛斯說：「這是湯姆森對整個集團的自我介紹，表示他是其中一分子的方式。」

就這樣，大家開始接受湯姆森的領導，這是深受幾乎整個集團上下尊敬的第一步，也是得來不易，基本上不可能達到的成就。他採用相同的巧思，安撫並說服包括葛洛斯在內，尤其是葛洛斯本人之類最不規矩的組織成員，繼續領導公司，創造爆炸性成長。他們形成一貫而穩定的力量後，就可以用更有建設性的方式，集中積極進取的精神，發掘市場的突然變化和債券文件的漏洞，加以充分利用，也在定義與行為上施壓，擴大法律和社會極限——一切都是為了擊敗別人，替客戶多擠出一點利潤。

品浩願意多冒險，又樂於冒險的精神，在未來多年裡，會一再顯示在投資裡，這是永遠不落於人後的偏執，與熱愛冒險精神結合。大家在公司裡維持完全一致的情緒，就像勉強維持低於沸點的壓力鍋，保持這種微妙的緊張，再配合謹慎和精明的管理，即可繼續創造優異的績效。

格外激烈的人才之爭

二〇〇七年五月底，品浩的常務董事來到太平洋俱樂部，在空調過冷的會議廳裡開會，是該討論公司前途的時候了。

房市衰弱終於造成市場衰退，先前美國人大買自己買不起的房子，現在卻發現繳不出房貸，於是**次級房貸**（subprime）這個詞彙突然變得無所不在，但是就像聯準會主席班・柏南克（Ben Bernanke）這個月在演說中所說的，混亂情勢已經受到控制，代表問題雖然嚴重，但是問題的規模卻很小。同時品浩錯過美國以外市場的蓬勃成長，投資報酬率繼續落後同業。

湯姆森沒有立刻離開公司的打算，葛洛斯計劃在交易廳鞠躬盡瘁，死而後已。雖然兩人都還生氣勃勃，卻必須開始思考自己和公司的未來，葛洛斯在四月剛滿六十三歲，湯姆森的年齡也差不多，從某個角度來看，現在最重要的工作，是確保在他們離開後，公司能夠繼續確定而穩定地生存。多年來，客戶一直吵著公司要有明確的計畫，詳細描繪葛洛斯離開後的存續。靠一個人的頭腦為基礎而建立的企業太脆弱，要成為真正的企業，客戶需要以這個人為基礎，建立制度、促進制度茁壯到超越這個人，以便應付這個人離開的風險。

此外，穆基正考慮退休，包括葛洛斯在內，品浩的高階經理人知道，在最高階層或接近最高階層的地方，需要有人能適度發揚公司長處和強烈堅持的文化，壓制極為負面的缺點，主要是葛洛斯的個性及其影響。

另外，還有比較直接的困擾，就是對所有努力的「拚搏人」該如何補償？他們在早上五點前上班，為客戶賺更多錢，當然也是為自己賺更多錢。但凡是在二〇〇〇年安聯買下公司後才入職的人都錯過一些東西，因為真正的大錢是葛洛斯和公司的談判人員，在這筆交易中談妥的給付。長久以來，品浩的高階經理人都把公司的成功，歸功於把員工變成老闆的適當激勵誘因，現在公司需要建立新的激勵計畫，吸引並留住下一代的人。

他們必須把這件事做好，因為外界的「爭才之戰」格外激烈，他們的壓力也特別大，如果要維持公司的成長，就需要一個真正的計畫——老一輩的人還可以聽到一九九〇年代流行的口號：**不成長就死亡，不成長就死亡**。

現在三十幾位合夥人穿著起皺褶的西裝，圍坐在桌子旁，一邊喝著開水和咖啡，一邊聽著葛洛斯最愛的業務好手，主管房貸交易的鮑爾斯，聽著身材壯碩，留著小鬍子的他，解說「人才管理」。鮑爾斯表示，外界正在繁榮發展，雖然品浩針對房貸市場做出最終診斷，但是華爾街的房貸抵押擔保證券魔法仍創造巨量利潤，讓摩根大通（JP Morgan）、花旗集團（Citigroup）、德意志銀行（Deutsche Bank）和似乎隨處可見的避險基金交易員，可以坐在位置上大撈特撈。

人才之爭很昂貴，他們知道即將來臨的淘汰中，人才會折價，然後溢流在市場上，但是在這種情形出現前，從洛杉磯到香港的薪資都已經膨脹，造成公司深陷在必須高薪求才的困境裡，他們可以這麼做，但是其實並不願意。

新產品、新出路的討論

還有另一個問題：品浩需要想出新產品對客戶銷售。紐約愈來愈像是砍伐殆盡的森林，最大的投資人全都把錢投資在品浩的債券基金。下一波成長會從何而來？如果他們都已經買好、買滿，還有誰會買進？品浩對自己只做少量廣告很自豪，最主要又最有效的廣告，包括葛洛斯上電視、在《華爾街日報》上，以及業務員網絡針對靠電話聯繫業務的會員券商促銷產品，對方再對散戶投資人促銷；品浩業務員大軍也針對退休金、保險公司和理財顧問公司推銷，因為這些業者本身擁有龐大的法人網絡。公司也可以強化對主權財富基金的銷售，因為屬於新加坡、中國、沙烏地阿拉伯或阿拉伯聯合大公國的這些基金，全都擁有巨量資金；公司還可以加強主攻高淨值的個人客戶。但要對上述族群推銷，公司都需要有耀眼的產品可以銷售。

新產品可能是避險基金，這種收費高昂的投資工具在網路泡沫中並未流血，隨後卻以勝利姿態崛起，到了二〇〇七年，每分鐘似乎都會有一檔新的避險基金成立。品浩曾經對忠實的法人客戶，悄悄推出一些小規模的產品，但外界很少有人知道，他們是否應該加強這方面？還是應該從獲利的另一端著手，成立從股票世界悄悄溜進債券界的廉價「債券指數型基金」（債券

ETF）？這類基金的費用極為低廉，可能蠶食其他業務，但是客戶喜愛這種產品，而且可能太熱愛了。或者應該……做股票嗎？他們一直都是債券專家，不擅長做股票，他們都過於悲觀、偏執，不相信股票專家告知的題材。

數十年來，公司嘗試做過幾次股票，每次都敗退下來，回頭再從事債券投資，但是或許現在可能重回股海。他們應該不會併購現有的基金公司，這不是品浩的作風。他們總是說，你這麼做的話，最後會付出兩次代價：一次是付錢買下另一家公司的原班人馬；另一次則是在幾年後撤換負責營運的交易員，因為併購協議中任何限制條款失效時，原班人馬無可避免都會離開。

這些合夥人決定擱置討論，這是非常官僚化的結論，總會讓葛洛斯覺得焦慮，他必須讓這些小丑繼續控制大局，公司比他大，他明白這一點，但是坐下來讓他們喋喋不休地談論，會讓他難過，想起他們第一天進公司時，每個人看起來都呆呆的、沒有皺紋，臉孔像嬰兒一樣清新，**他**把他們帶到他的平台上，與穆基和波里奇——現在是與湯姆森，一起把他們帶大。**他**知道他們多需要精簡經營、每個人有多麼努力工作、他們對自己的成就有多麼自傲，他們不需要疊床架屋的委員會，每個人都協調一致，做出貢獻，他們說話的目的只是為了聽到自己說話。葛洛斯明白，共識思考在最好情況下，只會讓他們變慢；在最糟情況下，則會讓他們跌落凡塵，但是他必須讓他們領導。

引領公司前進的新期待

二〇〇七年五月最後一個週六早上，天氣晴朗，葛洛斯和湯姆森在公司的異地會議即將開始前，走進蒙太奇（Montage）旅館的入口，這家豪華旅館占地廣大，位於拉古納海灘海岸。

葛洛斯神情緊張，穿著的高爾夫球衫塞進長褲裡，小心翼翼地招呼湯姆森。湯姆森對葛洛斯難為情的樣子習以為常，儘管他們在至今十四年之久的關係中，幾乎時常接觸，但是葛洛斯依然如此。葛洛斯進行每次社交接觸時，都像碎步上前撫摸容易生氣的馬匹一樣。湯姆森會讓他安心，用溫和的玩笑調侃，表達善意，現在不用那麼費事了，因為葛洛斯信任他。但是今天這個早餐會很重要，或者可能很重要，葛洛斯需要盡量靈活、放鬆，但又不能太過頭，因為他們馬上要見到世界上最正式、最有禮貌的投資專家。

兩人入內後，發現伊爾艾朗已經就座。伊爾艾朗是品浩老粉絲的最愛，他碰巧來到新港灘市區，現居波士頓，但是會定期回到這裡，對當地居民來說，這似乎很能理解。他是埃及外交官之子，深具外交家風範，一九九九年到二〇〇六年初在品浩首次任職時，是冉冉上升的後起之秀，而今已是一顆明星。他曾領導公司的「新興市場」團隊，買賣開發中經濟體、印尼或哥倫比亞發行的債券，創造可觀的報酬率，讓這個團隊功成名就，變成主導市場的團隊。他在公司內外，最著名的一筆交易是阿根廷的交易。一九九〇年代末到二〇二〇年代初，每個人都擁有阿根廷債券，因此阿根廷瀕臨破產邊緣時，他們都遲遲不肯承認。但是伊爾艾朗不同，他帶領品浩出脫投資，為了避免掀開底牌，他悄悄把債券一點點地賣給阿根廷當地券商，這些人再把大部分債券賣給阿根廷退休基金。二〇〇一年，阿根廷違約倒債時，這些退休基金和絕大部分的新興市場投資人都損失慘重，伊爾艾朗的基金卻創造二七．六%的報酬率，十分出色。

二〇〇六年，伊爾艾朗憑藉這份名聲，離開品浩，管理哈佛大學（Harvard University）兩百六十億美元的校產基金，他計劃每季回到新港灘一次，探望妻子的家人，同時與朋友敘舊，他在橘郡（Orange County）仍有房子和車子，這不免讓一些劍橋（Cambridge）人側目，懷疑他的忠誠度，質疑為什麼會有人放棄靠近海岸的漂亮房屋，特別是必須承受麻薩諸塞州漫長的寒冬煎熬。

葛洛斯與湯姆森和伊爾艾朗一起坐在蒙太奇旅館的餐桌旁，外面的棕櫚樹葉搖曳，透出如卡通般蔚藍的天空，兩人詢問哈佛大學的文化是否大不相同？那裡的人很競爭，還是比較閒散？

伊爾艾朗解釋，他踏入領導斷層，前任厭煩哈佛大學對校產基金非傳統投資方法的審查，也厭煩大家一直火大他和同事的超高薪資，因此離職創辦自己的避險基金，同時帶走許多有才幹的同事。就這份艱難新工作的運作而言，一切還算順利，伊爾艾朗引進新的人才，士氣正在恢復，績效也很好。在這一行裡，績效最重要，伊爾艾朗剛剛才登上《紐約時報》的報導，因為他在市場下跌前，拋售占校產基金資產五%的股票。

葛洛斯把話題帶到每個人都放在心裡的事，詢問道：「你考慮回品浩嗎？」3

伊爾艾朗的濃眉一挑，接著往前坐。葛洛斯不必多費唇舌，伊爾艾朗就知道他們對自己很感興趣，這個想法開始在葛洛斯的心裡生根：品浩有一個長期懸而未決的問題，就是誰可以在葛洛斯之後，引領公司繼續前進，伊爾艾朗顯然就是答案。

葛洛斯打算先離開交易廳，但是他了解湯姆森偶爾會告知的一件事：他們必須想出一切要往哪裡走。他們需要讓客戶知道，公司重視本身業務和未來走向的問題。葛洛斯的時間極為緊迫，他是公司對外的代表人物，也是極多不同帳戶的領銜人，即使他尚未顯露疲態，遲早也會如此。葛洛斯也不喜歡累積的一切經營責任，樂於讓別人接手一些繁重的工作，例如幫他主持各種論壇、到國外出差、抓緊需要幫助的客戶。如果有人能讓葛洛斯自由交易，讓他做自己的工作，事情就會有所改善，只要沒有人搞混葛洛斯的角色，他就願意鞠躬盡瘁，死而後已。

眾望所歸的接班人選

伊爾艾朗似乎具備若干必要的特質，他是久經考驗的投資專家，也是經過正統教育的經濟學家，擁有牛津大學（University of Oxford）和劍橋大學（University of Cambridge）的學位，能進行大方向的思考，「由上而下」的經濟分析是葛洛斯喜愛的。伊爾艾朗在哈佛大學監督的投資策略遠遠超越債券的限制，還進入「另類投資」的領域，如鎖定長期投資的私募基金投資，或是擁抱跨越不同資產類別、風險較高、比較靈活的避險基金；品浩可能應該更認真地注意這些領域，尤其是如果公司對美國經濟發表的災難性預測成為現實，更應該這麼做。伊爾艾朗在哈佛大學，以及一九九〇年代在國際貨幣基金（International Monetary Fund, IMF）工作時，都曾管理人，國際貨幣基金是十分官僚的機構，重點放在國際貿易和協助開發中經濟體上。伊爾艾朗身兼經濟學家、投資人又平易近人，可以用品浩前所未有的方式，結合公司內各個互不相關的部門，或許這樣看來會更加穩定。

此外，哈佛大學校產基金在截至二〇〇六年六月為止的十二個月內，創造一六．七%報酬率，非常優異。二〇〇七年會計年度的狀況變得更好：幾週後，到了六月底，校產基金應該會有二三%的報酬率。這表示伊爾艾朗超越葛洛斯，在這一年的上半年，總回報債券基金的表現平平，而績效指標卻創造近一%報酬率。

三個人結束親切交談時，對這一切都心知肚明，葛洛斯和湯姆森希望清楚表明的是：伊爾艾朗回來又升遷的機會極大，他是適當時機的適當人選。

伊爾艾朗顯然很感興趣，他要考量的因素包括他必須努力和脾氣不好，又有煽動性的交易員爭吵，並以某種方式領導他們。但是也有很多免費的好處，包括他會上所有的財經電視節目，不管他說什麼，大家幾乎都會把他當成高明的專家；他會在業界和業外的大型會議上演說，全球政界與財經界的大人物都會傾聽；同時賺到數百萬美元薪資。哈佛大學在學術界的名聲響亮，但是品浩的資產是哈佛大學的二十倍以上，而且大致上要感謝葛洛斯的傳奇地位，以及他數十年培養的「平易近人債券大師」形象，品浩甚至比哈佛大學還有影響力。就算遇到最糟的狀況，伊爾艾朗在那裡待了幾年，獲取了豐厚的報酬，並在匯聚思想家與影響力人士的世界裡幾經歷練，或許也能放眼更大型公司的執行長，甚至聯準會主席？最少，他也會擁有待遇優厚的終身顧問職與報紙專欄。

沒有人提出確定的邀約，也沒有人有確切的要求，但是他們似乎打算做一件大事。

伊爾艾朗搭機回麻薩諸塞州，柏南克發表另一篇和次級房貸有關的演說，標準普爾五百指數（S&P 500 Index）在四個交易日裡，創下三次新高紀錄，葛洛斯度過一個極短的假期。

第三章

全面崩盤下的逆勢奇蹟

二〇〇七年六月的第一個星期四，葛洛斯和妻子蘇待在棕櫚泉（Palm Springs）附近的印第安威爾斯（Indian Wells）住家。這裡是沙漠城市，到橘郡的車程大約兩小時。天氣炎熱，大概有攝氏四十二度，蘇希望留在家裡，在冷氣房裡喝檸檬汁，但是葛洛斯希望去打高爾夫，他需要運動，或許可以緩解陶醉在市場狂熱的感覺。在球場上，他可以把挫折和緊張傾注在小白球上，等到離開時，或許會有一部分情緒留在那裡。

葛洛斯要打球還有另一個理由，這個理由有點像笑話，卻不是笑話：在印第安威爾斯住家起居室書架上，放著一座十五公分高的獎盃，上面有一顆黃綠色的球，放在黑檀木基座上，獎牌上寫著：一桿進洞，一九九〇年三月十五日，沙漠球場第十四洞，一百五十五碼遠。在這些銘文上的文字是：蘇．葛洛斯。是**他的妻子**。

「這一桿很厲害，卻不是**我打的**，我猜其中藏著自己繼續揮桿的原因。」[1]很多年後，葛洛斯在《投資展望》中寫下這句話。

他穿好衣服，獨自前往位在艾森豪山山腳下的山脈球場（Mountain Course），在標準桿為三桿的第十七洞，恰到好處地打到球，球在天上劃出完美的弧線，落在旗桿附近，再滾進一百三十九碼外的小洞裡。一桿進洞。四周沒有人看到。天啊！這樣算數嗎？算數，算數，這樣算數，他決定。那顆怪球進去了。

那天稍晚，他告訴妻子，對方同意這一球算數，不過他認為妻子閃過一抹有趣的眼神。但是他指出，妻子對高爾夫球一無所知。沒有別人，沒有一個妻子以外的人同意這樣算數。

「我猜他們嫉妒我。」葛洛斯說：「我看過有些人在黃昏時分，同樣在那個發球點打出好幾桶球，以為沒有人在看，不過我有在看，這就帶來一個有趣的問題，如果他們打出一桿進洞，那一桿會不會因為我在看，就算是一桿進洞？高爾夫球真是該死的遊戲。」

即使自己這麼宣稱，這也是一種終身成就。也許是吉兆，在他持續不斷的惡劣心情裂縫中，可能已經出現陽光，只有一件事確實可以驅逐那種情緒，而且一天天過去，那件事看來愈來愈近。

市場終於開始反轉，房貸拖欠率開始攀升，一個複雜的新名詞開始和**次級房貸**一起出現，就是所謂的**擔保債權憑證**（Collateralized Debt Obligation, CDO），這是綁在一起的許多債券——通常是房貸抵押擔保證券，然後這堆債券再從超級安全到超級風險，切割成不同風險的「分券」（tranche）。債券的任何問題，會最先影響較「次級」的分券，只有在同時出現違約時，高級分券才會賠錢。根據為債券信用評等的穆迪（Moody's）和標準普爾（Standard & Poor's）的說法，過去發生這種情形的機率接近零，多年來，兩家公司都給予高級分券完美的「AAA」最高評等。很多投資判斷都和這些評等掛鉤，以致於盲目輕信的狀況太多，大家都不自己做功課。

這種結構正在分崩離析，AAA的標籤脫落，逾期未繳的房貸激增，違約情況變多，對擔保債權憑證的瀑布結構來說，房貸未繳代表麻煩，因為錢本來應該由上到下往下流，到達最後一個分券，如果錢在到達最後一個分券前用完，只能放任不管；根據設計，一個分券本來就是風險最高的，但是現在的情形清楚顯示，虧損遠比評等公司計算得還要嚴重，錢遠比預期得更快用完，也就是在結構高出很多的地方就用光，穆迪和標準普爾必須開始瘋狂調降評等。

開始浮上檯面的問題徵兆

投資銀行貝爾斯登（Bear Stearns）注意到，旗下兩檔避險基金的問題變大，都投資由次級房貸支撐的擔保債權憑證，這些市場的跌勢在這兩檔基金裡挖出巨大的坑洞。到了六月，貝爾斯登在其中一檔基金中投入三十二億美元，希望填補這個大洞。

事情變得愈來愈可怕，這正是品浩等待的。葛洛斯在下一篇《投資展望》中表現得十分高興，他寫道，信用評等公司受騙了，對現在變成比垃圾還糟糕的產品給予最高評等，進而欺騙投資人，如今投資人面臨喪失大部分或全部資金的風險。

「AAA的評等嗎？穆迪先生、普爾先生，你們被化著妝、穿著六吋高的妓女高跟鞋，以及有著下背部『蕩婦刺青』的人騙了。」[2]葛洛斯用他代表性的語氣寫道：「在這些美女中，有很多都不是價值百分之百的高級資產。」

但令人驚訝的是，股市繼續上漲，到了六月下旬，私募基金巨人黑石（Blackstone）在五年來規模最大的首次公開發行（Initial Public Offering, IPO）中上市，它和同夥利用高度舉債推動的併購活動愈演愈烈，市場分裂成兩半，彼此不通聞問，股票在無盡的樂觀中向前衝，而信用市場則分崩離析，就像雙方的命運不受束縛。

政策制定者和主管機關努力追上，聯準會主席柏南克在聯準會的年中報告裡，告知國會，房子查封「造成很多屋主和社區的個人、經濟及社會困境——在這些問題好轉前，情況還可能繼續惡化。」[3]大量賣不出去的住宅為市場帶來沉重壓力。

柏南克在國會作證結束後兩天，道瓊工業平均指數收盤首次突破一萬四千點，因為交易者把柏南克所說的「在這些問題好轉前」，解釋為住宅需求很可能會穩定，因此認定自己不用擔心。但是在信用市場上，柏南克巧妙的說法絲毫沒有軟化他的訊息，次級房貸正在流失。麥考利看到的可怕情景——市場、經濟和每個地方底下的根部皆已腐爛，開始變成大家注目的焦點。

二〇〇七年七月，貝爾斯登告訴客戶，公司陷入困境的避險基金「實際上毫無價值」。[4]投資人對持有高收益公司債，而非持有國庫券所要求的額外補償，在六月降到史上最低紀錄，而後攀升，如今呈現垂直。到了八月一日，這種每次波動〇·〇一%的「利差」（Spread），激增將近整整一個百分點，達到四·三%。

隨之而來的市場亂局

隨著八月開始，葛洛斯面臨一個決定，他和妻子原本計劃穿越巴拿馬運河，進行年度郵輪之旅，這是他最喜歡的放鬆方式，因為不必打包和拆開行李。他重視自己的假期，維持度假時間必須不受干擾，如果去紐約或北京，每個人都會說：**葛洛斯，你要去美林證券（Merrill Lynch）停留一下，去看這位和那位客戶**，而他應該不會這麼做。搭郵輪旅行時，他實際會停留在海上，和一切徹底隔絕，不必看什麼人，沒有員工或客戶打擾。

但是情勢很明顯，二〇〇七年八月不是和一切徹底隔絕的好時機。CNBC的吉姆·克瑞默（Jim Cramer）剛在電視上談到全面崩盤，揮舞雙手並大吼著，和他談話的人都嚇壞了，「什麼都不知道的」聯準會錯過這件事。[5]市場終於提供機會，讓葛洛斯的總回報債券基金可以強力回歸。品浩已經根據這種情勢定位，為聯準會必須降低利率的時刻做好準備，而且避開或賣出風險較高，在市場下跌時可能違約的公司債。一切正在爆發的當下，葛洛斯不能去度假。

葛洛斯後來說：「現在是不虧錢和開始賺錢的時候。」[6]他和妻子把郵輪之旅延後到十二月。

出問題的貝爾斯登基金聲請破產，從不錯過大拍賣的品浩，出價標購這檔基金及其債主拍賣的東西。到了八月九日，法國最大銀行的法國巴黎銀行（BNP Paribas）宣布，凍結旗下的三檔基金，投資人爭相撤資，該銀行基於可能嚇壞市場的理由，也就是再也算不出持有部位價值的原因，決定停止讓投資人贖回，價格波動太劇烈，不可能算出該還給投資人多少錢。幾週前，這些部位累積價值是二十一億歐元，現在降為十五億九千萬歐元左右。法國巴黎銀行表示：「美國證券化市場若干部門的流動性完全蒸發，使得大家不可能公正評估某些資產的價值，無論資產的品質或信用評等都是如此。」[7]

情形就是這樣，這就是麥考利說的「明斯基時刻」，愈來愈魯莽的冒險，最後造成資產價格泡沫破滅，市場崩盤。

「我像記得兒子的生日一樣，記得那一天的情況。」麥考利後來說：「遊戲結束。」[8]經過幾個月的搖搖欲墜，希望次級房貸問題不會蔓延後，股票與債券市場開始一起暴跌。避險基金採用「量化」策略，不押注市場方向，而是購買數學模式規定的資產，因此理當和市場不相關，可以不受市場亂象影響，但是它們持有和次級房貸無關的一般股票突然蒙受巨額損失，每種東西都受到毒害。

聯準會與歐洲中央銀行（European Central Bank）、日本銀行一起降息，讓現金注入市場，希望緩解市場的恐懼，維持秩序。日本經濟產業省大臣告訴記者：「美國次級房貸的影響正蔓延到全世界的金融市場。」[9]

這些舉措並未讓市場參與者安心，反而強化他們最大的恐懼。到了八月中，美國三大股價指數：標準普爾五百指數、道瓊工業平均指數和那斯達克指數（NASDAQ Composite Index），都從這一年的最高點下跌約一〇%，使得這場亂局正式符合定義中的修正。

席捲整個金融領域的影子銀行

麥考利就是在這種壓力重重的背景下，前往懷俄明州傑克遜霍爾（Jackson Hole）附近的大提頓國家公園（Grand Teton National Park），參加堪薩斯市聯邦準備銀行舉辦的年度研討會，提出問題。主辦單位為這一年會議選定的主題是「住房、住宅融資和貨幣政策」。一些受邀與會者抱怨這個主題太無聊、太不重要、太無關緊要。

如今，不無聊了。二〇〇七年八月下旬，各國中央銀行官員、財政部長、教授和最重要的市場參與者，住進傑克森湖旅館（Jackson Lake Lodge），經過大廳的巨大觀景窗，可以遙望地平線上依序排列的提頓山脈。

耶魯大學（Yale University）經濟學教授羅伯・席勒（Robert Shiller）回憶，監理官員與經濟學家每天晚上在「土狼和麋鹿的嚎叫聲中」，[10]設法衡量當前房市走弱的情況有多慘，情勢看來像是典型的擠兌，但情況卻更糟糕、更可怕，這種情形只是一次修正嗎？還是泡沫已經破滅？這是誰的錯？聯準會應該採取行動嗎？應該做什麼？問題的一部分是，聯準會只能接觸到銀行體系，但目前的問題大致是在擾亂銀行以外的東西。

麥考利看來一副「專業教授」的樣子，大鬍子長到像海象鬍鬚的一半，整齊的褐髮前面已經灰白，他調整一下無框眼鏡，清清喉嚨，開始說話。

經濟不像別人說的，不是碰到銀行擠兌。不對，這是對**影子銀行體系**的擠兌，擠兌的對象是由不受監管的機構和空殼公司組成，彼此又互相連接的隱密網絡，他說：「這是由槓桿化非銀行投資管道、工具和結構性商品構成的渾水。」[11]

真正的銀行會為顧客的存款保險，可以利用「重貼現窗口」，利用聯準會提供的超低融資。影子銀行利用的則是商業本票（Commercial Paper, CP）之類的其他槓桿，這是最短期的企業借貸市場，在這種市場裡，投資人敏捷的神經表現得最快。如果一家機構需要把短期票券轉換成新票券，投資人突然不願借錢給這家機構，**完了！**資金就不見了。

這就是當下發生的事。麥考利表示：資產擔保商業本票（Asset-Backed Commercial Paper）市場已經萎縮近兩千億美元。影子銀行體系有一兆三千億美元的資產需要拋售，這個體系需要向真正的銀行借錢，把自己擁有的任何東西拿來大拍賣。

麥考利思考這個觀念已有很多年，因此在傑克遜霍爾開口時，可以精確而簡潔地說出這些東西的名字，從他說出這個名詞那一刻起，**影子銀行**席捲整個金融領域。他說出每個人曾感覺、瞥見，卻未見過整體模樣的東西。影子銀行是市場激烈反應背後的系統，充斥著對新信貸、新產品和任何能帶來收益的新事物的強烈需求。你能夢想到的任何東西，都會被分割成很多部分，在你來不及說要「盡職調查」（Due Diligence）前就被買走，在過去的歲月裡，有這麼多債務這麼快被吸收的原因就在這裡。

總回報債券基金逆勢創造報酬

那年秋天，美國政府努力設法因應，小布希政府試圖推出新計畫，協助陷入困境的屋主；九月，聯準會把利率降低兩碼（即〇．五%），十月再度降息一碼（即〇．二五%）。次級房貸放款人紛紛倒閉，就業市場開始萎縮，英國北岩銀行（Northern Rock）爆發擠兌，美國的銀行爭相擠到聯準會的貼現窗口，美林證券宣布虧損五十五億美元，不對，是虧損**八十四億美元**。

美國財政部促請若干銀行〔摩根大通、花旗集團、美國銀行（Bank of America）〕結合力量，湊出一千億美元的「超級基金」，釋出支撐市場的信號。各銀行代表開會集思廣益，但是沒有銀行願意這麼做，於是銀行團在聖誕節前解散。

其他人都在爭相逃命，品浩的精明定位終於開始奏效，競爭對手的投資組合喪失大部分獲利，該公司的總回報債券基金卻開始創造報酬。到了這一年年底，總回報債券基金創造九．一％的報酬率。評估基金績效的晨星（Morningstar）表示，總回報債券基金「熏壞了」競爭對手，打敗績效指標近兩個百分點，「在債券世界創造驚人勝率。」[12]在大家拚績效的過程中，品浩避開的高風險高收益債券，勉強贏得不到二％報酬率。

很多年後，葛洛斯指出：「當虛胖的人慘摔得粉身碎骨時，我們的績效卻很完美。」[13]債券領域外的人開始聽說這位債券大師預見危機來臨，葛洛斯的傳奇逐漸成形，名聲從金融媒體擴大到主流媒體。雷曼兄弟倒閉那一週，他成為《金融時報》的**一週新聞人物**，說他是「不可能的宇宙之王」；[14]《華盛頓郵報》（*Washington Post*）則刊出一篇特寫，標題是**「債券天王」倒立時真的能夠思考**，[15]點出葛洛斯在做瑜伽倒立姿勢時，如何得到啟發；《時代》（*Time*）雜誌則說：「世界上和債券相關的一切事情都在分崩離析之際，他是你最想聽他指點的人。」[16]

「從那時起，一兆變成兩兆。」他說：「因為我們表現得太好，大家對公司的信任也倍增。」[17]葛洛斯回憶道：「我們很久以前就證明自己，但這次是一種肯定。」客戶認為堅持跟著他的確有理，因為「即使在災難來臨時，品浩都可以打敗市場，替我們省錢」。

那年十二月，在打出無人見證的高爾夫球一桿進洞後半年，葛洛斯和蘇前往巴拿馬，坐在閃閃發亮的白色郵輪上，在兩岸的叢林間平靜地巡航。

第四章

安度風暴的獲利明星

二〇〇八年初，金融界設法治療持續不斷的震撼時，晨星提名葛洛斯為二〇〇七年年度固定收益基金經理人（Fixed-Income Fund Manager of the Year），這是他第三次榮獲此份殊榮，他喜出望外。

這就是葛洛斯一生追求的東西，他與應徵者面談時，喜歡詢問：「在金錢、權力和名聲中，你最希望擁有哪一樣？」應徵者不知道他最不喜歡哪一樣，會緊張地改變答案。葛洛斯說：「答案總是很微妙，因為不管你回答哪一樣，都會公開一個弱點。」他們總是很尷尬，通常會說金錢或權力。然後葛洛斯會高興地分享自己的答案，會告訴對方說：「我從一開始就很沉迷，從一開始，我的動機就是成名。」

葛洛斯在年輕時就想通這一點，這是他可以用自己的卓越成就，超越其他人的方法。雖然他長得很高，卻在就讀大一時，得知自己在籃球上不會有出色表現，還被踢出籃球隊，害他花費數十年療傷止痛。他在大學時試圖經商，販售籃球賽黃牛票的嘗試則較為成功：他會購買十或十五張的票，希望杜克大學籃球校隊會打進前四強，結果在四年大學生涯中，杜克大學籃球校隊有三年打進前四強，他說：「我靠運氣賣黃牛票的利潤總是很高。」

但運氣不是優勢，不會升級，因此你不能信任運氣。噩運告訴他，他善於冒險，他發現一個比賣黃牛票還可靠的系統，要歸功於大四那年發生的一場可怕車禍。

一九六六年某個週六夜晚，菲卡帕塞（Phi Kappa Psi）兄弟會兄弟要葛洛斯出門，為可能招募到的新兄弟購買甜甜圈——「除了買甜甜圈外，沒有人相信我會做任何事。」但是因為超速，他駕駛的納許漫步者（Nash Rambler）汽車失控撞上對向來車，他衝出擋風玻璃，四分之三的頭皮被削去。

葛洛斯被緊急送往醫院，一位州警在高速公路旁發現葛洛斯的頭皮，就把頭皮護送到急診室縫合。這場事故害葛洛斯終身都對自己的頭髮感到焦慮，強化他對健康的痴迷，後來幾乎終其餘生，每天都會放下工作，做一小時瑜伽，或騎一小時固定腳踏車。但是大四那年的大部分時間裡，他都困在醫院的病床上，肺部塌陷，需要進行多次皮膚移植。

百般無聊下，葛洛斯拿起去年春假後買的一本書，當時他玩二十一點，輸掉原本不會輸的五十美元，他想知道愛德華．索普（Edward Thorp）寫的《戰勝莊家》（*Beat the Dealer*）是否會有效，於是拿到一副牌，在病床上開始測試索普的策略。他回憶道：「我必須測試一下，因為我不相信書上寫的。我無事可做，因此想要證明書裡的內容。」然後葛洛斯練習玩牌，練習完上千副牌後，光禿禿的頭上開始結痂，準備好要迎接自己的黃金時代。

在賭場實戰中小試身手

一九六六年十月，葛洛斯必須到海軍報到受訓——這是他在戰時降低風險的策略，目的是避免遭到徵兵，直接送往越南戰場。因此在隨後幾個月裡，他會測試索普的理論，拿著省下的兩百美元，打算前往拉斯維加斯。

他把計畫告訴父母時，父母譏笑道：「你一天半就會回來了。」到東岸就讀大學是他第一次擺脫父母的束縛，現在是第二次，他想看看自己可以做什麼。

葛洛斯以每天六美元的價格，在酋長法院旅館（Chief Court Hotel）訂了一間房，房間髒到讓他不願意坐下來看電視，他心想，這間房間是勞動女性的辦事地點，曾被人用來進行多次非法接觸。但這裡距離賭場只有六個街區，而且他只是要在玩二十一點之間睡幾個小時。此外，這家旅館會給房客價值九十五美分的免費賭場代幣。

葛洛斯戴著漁夫帽，遮住滿是瘀傷和血跡斑斑的頭，以免其他賭客覺得噁心，同時改變外貌，以免賭場保安緊跟在後。帽子還有額外的效果，可以讓他看來像窮人，不希望賭場管理階層懷疑他是有錢的「大亨」。

葛洛斯會看著狂歡客，圍著幾百台吃角子老虎、基諾（Keno）遊戲和鋪著綠色絨布的半圓形二十一點牌桌，高聲嚷嚷。一排排西裝革履、整齊體面的男士，以及穿著連身裙，端莊嫻靜、燙出高聳髮型的女士，一次又一次無心地拉著拉桿。他不知道自己到底是在為了這些人感到難過，還是覺得討厭，他們把積蓄倒入這些機器裡，毫不思考自己的方法，因此毫無贏錢的希望，他們知道這一點嗎？他們知道自己已經輸了嗎？這種情形讓他覺得難過，這證實人性中衝動、消極的一面。

我希望你們玩得開心，因為你們不會賺錢，只要別輸光薪水，讓孩子挨餓就好。

一起賭二十一點的賭客笑著飲酒，他們同樣沒有策略，都是傻瓜。葛洛斯想著，**我是贏家，他們都是輸家。**他會抓緊那一小堆的一美元白色籌碼，看著他們一堆又一堆的一百美元黑色籌碼。**我們玩著同樣的遊戲，籌碼顏色是唯一的差別。**

在其他遊戲中，有這麼多白痴包圍著，他應該覺得很幸運，但是葛洛斯只有一個對手，就是賭場。那一整個汗流浹背的夏天裡，他會在開著冷氣的賭場裡，在二十一點的賭桌前，筆直坐著，每天從早上七點坐到天黑後很久，坐上十五、六小時，一週待七天。

從賭場輸家身上學到的教訓

葛洛斯偶爾會感謝賭場裡的輸家，因為他可以從他們那裡學到東西，可以把從他們的錯誤中學到的教訓，納入自己的方法。他們會連續贏錢，開始魯莽下注，然後——**糟了**，他們會輸得精光。

他們對賭桌的熱度無感，應該退縮時，卻老是提高賭注金額。葛洛斯會一點一點地增加賭注，會「試探」莊家，每次下的賭注絕對不會超過當時擁有籌碼的二%，而且只在牌面清楚顯示他占有優勢時，才會下大注。

玩二十一點時，賭客一開始會拿到兩張牌，希望最後拿到的牌面數字加起來，會盡量接近二十一點，卻不超過二十一點，隨機洗過的牌會決定生死，不知道莊家要發給你什麼牌，除非你密切注意已經發出哪些牌。

玩家只要靠著算牌，就可以追蹤有多少大牌與小牌已經在桌上現蹤——視系統而定，每出現一張大牌就加一，出現一張小牌就減一，算牌的人會把數字記在心裡，告訴自己——賭客中的數學家可以計算實際的機率，判定下一張牌可能是大牌或小牌。

有時候，在很長的一段時間裡，運氣都對算牌的人不利，葛洛斯就像玩家說的一樣，學到必須保護自己那堆籌碼，「避免遭到毀滅」，如果他還有籌碼，隔天依然可以玩。

算牌可以建立直覺，葛洛斯正在學習感受風險，機率對他有利時，要加強投入，增加下注，也要學習什麼時候要壓低姿態，等待牌組熱起來。賭少一點；等一下，等一下。大舉下注；加倍，就像駕駛手排車或跳舞。

二〇一〇年，葛洛斯告訴《金融時報》，「這讓我感受到一九七〇年代罕見的風險意識，因為當時沒有足夠的量化風險模型。」[1]電腦還不能送出可靠的數學答案，你必須運用頭腦或直覺。

做這件事有一個危險，葛洛斯偶爾會感覺到，有一隻手放在自己肩上，而且有一個穿西裝的彪形大漢會說，**賭場高層希望你立刻離開**。碰到這種事時，葛洛斯從未覺得驚訝或不安；每一次，一陣焦慮的嗡嗡聲會告訴他，這種事馬上要發生了。賭場討厭算牌的人，因此每當賭場趕他出去時，都讓他覺得這幾乎就像是解脫，他會莫名其妙覺得自豪，因為這顯示他的計畫行得通，在追隨索普的道路上很成功。

算牌並不違法，但賭場的目標是數量，是要利用勝過顧客的微小統計優勢，如果有一個顧客破壞遊戲的隨機性，就會破壞這個模式。賭場可以拒絕提供服務給任何人，當玩家利用微小的數學優勢時，他們並不喜歡，因為那是屬於**他們的**遊戲。

葛洛斯的草率偽裝只能發揮這麼多作用；要掩飾算牌很難，他以有趣的小幅變化改變賭注——嚴格、強迫、謹慎選擇，但是對知情者來說，他的詭計很明顯。

從金錢的角度來看，他用一美元的籌碼在玩，每次贏二十五美元，對賭場來說，他不是問題，不過他知道自己的詭計威脅到他們的系統，這不公平，但在他的想法裡，這是在人為操縱系統中的不公平。

每次他被趕出賭場後，都會踏上弗利蒙街（Fremont Street），再走過幾個街區，到下一家賭場，重新開始這種過程，他輪流進出弗利蒙（Fremont）賭場和四大女王（Four Queens）賭場，有時候會去鑄幣廠（Mint）賭場和金塊（Golden Nugget）賭場。

葛洛斯的計畫緩慢卻確定地奏效了，他的小金庫逐漸變大，對自己看出型態的能力也日漸充滿信心，這證實他已經猜測的事，就是自己與眾不同，可以看穿事情，可以保持鎮定，利用他的系統勝過坑了其他人的機器。

索普的系統規定要盡量玩久一點，玩家才能得到「真實賠率」（true odds）。葛洛斯擁抱這一點，學到重點是最好不要中斷。一開始，他會休息一下，暫時離開擠在牌桌旁沮喪的人，但是暫時放鬆會打亂節奏，因此他不再休息，站的時間愈來愈久，每天玩十六小時都還覺得很舒服。

孤注一擲的賭博直覺

夏天過後，葛洛斯前往越南，在海軍服役，一九六九年返國後，用在拉斯維加斯賺到的一萬美元攻讀商學所。

一九六七年，索普出版另一本著作《戰勝市場》（*Beat the Market*），談的是如何用可轉換債券和股票與認股權證套利。葛洛斯就讀商學所時帶著這本書，這本書的主題正好配合他在加州大學洛杉磯分校（University of California, Los Angeles; UCLA）研究所想學、教授又很專精的認股權證和選擇權，而且讓他覺得很熟悉。

「這種東西很像二十一點。」他說：「全都非常粗糙、非常基本，因為其中沒有流動性，但是這其實讓這些東西變得更好。」

葛洛斯再度受到索普啟發，撰寫和可轉換債券相關的碩士論文，也就是在某些情況下可以轉換為股票的證券相關論文，該論文後來開啟他進入太平洋人壽保險公司的契機。

客戶把葛洛斯算牌的故事牢記在心裡，他也不厭其煩地講述這個故事，「你必須具有那種賭博的直覺。」一九九二年，他告訴《橘郡記事報》（*Orange County Register*）：「這一行如果做得好，就不是賭博，但是這一行需要一點賭徒的精神。」[2]

二〇〇二年，葛洛斯告訴《財星》：「拉斯維加斯讓我知道，我可以戰勝系統，方法是透過努力工作和還沒有人想到的概念，加上忍受很多人認為單調乏味的例行公事，但對我來說，卻是世界上最令人興奮的事！」[3]

很多年後，葛洛斯和索普在他們的共同律師安排下，於當地知名又老牌的麗池（Ritz）餐廳見面；索普住在這個地區，在二〇〇〇年代，他與加州大學爾灣分校（University of California,

Irvine）合作，尋找幹細胞研究中心的主要捐贈者，當時葛洛斯顯然是重要的候選人。他從品浩走了約三十公尺到達，並表示只有半小時的時間。於是兩人開始聊天，大約三十分鐘後，葛洛斯的電話響起，祕書提醒他必須返回辦公室；他說不行，再給我三十分鐘。三十分鐘後，同樣的狀況又重複一次。

「我們最後談了兩個半小時。」索普說。

從那時起，葛洛斯和索普發展出輕鬆隨意的友誼，兩位沉迷在數字裡的天才偶爾會在南加州的陽台上共進午餐。某天，葛洛斯告訴索普，應徵品浩員工時詢問的問題，以及自己的正確答案是「名聲」的故事。「他希望在生活中變成成功、知名的人。」索普說：「名聲是最能驅動葛洛斯的東西。」

對葛洛斯來說，這些都不是微不足道的成功標誌——他贏得啟發人心大師索普的友誼和尊敬；他有足夠的錢，可以滿足所住社區大學的需求，這些跡象顯示他的努力獲得成果。數十年來，他在追求目標時，不斷學習、測試、注意自己的經驗中，有哪些部分會得到最佳反應，他會重複這些部分，然後把最好、最成功的結果，加入自己的傳奇。

受到合夥人一致歡迎的新領導者

二〇〇七年九月十一日，品浩宣布：伊爾艾朗在哈佛大學校產基金任職二十個月後決定離開，自明年一月起出任品浩共同投資長暨共同執行長。「我們歡迎他回家，他是久經考驗的領導者，是傑出的投資專家和投資圈最受尊敬的名字。」湯姆森在新聞稿中這麼說，還補充道：「葛洛斯或我此時都沒有下台的計畫。」[4]

按照官方說法，這是品浩的合夥人選擇伊爾艾朗，但總之這是儀式，公司規定管理階層要求合夥人票選新領導者。

這種投票通常有一個明確的正確答案，你最好按照那種方式投票。選票是以「無記名」方式投下，但是相信品浩這個壓力鍋中的保證似乎不太可靠。投票後總是會有人記票，如果情況顯示你沒有正確投票，你可能就會遭人非議。

根據熟悉會談的人表示，伊爾艾朗是在談判的最後一刻，要求擔任共同執行長。（伊爾艾朗透過律師表示，這是葛洛斯的意思，是接班人計畫的一部分。）湯姆森認為，身兼兩職的主意很糟，背離他們明確分工的鐵三角特色——鐵三角先是由葛洛斯、穆基和波里奇組成，後來則由葛洛斯、穆基和湯姆森組成，但此時要改變為時已晚，葛洛斯不喜歡這個新構想，卻仍希望照案進行，只要新的做法依舊能讓他和所有人隔絕，同時每個人都能做好自己的工作，一切就不成問題，他們會像過去四十年一樣繼續繁榮發展。

伊爾艾朗似乎至少能填補湯姆森「平易近人」的角色，他的禮貌是傳奇中的一部分，如果沒有一連串的「殷切問候你」、「祝你萬事如意」、「祝你一天美好」、「萬聖節最佳狗照片！」或「恭喜你的精采電視節目片段」，任何人都不能和他溝通。

合夥人投了兩次票，第二次是全票通過，藉此表達熱烈歡迎。因此，四十九歲的伊爾艾朗在全世界崩潰之際，成為品浩首位共同投資長暨共同執行長，負責監督公司所有的投資組合，協助公司轉入新產品的領域，而且有一天會變成公司的新領導者。

恐懼交易對手風險，促成現金為王的局勢

在紐約、倫敦和香港，品浩規劃中要因應的災難已經出現，必須加以處理。

葛洛斯贏得年度固定收益基金經理人殊榮後，興高采烈地打著亮紅色領帶，神情專注，上CNBC的節目。

「漂亮的帽子。」主持人艾琳·伯內特（Erin Burnett）說：「葛洛斯，那是『想想品浩』的意思嗎？」[5]

「這是說『想想品浩！』伯內特，我們現在置身派對模式中。」

伯內特笑著問道，美國是否正在陷入經濟衰退。

葛洛斯信心十足，高談闊論他現在已經為人熟知的觀點：強調影子銀行，並敦促政府紓困銀

行體系。他說：「機會已經來了，品浩期望能從中獲利，但是我們仍有一個狀況，就是風險性資產依舊處於風險中。」

葛洛斯說得很正確，在那個月，投資銀行貝爾斯登執行長宣布辭職，因為該公司雖然積極進取，卻困在問題房貸投資中無法脫身。謠言愈傳愈盛，說貝爾斯登瀕臨破產邊緣，在投資人驚恐之餘，爭相撤資的情況下，謠言變成自我實現預言。到了三月，一切都完了，摩根大通以每股十美元的價格買下貝爾斯登，聯準會為了促成這筆交易，承接貝爾斯登的一些最高風險性資產。

當時品浩知道要上調原先最可怕的預測：「我們認定事態急迫，**無法想像的事情已經變成可以想像**。」[6]一年後，伊爾艾朗用這段像是嘴裡被花生醬黏住說出的話，告訴《財星》：「我們甚至取消每個人在這一年的假期。」

葛洛斯說：「我不習慣把鬧鐘訂在半夜兩點四十五分，但這陣子是非常時期。」[7]一般員工開始把上班時間從正常的清晨五點，提早到荒唐的凌晨三點半，下午六點離開公司回家，但是到家後並未停止工作。在之後幾個月裡，有些人開始睡在停車場的車子裡，有時候這樣會輕鬆一點。

會議室變成戰情室，拉上窗簾遮陽。貝爾斯登破產後，那年夏天，公司高階經理人和交易員都收起黑莓機（BlackBerry），以便每天開會。葛洛斯告訴《紐約時報》，「這是為了確保方舟沒有任何漏水的地方。」[8]

戰情室的白板上有一個「課程計畫」，也就是「去槓桿化過程中發生事情」的多點程序。[9] 一、大家突然要求多付錢，以便承受風險；價差擴大。二、大家恐慌賣出，到覺得已經籌集足夠現金，再度覺得冷靜為止。三、籌募現金現在取決於乾淨的新資產負債表到來，英雄上場，如果不是這樣，價格會繼續下跌。

席捲市場的最大恐懼是**交易對手風險**（Counterparty Risk）。品浩和很多銀行及其他公司交易；這些交易賺錢時，公司要依賴交易對手付款，大家無法想像的是，像摩根士丹利（Morgan Stanley）、高盛或雷曼兄弟之流的銀行會沒錢，誰知道還有哪些公司沒錢？貝爾斯登無法付款，至少如果不是摩根大通和聯準會伸出援手，該公司就會無力付款。品浩的交易對手也在思考同樣的事：都不信任別人，原本依賴彼此互信的交易對手，現在要求拿出現有現金，因此為了應付交易對手要求付款，品浩囤積五百億美元。葛洛斯說：「貝爾斯登的例子清楚顯示，情勢發展得太過頭了。」[10]

「管理債券」的交易技巧

混亂也波及品浩的交易技巧，協助該公司數十年來表現優越的魔法——托洛斯基記得有一、兩位不了解這種魔法又有影響力的顧問，把這種結果稱為「葛洛斯現金」，需要市場正常運作，但現在因為外在世界充滿恐懼，市場變得愈來愈難正常運作。有一個別人稱為「λ現金」（Lambda Cash）的交易做法變得過熱，這個名稱雖然很炫，卻沒有那麼複雜：基金規定限制品浩可以利用的「槓桿」額度，公司也已經想出變通辦法。

品浩在一九八〇年代發展出這種做法，當時公司開始熱情擁抱衍生性金融商品，這是已經長期確立，在金融海嘯中卻變成主角的一種工具，衍生性金融商品和債券或股票的實體產品綁在一起，卻又與實體產品不太像。期貨合約（Futures Ccontract）是同意在未來的某個日子裡，以固定價格購買債券的協議，也是一種衍生性金融商品；選擇權（Option）也一樣，是賦予買主權利，卻不承擔義務，可以在未來以固定價格買賣的金融工具；交換合約也相同，是把一系列現金流量換取另一系列現金流量的金融工具。因為衍生性金融商品**現在**不涉及標的物的購買，需要的前期資金更小，品浩如果利用衍生性金融商品，可以得到希望暴露在債券上的金額，卻不必立刻為這種部位付款，同時可以把多出的現金，投資在產生收益大於零的任何產品上，賺更多的錢，坐擁現金卻**無所事事**的競爭者，會因為懶惰而錯過從自己的資金和時間裡，賺取一些收益的機會。

葛洛斯喜愛便宜貨，因此全心全意大力擁抱衍生性金融商品。

他們在一九九〇年代初，為這種做法取了一個正式名稱，叫做「管理債券」（Bonds Under Management, BUM），同時發展出追蹤這些資產的完美系統，稱為「管理債券報告」（BUM report）。交易員約翰．布里諾夫森（John Brynjolfsson）喜愛通貨膨脹產品，也負責研究怎麼計算這種期貨合約，如果你要在某個日子裡，購買一口兩百萬美元的期貨合約，你並未擁有這筆債券，這口合約的市值接近零，但是價值會隨著債券的價值波動，在快要到期時，你會如同承諾，需要兩百萬美元購買該債券。品浩發現，你同時可以動用擔保那筆期貨的現金，並把現金算成部位的一部分。

你不需要**所有的**這些現金——至少在合約到期前不需要，你可以購買價值兩百萬美元的債券期貨合約，卻只留一百萬美元現金。「在第一部分中，我們把這部分當作有槓桿的現金。」以布里諾（Brynjo）之名為人所知的那位交易員說：「如果你有一百萬美元，卻買了兩百萬美元，那就是槓桿（leverage）。」

換湯不換藥的入現金

在經理人必須持有現金的各種情況下，品浩發現可以利用現金和「約當現金」（Cash Equivalent）之間的差異——這些市場工具因為極為可靠，又具有流動性，基本上被人視為現金。這些約當現金如同短天期公司債一樣，即將到期，因此幾乎像現金一樣好用，本身卻有一點收益，購買只有比現金多幾個基點殖利率的短天期公司債，會鎖定競爭對手沒有鎖定的一點點現金流。

一九九〇年代初，布里諾坐在交易廳裡，對投資委員會成員解釋這種會計制度。最後，他做出結論：「……因此，我們就把那種東西叫做槓桿。」

每個人都臉色發白（或更白），有一個人說：「那樣行不通。」

「你要我改變公式嗎？」

「不，不，公式很好，問題是名稱。」

「我們要替它取什麼名字呢？」

槓桿或借來的錢可以放大你的報酬率，因為你可以投資更多，時機好時，這樣很好；但槓桿會提高賭注，也會讓你死得很慘烈。槓桿是投資中的古柯鹼，會在其中添加汁液，但是利用槓桿的代價可能比你所能支付的還大，這就是退休基金的槓桿利用會受限的原因，因為退休基金賠不起退休人士的錢，連提起**槓桿**這個字眼，都可能讓共同基金和退休基金保守的經理人緊張。

布里諾的腦筋轉來轉去，**槓桿**……金融業喜愛希臘字母，他只是略微熟悉而已，「叫『λ現金』如何？」因為λ和槓桿的開頭字母都是L。投資委員會批准了。

光是λ現金就可以增加〇·二五%，在固定收益中，一年〇·四%就是一切，而且品浩可以永遠這麼做。在任何資產類別裡，這就是你的致勝之道：你只要不在某些出錯的愚蠢大筆交易上虧損全部的錢，反而穩步前進，最後在長期排名中，一定會名列第一。品浩自嘲的垃圾債券經理人托洛斯基，曾用「策略性平庸」形容這一點，他從未計劃追求某年度的第一名，卻也從未搞砸，只要留在這場遊戲中夠久，就代表你會贏，這就是客戶要的：長期的優異績效紀錄、擊敗強制性績效指標的經理人，即使這表示偶爾要賭一下，又有什麼關係？

只有一個問題，品浩的伎倆——利用衍生性金融商品、抽取入現金和延遲結算，讓公司獲得額外的時間，把現金投資在較短期資產上，增加一點點額外收益。但這也會把公司帶入影子銀行體系，如果公司的短期資產庫房出問題，例如影子銀行體系發生擠兌，就會有麻煩。二〇〇八年就有麻煩，品浩的影子銀行和其他人一樣，遇到同樣猛烈的大火。

股市與債市在危機之前的迥異反應

然而，品浩碰到的火勢沒有同業大，因為公司曾針對房市做出可怕的預測，對影子銀行又自有定見，這兩件事都有助該公司避開最可怕的事。而且從外部看來，該公司仍然光輝燦爛。二〇〇八年七月，查理．羅斯（Charlie Rose）專訪伊爾艾朗時，身體前傾，亟欲知道究竟品浩為何能預見房市危機的爆發？

很簡單，伊爾艾朗表示。股票與債券活在不同的世界：例如「二〇〇五年到二〇〇七年間，債券市場告訴你，『重大的錯誤配置即將出現，要小心一點。』股票市場卻告訴你，『這是金髮美女（Goldilocks）經濟，一切都很完美，大家十分節制，什麼都不必擔心。』」[11]

「我們發現市場試圖告知，基本面出現重大變化，系統卻尚未做好接受這種變化的準備。」

然後他告訴羅斯，無法想像的事情現在可以想像了。

接下來一週，麥考利和前聯準會主席，現任品浩顧問的葛林斯班，一起上CNBC。麥考利與瑪麗亞．巴堤羅默（Maria Bartiromo）一起上《收盤鈴聲》（*Closing Bell*）時，揭開他們認為聯準會在一個日漸擴大的巨大問題，也就是在「政府贊助企業」（Government-Sponsored Enterprise, GSE）的問題上，必須採取行動。

房利美（Fannie Mae）和房地美（Freddie Mac）向直接借錢給消費者的公司購買房貸。在二○○八年秋季，兩家公司擁有或擔保的房貸債務，價值超過五兆美元，其中大部分都是垃圾。兩家公司藉由發行債券，融通這些債務，市場把它們的債券當成與美國政府公債（也就是國庫券）一樣安全，但是美國政府從未明確表示，到底「政府贊助」的房利美和房地美有多安全，現在這變成迫切的問題。

葛洛斯與品浩認為，如果房利美和房地美碰到的問題惡化，或是一直沒有改善，政府一定會擔保，因為對政府來說，這兩個實體太大也太重要了，不能放任它們倒閉。葛洛斯根據這種假設，把總回報債券基金的六○%資產，投入兩家公司擔保的債券中，比率遠高於二○○七年的二○%。問題是這樣的下注看來很可疑，這些證券都在虧損，品浩卻擁有巨量的這類債券，現在是在公共領域上施加一些壓力的時候了。

葛林斯班與麥考利在CNBC上，主張房利美和房地美在本質上就是結構不穩定的公司，聯準會，可能還要加上美國財政部，都需要挹注資金。然後葛洛斯在九月的《投資展望》中，說出大致相同的話：垃圾房貸債券的恐慌性賣壓已經大舉湧現，拉低兩家政府贊助企業擔保債券的價格，價格愈跌，交易對手愈會要求交易夥伴拿出更多的錢，造成這些夥伴把持有的部位廉價大拍賣，如此一再蔓延。葛洛斯寫道：「如果不加以阻止」，這種情形可能「讓營火變成森林大火，讓微小的空頭市場變成毀滅性金融海嘯。」12

等待政府救援的恐慌市場

除非買家進場，否則恐慌不會停止，市場需要有人上場，需要一些身負更大利益，也許身負公益的人上場。「依據常識得到的唯一結論是：如果要防止接近歷史規模的持續資產和債務清算，我們需要美國財政部的擴張資產負債表政策。」

葛洛斯毫不含糊地告訴美國政府，美國政府必須進場購買，房利美和房地美有一個大限要跨越，大限距離現在只有幾週，兩家公司必須在此之前，把價值兩千兩百五十億美元的短期債券轉期為新債券，葛洛斯的警告是市場上可能不會出現。

他在CNBC上闡述：品浩和其他市場參與者都會「置之不理」，等待「一些新的大買家」跳進市場，等待某些人。[13]他們不會購買房利美和房地美的債券，除非有人……他暗示。「你可以說我在談論自己的帳簿。」[14]葛洛斯在CNBC上說。

並非每個人都願意接受這樣的說法，業餘投資人暨追求α值（Seeking Alpha）部落客麥克·史坦柏格（Michael Steinberg），在一篇名為〈葛洛斯假公濟私，為獲得紓困，努力推動政治活動〉的文章中寫道：「葛洛斯乞求財政部為了公益，擔保他帳簿上的資產。」[15]

另一位投資人彼得·柯恩（Peter Cohan）告訴《財星》，政府需要品浩慷慨解囊，協助拯救經濟；也需要品浩購買政府公債，因此不能「放他走開」。

柯恩說：「這是一個大賣家和另一個大買家的雙邊壟斷。葛洛斯是知名的高明賭徒，知道想在這種市場上獲勝，表示要在政府需要出售時威脅不買，讓政府處於軟弱無力的談判立場。」[16]

葛洛斯發表劃清界線的《投資展望》，並在CNBC強調他的觀點後不久，《華爾街日報》的一篇報導洩露一個消息：美國財政部即將敲定支持房利美和房地美的計畫，政府的所作所為恰好符合葛洛斯的希望與要求，他的賭博會得到報酬。

九月七日，葛洛斯上CNBC三天後，美國財政部長漢克·鮑爾森（Hank Paulson）宣布，政府會接管房利美和房地美，財政部要挹注數十億美元資金，彌補它們的虧損，在資本結構中投資低於品浩的所有人，全部投資都會遭到清空。

這是總回報債券基金有史以來績效最好的一天，基金資產淨值激增一．三%，一天內增加十七億美元。

大家的憤慨之情外溢到金融圈外。九月八日，《華盛頓郵報》的一位讀者投書寫道：「記者應該一擁而上，調查葛洛斯和品浩如何大買政府贊助機構的債券，做出政治性博弈，賭這種債券會變成等同於國庫券的東西。」[17]這位讀者抱怨道：「不該容許品浩利用本身的規模和言論大撈一票。」

雷曼兄弟破產引發的連鎖反應

另一個無法想像、糟糕透頂的事件正在醞釀，和貝爾斯登一樣積極進取的投資銀行雷曼兄弟，在抵押債券垃圾與不動產證券方面也備受注目。九月十日週三，雷曼兄弟爆發巨額虧損，股價暴跌，市場陷入恐慌。該公司的高層手忙腳亂，拚命尋找救生圈，求得一線生機。

「長久以來，品浩已經準備好面對災難，但即使如此，我們還是覺得有一些憂慮。」伊爾艾朗後來告訴《財星》：「情勢非常非常快地加速惡化。」[18]

到了週日下午，一切都結束了，雷曼兄弟找不到買主。到了週一，該公司依美國《破產法》（Bankruptcy Act）第十一章規定程序申請破產保護，道瓊工業平均指數暴跌超過五百點。

每個人同時感受到轉捩點出現的情況很罕見，但雷曼兄弟的倒閉卻是顯而易見的，在該公司倒閉前，情勢似乎都可以控制，甚至在倒閉前一週，把這次的下跌稱為經濟衰退，還會被人指責為不愛國。現在美國經濟出問題，卻不會墜入懸崖，是因為之前從未如此，至少在每個人的記憶裡，沒有發生過這種事。而且一定會有人會**採取行動**，主管機關曾聯手合作，救援貝爾斯登，還拯救房利美和房地美，一定會有一些做法奏效。

但是它們卻**放任雷曼兄弟倒閉**，現在再也沒有什麼東西安全無虞，所有交易和交易夥伴都是如此。一切的一切都遭到質疑，美國制度正在崩潰瓦解，市場突然意識到可能無人能夠阻止。

有了這種體認後，情勢開始快速發展。屬於「熱錢」的避險基金出現嚴重虧損，開始內爆，開始禁止客戶贖回。每個人都質疑交易對手，要求增提擔保品，結果造成現金需求的螺旋式升級，但是大家卻都沒有現金，現金缺口高達數十億美元。品浩的交易員進入二十四小時接力賽，比賽找出哪些交易對手對雷曼兄弟沒有太多的曝險。人人都擔心害怕。

雷曼兄弟倒閉兩、三天後，伊爾艾朗請妻子到自動櫃員機，盡量多領一些現金回家。

「為什麼？」她問。

「因為我不知道銀行是否可能不會開門。」[19]他說。

保險巨擘美國國際集團（American International Group, AIG）是接著呈現搖搖欲墜的公司，但是政府看到雷曼兄弟倒閉的後遺症，這次不願再冒險。九月十六日，聯準會對ＡＩＧ紓困，借出八百五十億美元，換取該公司七九·九%的股權。

即使如此，恐懼和不確定持續升溫，影響每個市場、每種資產類別，緊盯著曼哈頓情勢的眼睛酸痛不已；交易員坐在閃亮的彭博終端機前，身邊滿滿都是健怡可樂，空的零食包裝袋和外賣空盒愈堆愈高。華爾街上謠言四起，傳說雷曼兄弟執行長狄克·傅爾德（Dick Fuld）在跑步機上跑步時，被人一拳打在臉上，當場打昏，這個謠言並不正確，卻滿足大家的想像。

某個週日晚上，葛洛斯和妻子待在家裡，喝著啤酒，看著足球賽，設法放鬆一下。葛洛斯從未一次喝一罐以上的啤酒，他正喝著啤酒時，妻子的手機響起，她接起手機，片刻後轉頭對葛洛斯說：「一位叫做蓋特納的人打來的？」

葛洛斯嚇到了，紐約聯邦準備銀行總裁提姆·蓋特納（Tim Geithner）怎麼會有妻子的電話號碼？一定是有人告訴對方，這是找到他的唯一方法，因為他拒絕使用手機。葛洛斯不打算交談，但是他別無選擇，只好接聽。

蓋特納只是想知道葛洛斯對美國經濟的看法，葛洛斯很確定蓋特納對槓桿或對影子銀行沒有太多認識，因為「不幸的是，他們全都屬於相同模式，屬於博士型的共識模式」，也就是辯論、思考、討論的模式，有別於品浩，沒有最終決策者負責整理出最好的概念。但聯準會致電很多大型投資人，以便了解市場走向，也了解參與者的感覺，在情勢動盪時尤其如此，並設立一個委員會。葛洛斯則努力為品浩和自己贏得名聲，即將賺到新的紅利。

貨幣市場基金的贖回潮

現在危機已經擴大到孤立的金融界和股市之外，雷曼兄弟倒閉已經打亂市場的管道，造成美國企業難以融通日常運作所需的部分資金，也就是擾亂規模一兆九千七百億美元的商業本票市場。商業本票的存續期間通常只有三個月（頂多九個月），所以理當極為安全，因為如果戴爾（Dell）或柯達（Kodak）要倒閉，你得知消息的時間一定會超過三個月，因為大家認定商業本票有這種安全性，所以這種票據的利率只比美國公債高一點。

但是如今爆發雷曼兄弟倒閉事件，一檔名為首選準備基金（Reserve Primary Fund）的巨型貨幣市場基金，向雷曼兄弟購買近八億美元的商業本票，在雷曼兄弟倒閉後，這些東西變得一文不值，對任何基金來說，這都是極為糟糕的狀況，但在一檔「貨幣市場基金」上卻是歷史性大事。在規模達到三兆四千五百億美元的貨幣市場產業中，一美元總是等於一美元，理當是自然法則，客戶必須隨時都可以收回他們的一美元。如果貨幣市場基金的資產價值千不該萬不該跌到一股一美元以下，這叫做「價格跌破淨值」（breaking the buck）。雷曼兄弟聲請破產保護時，首選準備基金的股價跌到一股〇．九七美元，這是有史以來貨幣市場基金第二次價格跌破淨值，投資人爭相向貨幣市場基金贖回資金。幾天內，貨幣市場基金流失近兩千億美元。

為了終止貨幣市場的恐慌，政府介入，承諾擔保這種基金，一美元一定會恢復為一美元。

這一招幾乎奏效了，贖回熱潮消退，但是股價繼續下跌，資金繼續從任何缺口湧出。因此到了十月，政府再度出招，小布希政府和財政部長鮑爾森推出問題資產救助計畫（Troubled Asset Relief Program, TARP），試圖支持美國屋主和銀行。該計畫可以購買銀行資產負債表外的問題房貸，或是購買銀行的特別股——只要能達成目標，幾乎什麼都可以購買。

鮑爾森找一位新人主持這個計畫，他在二〇〇六年獲得財政部長任命時，一位高盛的基層科技銀行人員尼爾．卡什卡利（Neel Kashkari）毛遂自薦，要求加入財政部，希望學習政府運作，十天後宣誓就任他的助理。他在這個職位上，協助草擬一份緊急計畫，目的是為了因應設想中的全球經濟崩潰，這份十頁的綱要名為「打破玻璃：銀行資本重組計畫」。經過兩年後，該綱要變成問題資產救助計畫的實質架構，三十五歲的卡什卡利變成紓困沙皇，必須在一個週末內，建立七個小組和整套計畫。

他要面對一個小問題，就是整個計畫完全都是虛構的。卡什卡利表示：「我說，七千億美元是憑空想出的數字，是政治上的微積分。『我們不知道多少錢才夠，我們需要（從國會）要到最多的錢，一兆美元如何？』『不可能。』鮑爾森搖搖頭。我說：『好，七千億美元如何？』我們不知道這個計畫是否行得通，卻必須表現信心十足，能支撐全世界的樣子，不能承認自己有多害怕或多不確定。」[20]

各界唱衰的「問題資產救助計畫」

納稅人從一開始就懷疑問題資產救助計畫，卡什卡利更要面對譏諷嘲笑。蘿拉．布魯門菲爾德（Laura Blumenfeld）在《華盛頓郵報》上寫道：「批評者把鮑爾森說成在對國會洗腦，要求國會賦予他前所未有金融權威的『邪惡博士』（Dr. Evil），好讓他的『小我』（Mini-Me）卡什卡利，可以把錢分配給華爾街上的朋友。」[21]

高客網（Gawker）的漢彌爾頓．諾蘭（Hamilton Nolan）則把卡什卡利稱為「我們最喜歡的混蛋銀行家」，[22]在一系列貼文中諷刺卡什卡利，還詳細說明他「自我中心、變態討厭的天性」，或是諷刺他可以「光靠雷射般目光的力量，在納稅人的前額上鑽出很多洞」。

諾蘭的確提出一些較為和緩的說明：「他其實只是前鋒，替鮑爾森的決策和他前面一百萬個貪婪華爾街交易員的錯誤，擋住所有炮火。我們對他的同情，勝過美國其他熱愛法拉利（Ferrari）、過度自信、迷上滑雪的共和黨華頓商學院畢業生。」

同時，政府在商業本票市場仍然火勢熊熊之際，宣布購買商業本票，這是十月的事；到了一月，政府會擁有超過五分之一的市場。紐約聯邦準備銀行設立商業本票融資機制（Commercial Paper Funding Facility, CPFF），尋找一位資產經理人監督這個規模七千三百八十億美元計畫的推動，以便啟動和恢復商業本票市場的生機。紐約聯邦準備銀行聘用品浩。

二〇〇九年初，伊爾艾朗上ＣＮＢＣ，吹噓品浩在商業本票上的進展。他說，大家沒有談論這件事，但是卻有一個「療癒的過程……正在進行」，[23]系統開始「疏通」。品浩現在正式擔任紐約聯邦準備銀行的代理人，代理該銀行購買商業本票，以便穩定和重振短期融資市場，促成企業重新開始活動。該公司每季可因此獲得三百萬美元的固定費用，加上每季從這個計畫持有資產的〇．〇〇二五個百分點報酬。

這個計畫太繁複，不容易引起太多注意，因此伊爾艾朗上ＣＮＢＣ的節目，應該會為主流市場注入一些樂觀氣氛。他表示，商業本票市場、附買回交易市場、貨幣市場全都會起死回生，「這就是系統的管道，沒有這種管道，其他的一切都不會復原。」他說，下週政府的融通工具上線後，這種過程應該會加速。

基金業者大多忙著救回投資組合，銀行忙於著為資產負債表滅火，避險基金只想繼續存活。葛洛斯和品浩是少數毫髮無傷，能夠專心考慮下一步行動的。

而那就是政府正在做的事。

最後的冒險者登場

「當你損失一半的四〇一（ｋ）計畫投資金額時，關心的是老本的回收，而不是老本的投資報酬率。」[24]葛洛斯告訴《富比士》（*Forbes*）：「缺少動物本能會影響未來多年的投資，政府必須扮演最後的冒險者。」

品浩內部把這種行動稱為「保護傘」。房利美、房地美、AIG、大型銀行等資產，全都在保護傘下，接受美國政府安全的保護，政府會設法收回資金，而葛洛斯和品浩認為自己可以搭便車，前往收回資金的國度。

「我們在某種程度上已經和政府結為夥伴。」[25]伊爾艾朗告訴《財星》，他指的是遠遠超越品浩與聯準會結盟的表面意義。「我們尋找覺得政府最後必須擁有或擔保的資產。」也就是在市場上尋找政府需要的產品，先買下來，然後賣給政府。

這件事已經變得比較容易，因為政府突然什麼都想買。二〇〇八年十一月二十五日，聯準會宣布振興經濟的多重計畫，在這個新計畫裡，有一個方案是最多釋出兩千億美元，擔保由學生貸款到汽車貸款的所有新證券；另一個方案則是，最多購買價值一千億美元由房利美和房地美發行的債券，以及最多購買五千億美元由房利美和房地美擔保的證券。

這個計畫受到日本銀行在二〇〇一年的創新做法啟發，當時該銀行購買政府公債，把資金注入金融體系，放鬆借貸關係，這個計畫後來變成「量化寬鬆」（Quantitative Easing, QE）計畫。（實際上是變成第一次量化寬鬆計畫，因為要讓金融體系獲得舒緩需要好幾年，因此後來還有更多量化寬鬆計畫。）

聯準會打算購買高達五千億美元房利美和房地美擔保的債券，但卻從未買過這麼大額的債券，要做好這件事，聯準會可以建立自己的團隊，也可以委外購買，結果選擇後者。

四家資產管理業者贏得操作這個計畫的榮耀：高盛、貝萊德（BlackRock）、威靈頓（Wellington）及品浩。這個計畫在費用和名聲方面的好處很明顯，但是情勢很快變得顯而易見，就是聯準會不願意當被動的合夥人，規定一些禁令，限制從事自營交易或內線交易時，四家資產管理業者必須建立一個障礙，必須在他們代理聯準會的操作與公司其他正常操作之間設立實體區隔，以便確保不會洩露任何資料。每家公司都必須用書面確認這些事，並要進行外部與內部稽核。葛洛斯說：「伊爾艾朗和我希望祝（交易員）聖誕快樂時，必須找兩位律師、拿一把特別的鑰匙，才能進入那扇門。」[26]

房貸抵押擔保證券的交易從二〇〇九年一月開始，四家公司和紐約聯邦準備銀行每天都要通電話，討論要購買什麼和什麼時候購買。品浩在一片混亂中，看出聯準會計畫的真正目標，就是完全擺脫債務。政府所買的債券也會與國庫券一樣有信用，和其他競爭對手相比，品浩可能更明瞭政府，也更相信政府的話。如果聯準會要購買房利美和房地美擔保的債券，品浩會領先一步，並且轉身就把這種債券賣給聯準會。

因此每個人在恐慌之餘大買國庫券和高評等公司債之際，品浩卻沒有這麼做，他們認為這種債券的供給一定太高，葛洛斯反而購買較多由房地美和房利美擔保的債券。葛洛斯告訴《財星》：「我們設法走在政府之前，在相信他們必須購買前，就先買下一些資產。」27

搶先買下政府可能購買資產的精準目光

葛洛斯和品浩也在廢墟中，挑選對美國經濟太珍貴，不能隨便倒閉的其他東西，結果發現通用汽車的財務單位：汽車業太重要，尤其是現在：政府不會讓一家美國大型車廠倒閉，於是品浩開始買進通用汽車的債券。

但是品浩沒有靜觀其變，等待政府接管。通用汽車的財務單位通用汽車金融公司（General Motors Acceptance Corporation, GMAC）急需挹注資金，如果該公司變成銀行控股公司，即可像陷入困境的投資銀行，取得聯邦資金。但是主管機關堅持，如果通用汽車金融公司要這麼做，必須先行籌資，需要該公司債券持有人把債券轉換成股票，要有七五％的債券持有人同意，但是時間很急迫。

品浩擁有一堆這種債券，通用汽車金融公司提議以六成的價格收回債券——價格不夠理想，但是高於公司宣告破產時，債券持有人能拿回的金額。品浩過去看來似乎同情該公司，但在關鍵時刻卻不肯伸出援手，覺得六成的價格不夠好，拒絕通用汽車金融公司的提議。通用汽車金融公司因此無法通過七五％的門檻，破產似乎迫在眉睫。

政府再度插手，雖然通用汽車金融公司不符合其中一項規定，但政府卻容許該公司以債換股。品浩成功預測政府是在虛張聲勢，通用汽車金融公司的債券上漲，品浩賺到錢。

葛洛斯也大買金融業者因為買主極少，以致報酬率極高的特別股與優級債券。政府已經利用問題資產救助計畫為這些業者紓困，現在葛洛斯基本上可以挑選同樣的產品，得到兩倍的收益。結果葛洛斯向美聯銀行（Wachovia）、美國銀行、花旗集團等業者，購買價值一千億美元的票據。葛洛斯告訴《富比士》：「我們用五分錢、一毛錢的價格，買到價值一美元的東西。」[28]

這些銀行證券正是傳說中人行道上二十美元鈔票的葛洛斯版，沒有人撿拾這張鈔票，因為大家都不相信那是真鈔，葛洛斯說：「這是我見過最不可思議的價值。」[29]

葛洛斯也以同樣的方式看待AIG，政府已經投入數百億美元拯救AIG，不會讓AIG倒閉，希望回收投入的資金。因此葛洛斯購買AIG旗下企業的債券，有些債券的殖利率高達近四〇%，讓品浩一天賺一、兩千萬美元。

葛洛斯在一篇《投資展望》中寫道：「品浩的看法很簡單，就是要和政府握手。」[30]美國現在的確有著「老鼠會式的經濟」，而且已經變成「紓困國度」，令人困擾，但是他說大家可以日後再擔憂這些事，現在把政府當成合夥人，承認他們的支票本最大本，是最強大購買力的來源，可以購買二〇〇九年和以後年度的權力，因此你要預期他們會購買什麼，只是你要先下手。

如果賭場總是贏錢，那你就要變成賭場。政府碰到的任何東西都會變成黃金，因此每當品浩預見政府可能需要購買什麼時，都可以輕易拉抬非黃金與黃金之間的價差。這表示有時會拉抬政府購買東西的價格，搶先在政府之前交易；從抬高的價格中獲利，會害美國納稅人付出代價，讓品浩的客戶獲利；讓品浩的客戶獲利，就會讓品浩的員工獲利——在理想的狀況下，會依照規則，讓員工高興又完全合法地獲利。

在局勢不明時，葛洛斯會謹慎行事。他認為股市並不安全；到了二〇〇八年底，他已經出清所有個人持股。他告訴《富比士》，股票不再是賺錢的成長型工具；會像一九三〇年代和一九四〇年代一樣，變回收益工具，他說，「如果我們幸運的話」，這種工具每年會產生六％或七％的收益。[31]

在二〇〇八年底，沒有理由不聽他的話。那一年，總回報債券基金擊敗八二％的同類基金，為超過一千億美元的巨額資產，創造二．五％報酬率的驚人成就。品浩的客戶不但沒有受到外界的恐怖襲擊，還是極少數能從中獲利的人。

葛洛斯說：「機會真的很大，這是資金經理人的超級盃（Super Bowl）。」[32]這一點在新港灘表現得最真實，品浩是這場危機的勝利者，每個人都在看，葛洛斯終於達成他的目標。

第五章

保持領先的建設性偏執

二〇〇九年五月二十八日，葛洛斯前往芝加哥，在第二十一屆年度晨星投資會議（Morningstar Investment Conference）上發表專題演說。他踏上講台，面對會議廳裡滿滿坐困愁城的財務顧問、券商及投資專家，他的領帶微鬆、頭髮散亂，彷彿自己已經看穿未來，抱持隱晦的自信。上百位散戶世界的守門人來到芝加哥，擠在廣大、冰冷的麥康米克會議中心（McCormick Place Convention Center）大舞廳裡。在舞廳外龐大的空間，業務員擠進臨時攤位，宣傳自己的平台、科技或基金，分發印有品牌的免費用品，市場景氣好時，發送的是填充玩偶或耐用的咖啡杯；景氣不好時，發送的則是筆或書籤。

今年是分發筆的年度，支付近八百美元參加會議的人坐立不安，因為市場可能會讓他們離開辦公桌的時間變得非常昂貴。在大家用刀叉分解大會供應的雞肉餐時，葛洛斯描述他預見的經濟慘況，他說：「未來數十年裡，要利用別人的錢賺到財富會變得困難許多。」[1]

金融界最炙手可熱的葛洛斯描繪看到的可怕景象，聽眾肅然起敬地聆聽。他把時間拉回一九七〇年代初，當時美國總統理查・尼克森（Richard Nixon）廢除美元和黃金掛鉤的固定匯率，開啟金融化與創造資本的資本主義新時代，促成數十年的經濟繁榮。在隨後的二十多年裡，美國人消費開發中國家生產的東西，銀行和影子銀行印製債務來支付這些消費，在二胎房貸可以支付支出時，他們為什麼要儲蓄？這些年來，局勢大致一帆風順，但是就像明斯基的預言、麥考利的附和，那種平靜創造不穩定，因為美國消費者變成負債累累，西方世界積欠中國一大堆債務，消費者支出成長率已經不像過去這麼快，儲蓄率上升，除非像中國和巴西之類的開發中國家，開始像美國過去一樣消費，否則全世界的成長都會變慢許多。

投資人必須適應葛洛斯說的「新常態」（New Normal），他表示這個詞彙是伊爾艾朗創造的，描述在低利率、低冒險和經濟活動低迷的世界；投資報酬率的多寡會取決於中央銀行的注資，因此投資人應該「和政府握手」，應該預期會比過去三十年反彈中享有更低的投資報酬率。

葛洛斯最壞的消息是：較低的報酬率可能表示，他們必須收取較低費用，長期而言，這是雙重打擊。這件事沉重地壓在聽眾的心上，因為他們舒適的生活會受到這種變化嚴重衝擊，他們一直都能對客戶收取高額費用——和資產管理業的其他部分相比，當然沒有那麼高，但是高到足以讓他們購買可能座落在水邊的第二棟大房子；可以購買令人興奮的車子；為三個子女提供優質的教育，這一切通常都和他們的實際績效無關，但現在都終將結束，瘦身時代來臨。

從好的一面來看，至少對品浩來說，這種糟糕的情況對報酬率低而穩定的債券很理想，所有人現在只關心安全，緩慢又穩定的債券很好。

尋求肯定的內心意識，化為取得非凡成就的動力

「公司債讓股票投資人垂涎三尺。」[2]晨星的羅素．金奈爾（Russel Kinnel）評論這場會議時寫道。而品浩和葛洛斯站在債券山丘的巔峰，是無可置疑的，也是葛洛斯在數十年前夢想的事。他經常希望「冷淡的加拿大雙親」，尤其是母親，能看到他現在的樣子。向鵝媽媽（Mother Goose）雪莉．葛洛斯（Shirley Gross）證明自己，一直是激勵葛洛斯的另一個因素，也是推動他創造非凡成就的動力。他在二〇〇五年的一篇《投資展望》中寫道：「葛洛斯家都殷切期望家裡的小鵝，可以把能力發揮到淋漓盡致，如果小鵝做不到，我們會聽到鵝媽媽呱呱大叫。」

葛洛斯寫道：「我甚至記得，到了快三十歲時，還要承受她的批評，當時我在當地一家晚餐俱樂部裡，禮貌地邀請她跳舞，在舞池裡只跳了幾步，她就告訴我：『孩子，你可以跳得比剛才更好。』她說得對，但是我無意模仿舞蹈名家亞曼瑞（Arthur Murray），因此我們很快就坐下來吃沙拉，好控制我的挫折感。我是她的兒子，凡事應該做得非常非常好，但卻沒有，看來我無法做得『比剛才更好』。」[3]

幫葛洛斯找到第一份工作的人居然是鵝媽媽。葛洛斯從商學所畢業後，一直沒找到工作，然後鵝媽媽在一則報紙廣告中，看到太平洋人壽保險公司徵求證券分析師。大約一年後，父母終於從洛思阿圖斯（Los Altos）來看他，葛洛斯興奮地展示新生活——他和第一任妻子帕梅拉・葛洛斯（Pamela Gross）、兩個小孩，搬進一棟位在米申維耶霍（Mission Viejo），全新但小巧的三房住宅，屋內鋪上綠色粗毛地毯，還有一台酪梨綠冰箱。葛洛斯親手做了起居室的書架——他在成堆的煤渣磚貼上轉印紙，讓水泥看來像是木頭。

葛洛斯想告訴他們，他不只是像廣告上描述的證券分析師，而是「私人放款職員」，負責評估把錢借給什麼人。〔他會評估名叫山姆・華頓（Sam Walton），這個住在阿肯色州的善良年輕人；以及華倫・巴菲特（Warren Buffett）的波克夏（Berkshire Hathaway）。〕

「在通貨膨脹的情況下，債券價格會下跌——債券必須主動管理。」他說。因此，他現在有太平洋人壽保險公司的一小筆資金要管理，「這是巨大的機會！」

父母靜靜坐著，攪拌著飲料。

「我會變成世界上最高明的債券經理人！」

雙親看著葛洛斯，就好像他在月球上一樣，最後其中一位問他債券是什麼。

葛洛斯知道父母的心裡在想什麼——就是到今天為止，他尚未證明能把什麼事情做到盡善盡美，他幾乎可以聽見他們的心聲：**你從杜克大學畢業的平均成績不是只有二・九分嗎？你不是**

差點拿不到獎學金嗎？

「新常態」的悲觀展望

數十年後，葛洛斯在父母的墳前祭拜，他靜靜地坐著，心裡說道：「**媽媽，妳明白的。我不能做得比這樣更好了。**」確實如此，從某個角度來看，母親一定會同意，他沒有做得更好的餘地。如果不是母親無聲的反對，他會這麼用力驅策自己嗎？他會這麼需要做出如此不凡的成就嗎？就像他長跑兩百公里，在六天內冒險從舊金山跑到卡梅爾（Carmel），跑到最後八公里時，腎臟都已經破裂，那是非比尋常的事。在沒有人有興趣時，推動全新的債券交易市場；或是在那種不可能又無聊的資產類別中，建立品浩；或是成為有史以來最偉大的債券交易員，都是**非比尋常的成就**。

現在的葛洛斯十分突出，發明主動債券交易將近四十年，績效總是超越大家近四十年，如今站在晨星投資會議的講台上，站在他全神貫注的臣民前，業界為此認可他。

另一個亮點則是，葛洛斯在芝加哥發布的沮喪展望符合全球的情緒，而且這種簡潔的概括說法引人注目，更勝**影子銀行**的說法，**新常態**立刻變成經典詞彙，輕易融入主流媒體，如CNBC、彭博新聞社和《華爾街日報》的金融用語中。若干年後，葛洛斯和伊爾艾朗開始為誰是這個詞彙的提出者而話中帶刺地爭辯時，葛洛斯會慨嘆地表示，品浩居然沒有申請註冊商標。

「新常態」的展望為債券提供很好的理由，對品浩來說也是如此。二〇〇九年二月，葛洛斯告訴美國線上（AOL.com），表示股票已死：「股票會變成較像是附屬的收益工具，而不是追求長期成長的工具。」他說：「冒險已經遭到摧毀，任何動物本能都必須來自華盛頓。」[4]

儘管葛洛斯如此明確地聲明，但卻打算配合他生命中一位新的權威人士，朝著反方向衝刺，他的動物本能正在飛躍提高，品浩也一樣。

公司偏執意識的正式化與政治化

身為執行長的伊爾艾朗，任務就是尋找品浩可以擴張的地方，他計劃把在哈佛管理公司（Harvard Management Company）監督推動的多元化投資組合方法延用到品浩，把資金分散到風險型態不同的產品上，這樣一來，風險的總和應該會低於把所有投資資產放在同一個籃子裡，剛剛經歷前所未有高成長的品浩，確實在債券的籃子裡有著極大投資。

對新領導者來說，這時候可能是正確時機：十五年來，湯姆森帶領品浩，從一百二十五個員工，管理不到五百億美元資產的業者，變成一千個員工，管理資產即將突破一兆美元的大公司。但是湯姆森告訴《橘郡記事報》，他已經「耗盡精力」。[5]即使二〇〇八年的情勢十分緊張，但是到了那年年底，他每次還沒坐下來前，就已經知道每次會議的結論，他可以安撫葛洛斯的每一次情緒發作。坐在他這個位置的人總是留任太久，可以感覺到自己已經陷入風險中。葛洛斯會想念他，但是湯姆森累了，需要一個出口。此外，葛洛斯對伊爾艾朗的加入深感興奮，湯姆森會留任到新年開始時，但已經準備離開了。

正如伊爾艾朗給人的表面印象，他的領導風格不完全是眾多的電子郵件與樂觀的公關文件。在品浩的高牆裡，有很多人認為，他較不善於安撫集團內部分散又參差不齊的稜角，反而會讓稜角變得更尖銳。

湯姆森珍視勤奮和周密的計畫，伊爾艾朗卻喜歡不安與不確定，也就是他所謂的「建設性偏執」（constructive paranoia），[6]喜歡感覺到競爭對手呼出的熱氣吹在脖子上。持續不斷、猜疑式的警戒是常保領先的要素，這吻合葛洛斯緊張和一絲不苟的態度，葛洛斯的做法已經助長偏執，就像「影子投資委員會」，這是由他召集組成，針對實際投資委員會的決定，進行事後評論的組織，是為了讓實際投資委員會保持警覺，確保他們沒有錯過任何重要事項、沒有受共識思維影響。伊爾艾朗把公司天生的偏執意識，進一步正式化和政治化。

湯姆森重視可以鼓勵夥伴精神的透明度，伊爾艾朗卻認為透明度沒有生產力。如同品浩最重大的薪酬議題，公司每年都會公布合夥人分到的利潤比例，這種做法源於早年只有三位合夥人的時代，當時他們會圍坐在小桌旁，用無記名的方式寫下自己認為其他合夥人該分到的比例，再得出平均值。等到合夥人變得太多，這種做法就必須終止，但是仍維持揭露比例的做法，一是為了負責，二是為了鼓舞人心。根據熟悉內情的人表示，伊爾艾朗取消揭露的做法。（伊爾艾朗透過律師表示，這種改變不是他造成的，而是由葛洛斯先生建議，並取得投資委員會支持。）

伊爾艾朗擁有求變的性格和局外人心態，十分適合在品浩工作。他是外交官之子，在不斷變化的國家、學校、語言和朋友中成長。他的事業生涯最初是在國際貨幣基金度過，當時該組織並沒有多少出身「開發中」國家的人。到了後期，他加入資產管理業，而且離開公共部門，進入民間部門。他總是有些不同，總是達成別人認為他無法達到的目標，或許有點出於他認為有用的不安全感和焦慮使然。

前合夥人鮑爾斯表示，伊爾艾朗秉持著馬基維利主義（Machiavellian）的精神在經營。他說：「他通常會在幕後，以單方面談話的方式運作，這時候會密謀帶動別人支持他的觀點，也就是組織裡的其他人不該得到他們現有的責任、薪酬或角色，他是祕密破壞別人的超級好手。」

伊爾艾朗像葛洛斯一樣愛用電子郵件，但是他有自己的能力，在鮑爾斯稱為「火焰郵件」或「灼熱郵件」的信件裡，葛洛斯或伊爾艾朗會「反擊或摧毀某人」。

鮑爾斯表示，伊爾艾朗經常出差拜訪客戶，造成這種情形更加惡化。出差讓伊爾艾朗有機會在世界上任何地方突襲任何人。鮑爾斯說：「伊爾艾朗在倫敦，我在新港灘，正在評估一筆交易，接下來發生的事情是，我收到伊爾艾朗的訊息，把我做的一切都化為粉碎，其實這時候打一通電話或許就夠了。」鮑爾斯表示，他升遷到高層的野心，就是因為伊爾艾朗的崛起而受挫，他記得看過便條上寫著：「我希望開除這個人。」或是「今年年底不會很好。」大家會把這種文字視為威脅自己年終獎金的意思。伊爾艾朗的律師表示，他「沒有養成發送『火焰郵件』和『灼熱郵件』的習慣……（而且）不是以『馬基維利主義』（或任何其他貶抑的方式）經營。」

聘用、解僱、視察偏遠地方的辦公室，當然是執行長正常工作的一部分，而且鮑爾斯的分析雖然廣泛流傳，卻不是普遍的看法。一位前員工回憶表示，他以應徵者身分抵達加州，拜訪品浩時，伊爾艾朗親自到機場接他，讓他深受感動。而且伊爾艾朗告訴哈佛管理公司的一位同事，要離職加入品浩時，在談話結束時擁抱對方。這個人說：「企業界裡很少有像他這種層級的人，會這樣處理同事關係。」

樹立債券權威形象，資金大舉湧入

無論如何，這對葛洛斯都不太重要，親民的經理人做什麼事可能都很好，只要不必他親自處理就好。此外，他期望每個人都應該以最出色的狀態運作，一個人受到的壓力愈大，表現就會愈好，就像他逼迫自己產生超人專注力一樣。

投資人在受到股票恐怖慘跌驚嚇之餘，品浩長期宣傳口號所說的「債券權威」（Authority on

Bonds），催化數十億美元轉移。葛洛斯每次上彭博電視或CNBC、發表每篇《投資展望》、投資顧問的每次新推薦，都有助於推動一波新客戶的資金流入品浩。

那現在該怎麼辦？品浩很少操作債券以外的產品，例如因為購買國際債券必須操作的外匯。該公司提供各式各樣的產品，提供風格不同但大致屬於債券投資的不同方式，如收益基金（Income Fund），或新的絕對收益債券基金（Unconstrained Bond Fund），後者是時髦的新投資策略，可以讓經理人擺脫和指數比較的桎梏。同時公司也不太認真地考慮指數股票型基金（Exchange-Traded Fund, ETF）的業務，因為每家投顧公司似乎都有這種基金，但是還有其他的嗎？

該公司為了尋求指引，進行內部調查，而在二〇〇八年五月的異地會議中，檢討調查結果。他們曾詢問投資組合經理人，公司交易什麼新產品可以勝過同業；也詢問業務部門，什麼新產品最合理？還派出銷售團隊詢問客戶，想要品浩的什麼新產品。他們以顏色為得到的答覆編碼：綠色代表公司該提供卻尚未提供的產品；黃色表示對公司已經做過的事情有幫助，但還需要額外資源的產品；紅色則表示千萬別做。

伊爾艾朗表示，品浩把得到的資訊交疊在一起，形成顏色編碼的「路線圖」。[7]路線圖會告訴他們該去什麼地方，如何達成公司為客戶客製化的最適「多元化投資組合」。綠色代表資產配置基金，是跨投資策略、追求分散投資的基金；直截了當的私募基金投資是紅色；股票則是黃色，表示可以投資。

不錯，葛洛斯確實公開詆毀股票數十年，但通常是為了作秀，或是一種情緒反應，是他經歷幾十年的演說和上電視後，仍然無法控制的反應。他曾公開表示，股票很「糟糕」，盈餘是「假造的」，他會把退休帳戶裡的所有股票賣光，而且股價確實已被高估；有人詢問時，他腦海中的肌肉記憶會回到那種直覺的不信任中。

股市很大，但以金額計算，規模比債券市場小，不過對品浩來說，大致上都是開放的跑道。**不成長就死亡**，當時股票正在低價出售，是競爭對手遭到削弱的龐大市場。憑藉避開最嚴重危機所累積的信任度，現在可能或實際是該進軍股市的時候，這樣一定會比籌集私募基金更容易。

這個計畫由狄克・魏爾（Dick Weil）負責執行，身為營運長的他必須探索葛洛斯或伊爾艾朗交付的任何構想，雖然兩位都強調股票是策略性道路，卻都不是很相信選股，也沒有太多選股經驗，因此他大致上可以自行決定。

內部對於進軍股市的意見分歧

二〇〇九年初，大約三十位常務董事聚集在會議室，魏爾起身，準備說明選股業務的初步進展，他是品浩最優雅的男性之一，神色和聲音毫不緊張。但是在魏爾說話時，在座的葛洛斯散發出焦慮和不耐煩，會議室內的每個人都能感受到，這可能表示說明會以破局收場。

最後葛洛斯插嘴了，他啞聲說魏爾的努力不夠，這樣不夠快，**現在**正是時候；要賣股票給大家很容易，大家太喜歡股票了，會狼吞虎嚥地吃下去。如果品浩的品牌這麼強大，為什麼我們不能銷售股票？憑藉公司在二〇〇八年的績效紀錄和影響力，這件事應該很容易。

在葛洛斯說話時，微弱的話語聲變得高亢而尖銳：**現在**就去找會賣股票的人！葛洛斯小聲叫道：「如果我們要做這件事，應該確實**去做**。」（葛洛斯辯稱他從未要求任何事。）

其他常務董事默默看著，祈禱自己變成隱形人。對他們來說，葛洛斯的怒火勃發並不讓人驚訝，和他的公開立場也不衝突。葛洛斯過去的策略是：在媒體上說一件事，自己卻反其道而行，或許他是想要掩飾公司的意圖，轉移大家對公司涉足股市的注意力，以免競爭對手知道即將進場的大戶，奪走公司的先機。

雖然葛洛斯對魏爾發火，卻認為自己不必為了品浩不慍不火進軍股市的行動，負起部分責任。他知道自己對股票的質疑有很大的影響力，他抗拒投資股票太久了，畢竟以前曾多次增加持股，卻都以失敗收場，因而學到教訓。很久以前，葛洛斯尚未成名，和股票投資專家在一起時，他就看不起股票專家的魯莽和自以為是的樂觀，也很難掩飾這種態度。現在葛洛斯覺得自己阻擋在品浩前進的道路上，公司需要成長，現在要前進的方向正是便宜至極的股票，所以他應該改變，應該用他知道的最佳方式發出信號，在這場會議中全心全意展現自己的態度，就像平常一樣，**不成長就死亡**。

其他合夥人看著葛洛斯對魏爾喊叫，要他快一點，不然就**要**找行動夠快的人取代他。伊爾艾朗在葛洛斯激烈抨擊時，大致上沉默不語。魏爾的處境很艱難，根據兩位前高階主管的說法，伊爾艾朗曾私下建議他，尋找股票經理人**不要**太快。沒錯，葛洛斯表示希望投資股票，但實際上這可能不是正確道路，就連在公司矩陣中，股票只不過屬於「黃色」，從客戶的角度來看，甚至不是自然或輕鬆的下一步，而且客戶的看法應該引導他們的策略才對，畢竟客戶的資金推動他們的業務，所以如果魏爾拖延，這個想法很可能會從葛洛斯的腦海中消失。（伊爾艾朗的律師表示：「伊爾艾朗博士從未建議魏爾先生不要聘僱股票經理人。」）

對伊爾艾朗來說，保持沉默是權宜之計，因為在葛洛斯眼裡，股票是魏爾的問題，伊爾艾朗藉由不支持魏爾，表達同意葛洛斯的觀點，確保任何失敗都與他無關，並且削弱和他競爭高層職位的對手。葛洛斯長篇大論地激烈抨擊魏爾，也讓魏爾變成推動股票策略的主要推手，這表示伊爾艾朗不再必須決定如何執行這個無力的構想。在品浩究責的架構中，葛洛斯現在承擔著風險，這件事變成他的問題；如果這件事失敗，不成文的公司規定會把責任歸咎給葛洛斯，這代表伊爾艾朗會保持清白。

魏爾聽命行事，聘用獵人頭公司尋找股票經理人。人才的尋找從三月第一週開始，股市在三月九日下跌到這次危機以來的最低點，標準普爾五百指數比二〇〇七年的最高點下跌五〇%以上。因此在某些方面，品浩展現完美的先見之明，在股市最低谷時，出面針對股票做出大膽預測，只是該公司並非出面買股票，而是聘僱**股票經理人**，在公司中增加一層責任制，好讓內部每個人能把這個計畫的風險往外推。

發想新口號「你的全球投資權威」

品浩和股市名人面談，但是過程就像參觀野戰醫院的市場版。知名基金經理人都深受震撼、極度驚恐、迅速流失大量資金；那一年到當時為止，他們已經虧損四五％，看著自己的事業生涯走上終結之路。市場每次下跌，都會大幅削減他們的投資績效，進而大幅削減他們本身與個人未來的現金流。他們的策略暴露所有的缺陷，過度暴露在愚蠢的風險裡，沒有預測未來的能力，卻有著幾乎很容易賠錢的魄力，還有令人感到丟臉的愚蠢行為。有些基金經理人較為沉穩，但是沒有人覺得自己有能力和信心；沒有人能提出有道理，似乎行得通的策略，於是品浩繼續找人面談。

為了傳達公司要超越債券、追求進一步發展的訊息，品浩需要新口號，以便從「品浩是債券權威」的口號中畢業，他們不是穿著差勁西裝，坐在彭博終端機前，看著價格漲跌的無聊人士，現在要更上很多層樓，蛻變成包羅萬象的龐大公司，變成領先世人、看出驚人變化，甚至協助拯救世界上最強大、最完善政府的公司。該公司是財經領域最有力的金頭腦、最高明的思想家、最敏銳的人才、最清楚的說明。品浩是資產管理的哈佛。品浩代表最後的金玉良言。品浩就是未來。

品浩聘請橘郡的廣告品牌設計業者海布萊斯（HEILBrice），負責構思新口號，他們分析競爭對手的口號和定位、比較品浩的優點，設法判定是什麼因素讓公司如此**特別**。最後，他們提出「品浩就是這樣思考」的建議。這句新口號把重點從品浩銷售的產品，移轉到公司的**過程**、思想領導地位，以及與眾不同的**願景**。他們用豪華設計，製作新口號的模型，也製作影片，還向美國專利商標局（U.S. Patent and Trademark Office, USPTO）提出申請。

溝通團隊與二十多位常務董事「溝通」是否使用「品浩就是這樣思考」，經過所有常務董事同意，表示這句口號強調品浩會如此偉大，原因就在於他們的**頭腦**，該公司是播種、傳播「新常態」和「影子銀行」這類概念的公司，而且在未來的歲月裡，可能會從很多簡潔的詞語與膚淺的經濟觀念裡，提煉出容易消化的精華。

葛洛斯不喜歡這句口號，覺得或許可以採用「全球投資權威」之類的口號，這句話很壯闊，卻保留**權威**這個重要的部分，有人建議加上「你的」這兩個字。於是品浩在這一年年底，推出新口號：「你的全球投資權威」（Your Global Investment Authority）。

迎接新專家展開股票業務

品浩也需要較具吸引力的名家，掌理公司的新動能。公司知道少數在聯準會和經濟學家圈子裡的名人，但是很多合夥人希望把目標放在更高層人士，透過他們在這場危機中的關鍵角色，找出一些令人讚賞的領導者，名單上有一位人才吸引他們的注意力。

在所有人之中，讓葛洛斯最敬佩的是卡什卡利，他是構思問題資產救助計畫背後的青年才俊。隨著經濟趨於穩定，政府的做法看來很成功後，最初對這個計畫的嘲笑被動地化為尊敬，卡什卡利是解決危機的神人，擁有葛洛斯和伊爾艾朗珍視的閃亮光芒。

因此到了二〇〇九年十二月，《華盛頓郵報》刊登卡什卡利的大篇幅人物特寫，詳細說明他在成功推動問題資產救助計畫後，離開華府，退隱到北加州特拉基河（Truckee River）附近的荒野，在距離太浩湖（Lake Tahoe）不遠的荒地上伐木蓋屋，療癒在政府機構中遭受的創傷。品浩就在這篇報導刊出一天後，宣布卡什卡利要以常務董事的身分加入，並「領導新投資計畫」。

這項宣布令人驚訝。如果有人認為，卡什卡利在財政部的工作超出他的能力和經驗，新工作超出的幅度就更大了。他從未做過資產管理人的工作，從未管理股票業務或擔任投資專家，現在卻要領導新的股票業務。

延攬卡什卡利，讓品浩與政府的關係變得更密切。負責監督紓困資金運用的特別檢察長尼爾・巴羅夫斯基（Neil Barofsky）說：「財政部與大型投資基金和銀行間的旋轉門，從未停止旋轉。」[8]路透社專欄作家菲力・沙門（Felix Salmon）則表示，卡什卡利任職財政部時，職責是創造一個機制，「精確評價品浩自認最擅長的複雜債務工具。」[9]

「當時他們是否曾明白表示，當他離開政府機構時可能會僱用他，這些幾乎毫不重要——卡什卡利是聰明人，而且他知道旋轉門怎麼運作。」沙門寫道：「像卡什卡利這樣的人，從來不缺工作，卻挑選和他為國家服務的心願，有著最嚴重衝突的工作。」

但是大家對於這項任命，大致上都抱持正面看待；截至當時為止，品浩和政府的密切關係都得到友善回應。《紐約時報》在六月刊登的一篇報導中，宣稱「財政部把葛洛斯列在快速撥號名單裡」，[10]還報導政府多麼依賴葛洛斯和品浩，提供出售問題資產的建議。該報導有拍馬屁的意味，表示葛洛斯是具備公益心態的天才。葛洛斯很喜歡該篇文章，這是一個里程碑，是衡量他名譽和影響力飆升的指標，品浩在金融體系的疏通中不可或缺，以致該公司把自己融入政府中。

品浩和政府的實際夥伴關係、商業本票計畫，以及代理紐約聯邦準備銀行進行房貸抵押擔保證券的交易，在在都預示雙方未來的合作。該公司在強硬對付通用汽車與建議如何訂定紓困結構時，已經展現自己在美國經濟中扮演的重要角色。

「葛洛斯和巴菲特一樣，是真正設法提供建議、解決危機的人。」[11]美國財政部長鮑爾森的首席法律顧問羅伯．賀特（Robert Hoyt）在另一篇報導中，告訴《紐約時報》：「他們會發送備忘錄給財政部，我們最後並未採用，但他們的建議很有意思。」

推動協助政府等機構的全新顧問事業

品浩的領導者為公司開拓一項全新業務：協助政府、企業或有需要的任何人訂定價格。金融海嘯迫使全世界政府變成最後的買主，害他們持有一堆不知道該怎麼處理的東西，他們需要為資產訂價、監管市場、衡量風險、出脫從來不想購買的證券，而且大致上都力有未逮。

競爭對手貝萊德如今在規模和業務項目上，已是品浩最強大的競爭對手，也已提出協助政府的建議。貝萊德在二〇〇九年併購巴克萊銀行（Barclays）擁有世界上最大，規模高達一兆五千億美元的ETF業務，因此一躍而上，超越品浩。但是葛洛斯和伊爾艾朗卻從競爭對手的顧問業務，也就是從貝萊德解決方案（BlackRock Solutions）得到啟發，該公司從一九九〇年代開始，大致上就以某種形式存在，然後在金融海嘯最嚴重期間，成為蓋特納或鮑爾森等嚇壞的政府官員最先打電話諮詢的對象。

品浩認為，**自己**沒有理由不接到這種電話，自己在準政府中擁有密切關係，從比爾．杜德利（Bill Dudley）到蓋特納之流的聯邦準備銀行總裁，隨時都會打電話到公司。葛林斯班實際上還為品浩工作，從二〇〇七年起就出任公司顧問，這是他卸任聯準會主席後的第一個工作，既然如此，他們為什麼不成立「品浩太平洋解決方案」？

要把顧問業務變成正式事業，需要夠精明的人經營公司，這個人要擁有能讓人信服的熱情，也要伶牙利齒，能言善道，能夠正常做事，這樣的人選其實只有一位。

「你為什麼不接下這個工作呢？」伊爾艾朗詢問魏爾。根據一位高階經理人的回憶，伊爾艾朗刻意說道：「我知道你希望一個人做自己的事。」

根據老員工的說法，魏爾和伊爾艾朗經常爭執不休，魏爾覺得擔任營運長很不值得。多年來，魏爾一直是可能取代湯姆森的高層，因此伊爾艾朗擋住他的升遷之路。如今出現一個大好良機，讓他能追求成功、快速前進又相當獨立，即使要屈身在不歡迎他的伊爾艾朗之下，卻仍可證明自己能成為企業領導者。魏爾擁有經營顧問事業的資格，他是律師，曾主持品浩內部的其他事業，這不是升遷，也不像降級，因此很有吸引力。

二〇〇九年五月，品浩宣布魏爾負責經營公司旗下的新顧問事業——品浩太平洋顧問（Pimco Advisory）。同時，懷疑和質問開始出現。《財星》的凱蒂．班納（Katie Benner）直截了當地詢問葛洛斯，品浩是否在協助市場的幌子下，追求自私的目標？

葛洛斯停頓一下，才回答道：「如果妳結婚了，兩人對爭執的內容都會有自己的想法，原因在於他們用不同的觀點看待現實，而非總是有一個人對，另一個人不對。我提出的政策處方是協助市場的務實做法，在我看來，這些做法和拯救我們的部位完全無關。」[12]

在處理房利美和房地美的問題上，經濟學家與銀行家同意品浩的看法，就是放任這兩家公司倒閉，對資產擔保證券和房市來說會有極端影響，也表示對美國人會有極為不利的影響。沒錯，葛洛斯和其他人在電視、廣播、報紙、通訊社上無所不在，宣揚對自己有利的論點，主張政府應該依照品浩的建議，向該公司購買房利美和房地美的證券，而且政府應該買下銀行資產負債表上的不良資產。

班納寫道，沒錯，這些意見對品浩的財務狀況有利，「但是這不代表這些看法錯誤。」她說：「這時我們似乎進入未知的水域，一家公司在一國金融體系中扮演如此重要角色的情況，即使不是絕無僅有，也是罕見至極，但金融體系陷入如此慘況也是罕見至極。」

的確如此，一位策略家告訴她：「如果品浩不存在，政府勢必要創立一家這樣的公司，政府需要一家像品浩一樣，能提供市場流動性的實體。」

葛洛斯不反對這一點。「現在我們的角色是替品浩賺錢，但是我們的角色也比這大多了。」他說：「我們有效在美國和世界各地配置資金，從事的是資本主義事業。」

葛洛斯告訴班納，品浩今天雖然深具影響力，卻不能保證公司前途無量，「我做瑜伽是為了阻止不可避免的事。」他說：「我在品浩做自己該做的事，也是為了防止這件事，但是即使我希望我們能繼續存續，卻沒有人能保證自己終身順遂。」

第六章
長期趨勢下的英雄

伊爾艾朗曾在加州橘郡，到處尋找願意在凌晨四點四十五分送蛋糕的麵包店，要找到絕不容易，但是最後他找到了。*

二〇一〇年一月十二日早晨，葛洛斯像平常一樣，在日出前就走進辦公室，早上五點左右，他踏進交易廳，期望享受黎明前十分舒適的寧靜，心中想著那天早上要發布的經濟消息，以及這些消息可能帶來的影響。

品浩的交易員起身，拚命熱烈鼓掌。葛洛斯大吃一驚。消息出來了，葛洛斯榮獲晨星「十年固定收益最佳經理人」（Fixed Income Manager of the Decade），為總回報債券基金客戶創造最好的績效，在這十年裡每年平均獲得七．七%的報酬率。

光是在二〇〇九年，總回報債券基金就創造一三．八%報酬率，是績效指標報酬率的兩倍以上。過去三年內，光是開放式共同基金的資金，就倍增到約兩千億美元，加上追蹤同樣策略，卻分別管理的客戶帳戶後，這檔基金的總規模超過四千億美元。

前年十二月，葛洛斯告訴晨星：「這一點很重要。」[1]卻又補充道，他不是英雄，只是受惠於長期趨勢，順勢而為。

這可能是有點做作的謙虛，但自從葛洛斯成為最先交易債券的人後，他一直都能靠著市場神奇招術，保持相當穩定的績效。但這些都是機械式的東西；他知道還有其他方法，複製自己在拉斯維加斯的算牌功夫，在某種程度上，讓他「變成像莊家一樣」，協助他在統計上，比其他賭徒多一點微小卻始終如一的優勢。

他有一項簡單的創新，就是買進風險較高，殖利率也較高的債券，如房貸證券或國際債券，當時他理當擊敗的績效指標還不包括這些債券，這點額外的風險代表了一點額外的報酬率，在大部分的情況下，這代表打敗指數的報酬率。

最簡單的交易是利用現金和「約當現金」之間的差異，在競爭對手持有實質現金時，你持有殖利率較高的短期公司債。其中有些做法變成制式化，品浩的「股票增益」（StocksPlus）就是如此，這種想法在一九八六年產生，是把標準普爾五百指數與短天期債券的額外收益加以結合。

葛洛斯在這些標誌性交易方法中，最喜歡的方法之一是「賣出波動率」，就是交易者賣出衍

★ 他的律師表示：「伊爾艾朗博士是配合這家麵包店的營業時間下單訂購。」

生性金融商品合約，打賭債券會在一定的價格範圍內交易。在金融上，這種交易好比葛洛斯嚴格鎖定的二十一點賭博。十年期美國公債計入總體經濟因素的影響後，殖利率可能保持在一個範圍內；他會賣出「勒式交易」（Strangle），這種交易是成對的選擇權，有畫定價格範圍的界線，如果他的猜測正確，就會賺到溢價；如果交易超出他的價格範圍，就會陷入危險，但是通常不會發生。

加總之下，這些交易和入現金之類其他可靠的交易，構成葛洛斯所說的「結構性超額報酬」（Structural Alpha），**超額報酬**代表優異績效（從市場中榨取高於市場本身反彈的獲利，這是每位基金經理人追求的），**結構性**表示可以複製、持續一貫的東西。結構性超額報酬交易理當可以產生每年〇．五%至一%的績效。

在經理人偶爾喪失預測利率走向的能力，或是選擇正確而非錯誤的信用工具時，這樣的交易會特別有幫助。每個人無可避免都會碰到這種狀況，因此在葛洛斯休假時，這些結構性交易有助於提供某種緩衝，讓大家可以依靠。

葛洛斯認為，這是品浩變成投資王國的關鍵，他在二〇〇三年的一篇《投資展望》中曾暢談這些關鍵，在二〇〇五年《財務分析師期刊》（*Financial Analysts Journal*）的一篇論文中也曾深入探討。他寫道，結構性交易是投資組合「基因的組成結構」，[2]是讓基金經理人在事業生涯中創造成就的原因之一；另一個原因則是「長期展望」，或三到五年的預測。他表示，設定這種預測，「會強迫大家長期思考，避免恐懼與貪婪情緒衝擊產生的破壞性惱怒」，迫使交易者「做錯事」，就像他在拉斯維加斯看到同行賭徒所做的。

與大多數人行事方式背道而馳的強硬作風

品浩有一個傳統，就是每年舉行全公司「長期展望」年會，這個傳統從太平洋人壽保險公司傳承而來，是長期一貫的傳統，能協助大家把重心放在較長遠、較沒有雜音，也較沒有競爭的地方，這也協助葛洛斯**感受**拉斯維加斯意識，更新他感知風險的能力，知道什麼時候該追隨群眾，什麼時候又該迎頭衝撞群眾。

葛洛斯也發現，比別人更努力奮鬥，會產生更多的收益，做大家不願意做的事也是一種結構性交易，是安全而合法操縱市場，盡可能取得額外利益的方法。方法之一是他處理華爾街銷售的方法，多數交易者認為這是長期關係，會設法在其中投注心力，但葛洛斯卻以功利主義看待，認為對方存在的目的是促成他完成交易。

一位前基金經理人回憶，葛洛斯聘僱的第一個員工暨門徒戴里納斯曾說：「『如果他們接受你要求的進價，代表你付出太高的價錢』——因此如果他們同意交易，對我們來說，這筆交易一定不是好交易。」這種態度根深柢固地深植在公司創立初期，品浩（或葛洛斯）認為，銀行在剝削每個人，為什麼要把該屬於客戶的任何利益交給對方？

這個看法很有見地，卻和大多數人的行事方式背道而馳。正常作為包括參加銀行主辦的牛排晚餐、高爾夫球賽和參觀脫衣舞俱樂部，進而先看到銀行新發行的債券。作為交換，投資人理當和他們最喜歡、牛排最美味、脫衣舞孃最可人的銀行交易。

但是品浩並非如此，在日常互動、嘶聲喊叫的電話、討人厭的電子郵件中，抱持懷疑和功利主義觀點看待華爾街。在安靜到令人難過的開放式交易廳裡，有些人躲在辦公桌下，以便壓低他們憤怒的罵聲，如果無法避免製造噪音，有些人會索性刻意對著手機大吼大叫，以堅持更好的交易。

有一位交易員想出一套例行公事，和幾位信得過的交易對手事先安排好，需要時會發送訊息給其中一位，說：「開始了。」交易對手會回覆：「好。」然後這位品浩交易員會坐在交易廳中間的辦公桌上，拿起桌上的電話，用公司任何人都可以使用的線路，打電話給交易對手，用最大的音量威脅、吼叫和喊叫，而交易對手只會說：「我很抱歉，我會改進，我很抱歉，我會改進。」這可以讓該交易員在公司樹立硬漢的形象，對他和交易對手的實際關係卻毫無損害。

如果品浩覺得某家銀行在交易中欺騙他們，就會拒絕參與這筆交易；如果該銀行真的把事情搞砸了，品浩會和對方徹底斷絕往來，放入「懲罰名單」，[3]直到對方悔過為止。

追求自利，遭人側目的交易手法

葛洛斯和品浩知道他們可以達成目的，因為華爾街需要他們。葛洛斯在在該公司大到讓這個信念成真前，就相信這一點。

一位前高收益債券業務員說：「因為他們太大了，付了這麼多錢給這些公司，大家因此被迫容忍他們的狗屎行為。」很多人努力用惡劣行為來達成目的，卻不能成功，反而因此遭殃，品浩卻可以做到這一點，「因為他們的業務量太大，讓每個人都捲入如此激烈的競爭中，他們真的可以達成多壓榨十六分之一美分利潤的目標，還會照樣接到下一通電話。」

品浩放棄不成文的道德規範，也就是放棄市場參與者彼此期望的紳士風度，像是對銀行那邊的交易對手要好一點，或是不利用交易的不透明性等。但是品浩從很早開始，就喜歡運用一個伎倆，也就是跑到華爾街的自營商那裡，要求對方為一批債券或衍生性金融商品，如一筆規模一千萬美元的巨額交易開價，雙方同意一個價格後，自營商就會買進，然後發現另外五家自營商，也向品浩買了一千萬美元的同樣產品，現在華爾街上這種產品的供應氾濫成災，所有自營商因為持有相同的產品，互相傾軋，以合理價格出售的希望破滅了。如果他們知道這筆交易的真正規模，應該會付出較低價格。至少大家認為這種做法沒有格調，很多人覺得這麼做是目光短淺，用短期的節省換來自營商的長期不信任。

順道一提，這種行為替品浩帶來額外的好處，凡是在那裡工作夠久，曾採用該公司標誌性焦土政策交易態度的人，可能會發現自己無法在其他公司任職，因為華爾街的每個人都討厭他，這有助於留任員工。

葛洛斯和品浩總是在每個方面，都變得更有侵略性——在華爾街的銷售上更積極冒險和利用槓桿，以便完成更妥善的執行，還要在術語、授權、法規之類的灰色地帶，表現更積極的態度。其他基金經理人可能會完全避開灰色地帶，但葛洛斯和品浩卻發現，行走在灰色地帶邊緣，收割額外的收益，並且等到主管機關或客戶反對為止，這樣相當有利可圖。

所有這些工具結合下，打造總回報債券基金的優異績效，這些工具包括可靠的「結構性」交易、「長期」觀點、分析師針對債券進行逐一挑選、從華爾街自營商手中榨取若干基點的利潤。（其他人說這種行為很粗暴，但品浩卻稱為「為客戶服務」。）這就是葛洛斯創造總回報債券基金績效紀錄的方法，也是他三次贏得晨星「年度固定收益經理人」這種極崇高頭銜的原因，後來他更榮獲晨星「**十年**固定收益最佳經理人」。

現在葛洛斯已在債券市場留下深刻影響，他的偏好和債券市場融為一體，他的個性融入債券市場的結構中，他的優越地位與隨之而來的技巧，啟發整個產業的人仿效。葛洛斯和品浩並未發明向極限推進的做法，但在自己往外推的地方，創造更多的空間，讓其他人跟著他們進入其中。在金融圈外可能令人厭惡的特質，放在品浩的權力圈裡，卻變成值得敬佩的事，包括對名人的崇拜；願意走後門，把風險塞進投資組合裡，哄騙保守的客戶；厚顏無恥地在電視上宣稱某些證券毫無價值，同時手下交易員卻準備向你買進這種證券；也包括施壓政府，拉抬自己和債券市場的功能與權力到更高階，甚至提高到至高無上的地位。

品浩的人守口如瓶，公司所在的橘郡又與世隔絕，但是其中一半卻在電視上展現，還全部洩露和傳播開來。葛洛斯和品浩構成雙重傲慢，讓世界各地的新進債券交易員，可以藉此霸凌別人，宣稱這麼做完全是基於客戶的最高利益，還說這就是他們的工作。

這種說法的觀點狹隘，忽略經濟學家所說的「外部性」（externality），以及我們其他人所說的「非預期結果」（unintended consequence）。如果以服務客戶為名，逼迫政府和企業是正確的，大家就可以說，有錢投資私募基金的人，地位顯然高於一般納稅人，民眾納稅是為了服務資本持有者。但這不是品浩的問題，該公司的利益及於客戶為止，剩下的一切是社會該關心的。

活絡交易廳氛圍的各項嘗試

蛋糕放在交易廳，準備在慶祝會上使用，掌聲平息，交易員坐下後，葛洛斯環顧大廳，臉上露出笑容，但是在他沒有注意的情況下，笑容迅速化為鬼臉。

葛洛斯認為，在工作場合中作樂的想法具有結構化與有限的特性，是可以預期和控制的。那年夏天，他認定交易廳**太**安靜，突然安排早上八點的康加舞，讓他們用蛇行的方式，在交易小組之間斷斷續續地跳舞。一個月後，他開始安排每日之歌（Song of the Day）的節目，交易廳的人可以選擇一首歌，葛洛斯率先點播蛋糕樂團（Cake）的歌曲〈短裙長外套〉（Short Skirt/Long Jacket）。[3]另一天，有人點播一首叫做〈變成日本人〉（Turning Japanese）的歌曲，暗指政策專家與市場觀察家之間，爭辯美國聯準會的零利率政策是否會像日本一樣，造成「失落的十年」。還有一天，有人點播史汀（Sting）演唱的〈我心之形〉（Shape of My Heart），後來葛洛斯發送一則訊息給點播這首歌的人，表示他也推薦這首歌。康加舞跳完後，每個人都回到自己的桌子旁坐好，重新沉默地瞪著螢幕，唯一的聲音是敲擊鍵盤的聲音，這是可以管理的娛樂。

蛋糕突襲則不是，伊爾艾朗後來和彭博新聞社開玩笑說，驚喜派對「大概是葛洛斯最不想要的東西，因為那時候他必須說一些話。」[5]葛洛斯簡短說了一些話，感謝大家的支持，然後回到自己的座位，融入市場中，他抱怨不喜歡早上吃這麼多糖。伊爾艾朗輕鬆地回答：「十年才一次，所以不用擔心。」

但是，從其他人的觀點來看，這份榮譽正是葛洛斯渴望的。他的名字家喻戶曉，至少在理財家庭中如此，他是理財時的會計師，連主流電視台都要求他經常上電視，需要讓人敬佩主講人的研討會主辦單位也一樣，不管他說什麼話，立刻都會被人記錄下來，大家都很關心。

葛洛斯見過自己的名聲起落，如同在二〇〇二年，當時他急著發出一篇看空奇異（General

Electric, GE）的《投資展望》後，名聲就走下坡，回來後還發現公司的股價下跌，亂成一團。在二〇〇八年更亂，因為他對房市和房貸巨擘發出的預測。

成名後的各界關注

不過，現在葛洛斯知道自己已經變得**真的**很有名，只要看《紐約時報》就可以找到證據；另一個證據則是連他集郵（他坦承，當初是為了讓鵝媽媽稱讚，才會培養這種嗜好）都有人報導。這種名聲是他刻意求來的，因為他捐贈一千萬美元，還捐出部分珍藏，在華盛頓特區的國家郵政博物館（Smithsonian's National Postal Museum），成立威廉．葛洛斯郵票展覽廳（William H. Gross Stamp Gallery）。他在離家較近的地方，也捐出一千萬美元，成立蘇和比爾．葛洛斯夫婦幹細胞研究中心（Sue and Bill Gross Stem Cell Research Center），該中心於二〇一〇年加州大學爾灣分校揭幕時，在當地相當轟動。

二〇〇九年八月，葛洛斯以兩千三百萬美元（比兩千六百萬美元的訂價低）的價格，買下哈勃島（Harbor Island）的一棟海濱住宅，消息在《華爾街日報》頭條新聞和不動產部落格上出現，然後他拆除這棟占地三百零九坪的喬治亞式老屋，以便在這片土地上興建豪宅時，引發大眾怒火。雖然受到別人注意可能會讓他覺得有點危險，但這正是他想要的，正是他的命運。

葛洛斯不再虔誠地上瑜伽課，而且他太忙了，無法跟上私人教學課程（他向指導湯姆森和穆基的同一位老師學習，還因此引發誰可以先做無輔助倒立的瘋狂競賽，這位老師是越南裔獸醫），但是事實證明，他在瑜伽的練習上和設立品牌一樣有恆心。葛洛斯在媒體上是永遠的瑜伽大師，從二〇〇二年《財星》的一篇報導，刊出外貌年輕、留著小鬍子的他做樹式瑜伽，凝望遠處的照片以來，他做瑜伽的事幾乎每篇人物特寫都會提到。

回到交易廳後，葛洛斯擺脫蛋糕帶來的煩惱，靜下心來，準備做這一天該做的事。在債券領域裡，「新常態」交易的步調持續推動，品浩表現出暗自樂觀的情緒，凸顯美國公債正以明顯的殖利率曲線在交易。在金融海嘯前，基本上，短期美國公債的殖利率變得幾乎和長期美國公債一樣，呈現反常現象：承諾的時間愈長，事情出錯的機會愈大，風險愈高，這應該表示長期美國公債的殖利率較高。但在情勢變壞時，殖利率曲線會變得較直，像平坦的一直線，形成顛倒的樣子，短期美國公債支付的利息居然高於長期公債。

殖利率曲線倒掛是強而有力的經濟衰退指標，每次都會把大家嚇壞，但是隨著危機消退，品浩看出情勢會恢復正常，交易者會再度要求較高的長期美國公債殖利率，因此公司要推出「比較陡峭」的殖利率曲線，購買非常短期的美國公債，出售較長天期的美國公債，而且要透過交換合約表達這種交易。結果就像品浩的預測，隨著市場恢復平靜，殖利率曲線倒轉，公司獲得豐厚利潤。

撤出無利可圖的公私合營投資計畫

品浩的另一個口袋也大賺特賺，就是魏爾經營的品浩太平洋顧問，從事為公共與民間機構諮商的業務，合作夥伴是薩布里納．科應（Sabrina Callin），曾主導商業本票融資機制。

品浩太平洋顧問遭遇麻煩，問題不太嚴重，就是碰到一個不如預期那麼值得高興的計畫。根據美國財政部的公私合營投資計畫（Public-Private Investment Program, PPIP），該單位打算向銀行買進約一兆美元的問題資產。品浩曾在二〇〇九年三月表示（魏爾正式接任的前兩個月），該公司要協助成立並經營這個計畫。《紐約時報》報導，葛洛斯是「公私合營投資計畫最熱心的支持者之一」，[6]曾為該計畫辯護，反對推行國有化做法，葛洛斯還表示這樣會變成重大災難。

結果公私合營投資計畫變成「紙上談兵」的案例，品浩已經因為和政府的關係太密切，發揮太大的影響力，大眾卻不知道該公司的目的何在：品浩難道只是為了取得特權，好參與這個一半有助行銷、一半可作良好槓桿融資來源的計畫嗎？品浩想用低利率來借錢，根本毫無問題，事實上公司已經透過定期資產擔保證券貸款機制（Term Asset-Backed Securities Loan Facility），向政府借款。此外，下半年的情勢看來沒有對話開始時那麼惡劣。幾週後，槓桿和冒險行為開始像雨後春筍般出現，這種情形如同伊爾艾朗所言，是療癒的跡象。新客戶的資金仍湧入品浩，借貸限制正在放鬆，那品浩為什麼需要政府？

這個計畫參與的公司眾多，品浩必須擠下另外八家公司，才能爭取到金額大為降低的業務機會。二〇〇九年六月，品浩撤回加入公私合營投資計畫的申請，原因是「與計畫的設計和執行不確定性問題有關」。[7]二〇〇九年七月，晨星的凱蒂・羅克基威斯威茲・雷嘉特（Katie Rushkewicz Reichart）表示：「這個計畫的規模已經大幅縮減，現在預計總額只有約四百億美元，有九家管理公司參與其中——可能比最初預期得還多，資產基礎縮小，可能表示品浩最後獲得的金額會比預期來得少，讓該公司不值得大費周章。」[8]

除了這個小問題外，那年下半年，魏爾進行二〇〇九年自評時，感覺相當良好。品浩太平洋顧問利用聯準會授權的案件，以及一家德國土地銀行大舉授權的若干計畫，開始蓬勃發展，創造約三千五百萬美元營收，顯然並不需要公私合營投資計畫，而且無論如何，這都不是魏爾要求參與的事，他經營的業務備受尊敬，成長可期，未來會獲得更多業務。

這種成就並非意外，這家公司遵循品浩的策略，只有在事業充分可以存活的情況下，才會推出新業務。除了股票業務外，「開創」一項新業務通常較像是更換標籤，承認某些東西已經出現。該公司宣布任何新業務誕生時，都已經可以進行；對客戶推出一檔新基金時，那檔基金實際上已經以基石的形式存在好幾年，是公司其他帳戶利用的「持倉」。總回報債券基金和其他基金會買進由垃圾投資組合構成的持倉，等待它創造幾年的績效，因為績效紀錄會讓客戶安心投資。品浩本身的歷史也是如此，在一九七〇年代開始經營時，只是太平洋人壽保險公司裡的空殼公司，後來才逐漸分拆出來。

導致高階人才跳槽的內部爭端

二〇〇九年底，魏爾走進會議室，伊爾艾朗、葛洛斯和客戶管理主管都坐在裡面，等著聽取他的年度自評。魏爾熱情地打招呼，說了一些今年業績很好、成長展望也很好的話。

伊爾艾朗卻告訴魏爾，贏得聯準會授權的是**公司**，而不是他，這份授權是那些營收數字重要的一部分，要是沒有這部分，魏爾有什麼貢獻？伊爾艾朗說：「我認為你今年並沒有做好。」

魏爾大發雷霆，吼道：「你說的話沒有一個字屬實，我不尊重你的意見。」

「我想我們結束了。」伊爾艾朗說。

「對，我們結束了。」魏爾說完，就走出會議室。

幾週後，魏爾走到伊爾艾朗面前，問道：「我可以跟你談談嗎？」

「我確定你不會覺得意外。」一位知情人士表示，魏爾告訴伊爾艾朗：「我要離開了。」的確不讓人意外，魏爾鞠躬下台，留下伊爾艾朗是好事，但是有一個小問題，湯姆森在一年多前才離開，魏爾這麼快又離開，可能引起投資人、投顧業者和媒體關切，給大家公司高階動盪不安的印象。

「你要去哪裡？」

「駿利（Janus）。」駿利的投資重點放在股票，是一九九〇年代末網路泡沫破滅前最炙手可熱的基金公司，客戶在公司位於科羅拉多州丹佛總部的街道上大排長龍，希望把錢交給駿利代為投資。二〇〇〇年網路泡沫破滅時，駿利旗下幾支基金的崩跌也一樣壯觀，該公司管理的資產從三千三百億美元，減少到二〇〇四年的一千四百五十億美元。接著金融海嘯來襲，基本上，所有投資人都遭遇沉重打擊。駿利正在努力挽回失去的榮耀，魏爾讓駿利轉危為安的空間應該很大。

伊爾艾朗詢問魏爾打算什麼時候離開。

「兩週後。」

「我需要你繼續工作到一月。」

「你會按照比例發給我獎金嗎？」

「會。」

「一言為定。」

魏爾在品浩的工作在某個週五結束後，立刻搬到丹佛。四十六歲的他，細軟的褐髮已經開始變得稀疏，卻反而強化他更像高階經理人或參議員的外貌。魏爾必須說服駿利的團隊，雖然他沒有執行長的歷練，也沒有任何投資經驗，但是可以做得更好，他在債券方面的背景可以轉移到股票上；他可以重振大家的士氣和公司股價，必須說服客戶重回駿利。

魏爾出任執行長的消息宣布後，駿利的股價下跌二%，但是沒關係，他自由了。

葛洛斯幾乎沒有注意到這些事，魏爾的用處似乎總是不很固定，他不是投資專家，也不是湯姆森，但他總是**在場**，每個人都知道，對葛洛斯來說，像魏爾這樣的人是西裝革履、專說反對意見、常常跑腿打雜的官僚，薪資高得毫無道理，常常會礙事。葛洛斯總是希望減少這樣的員工，所以對他來說，這件事沒有什麼不好。如果伊爾艾朗是對的，品浩太平洋顧問沒有魏爾後，業務還是會繼續成長。

品浩太平洋顧問現在並不得寵，品浩正大力推銷股票，葛洛斯的笑臉變成二〇一〇年八月《彭博市場》（*Bloomberg Markets*）雜誌的封面，還附上「為什麼葛洛斯喜歡股票」的標題，這是很好的笑話，債券天王進軍股票，每個人都知道，跨出債券領域的衝刺已經成功，得到大家的注意。

那年一月，葛洛斯的一番言論也大受注目。他表示，因為英國發售的公債愈來愈多，債券市場「躺在硝化甘油上」。[9]後來他收回這番話——他說這些話的意思是劍指英鎊，既然英國政府開始削減支出，努力整頓，葛洛斯因此變得不那麼擔心。

這番話是反向投資的呼籲，事後證明他的說法正確。葛洛斯可以等待——他本來就是採取反向投資策略，而且深信大家會跟著他前進。他在房利美、房地美和通用汽車債券上大獲全勝後，地位步步高升，接著又創造幾次小勝，例如二〇〇九年十一月，他在《投資展望》中寫道，公用事業股的展望很吸引人，結果道瓊公用事業股指數（Dow Jones Utility Average Index）立刻暴漲；他上電視或廣播、推動市場時，還有他發號施令，要求大家「買進巴西！」（Buy Brazil!）時（巴西是他常年的最愛），在品浩的大廳裡都會有一連串活動，然後負責新興市場的人會突然從公司各個角落，收到一大堆要求。

市場不理會葛洛斯的警告，持續上漲，導致他在經濟衰退來臨前異常忙碌；現在變成每個人都聽他的話了。二〇一〇年結束時，葛洛斯看到所有資產類別中最重要的「無風險」美國公債出現若干信號，隨後他發出的呼籲會震撼每個人，讓他更受注目。

第七章

首度預測失準導致百億撤資

一九九四年初，墨西哥看來前途一片光明，墨西哥剛簽署的北美自由貿易協定（North American Free Trade Agreement, NAFTA）在一月一日生效，美國的利率低落，因此投資人正尋找更與眾不同的地方投入資金，再加上北美自由貿易協定和墨西哥的經濟自由化，打開了水龍頭，投資人很興奮，國際資金湧入墨西哥。

但是在北美自由貿易協定啟動之際，一切都陷入困境，恰帕斯州（Chiapas）的原住民軍隊對墨西哥政府宣戰、執政黨總統候選人在提華納（Tijuana）的一場公開競選活動中遭到暗殺。聯準會開始提高利率，採取似乎總會引發資金從新興市場逃脫的行動。接著墨西哥爆發另一次暗殺和綁架案，恰帕斯州傳出更多的混亂與暴力。對投資人來說，這種情形太讓人害怕，於是紛紛逃走，墨西哥披索釘住美元的聯繫匯率看起來愈來愈脆弱。

在局勢惡化之際，墨西哥政府為了控制匯率，試著發行以美元為面值，但是以披索支付收益的短期新債券，名為**美索債券**（Tesobonos）。這種墨西哥美元債券產生一些效用，但副作用是這種債券的交易，掏空墨西哥的國際外匯存底。

這種情形讓局勢惡化，交易者太害怕了，不敢購買美索債券，一次公債拍賣失敗後，是接二連三的失敗，共有四次拍賣都以流標收場，墨西哥政府籌募不到運作資金，現有的公債殖利率繼續攀升，局勢日益惡化。品浩前合夥人布里諾回憶道：「殖利率升高後，大家擔心會不會升得太高，墨西哥人說**不會**，因為我們會放棄聯繫匯率，還可能讓債券違約。」

品浩抱著少量的墨西哥債券，安坐不動，金額不太大，但也不小，如果墨西哥不分崩離析，對該公司還是具有潛在利益。在殖利率攀升之際，債券價格卻在下跌，因此品浩預期會有「帳面」虧損——出售債券時必須認列的虧損，這是公司的一個選項，就是設法出售持有的部位，在能退出時出場，這應該會造成危機惡化；公司也可以不動如山，讓局面崩壞；或是在無人願意投資下，加倍投資，擴大信用，把資金投入極度不確定的情況。

押注墨西哥公債的正確決定

隨著時間來到一九九五年，另一場公債拍賣迫在眉睫——這次墨西哥要拍賣四億美元的債券，品浩的基金經理人必須做出決定。

這時候謠言四起，有人說美國財政部正和墨西哥討論，可能透過聯準會的外匯安定基金（Exchange Stabilization Fund, ESF），提供某種援助方案。一切都不確定，很少人願意把錢賭在這種風聲上。

葛洛斯可能看出別人看不到的，以前他就曾如此，如同在一九八一年，他和穆基可以感覺到迷你經濟衰退來臨，就像數十年後他總結時說的：「到了九月，殖利率幾乎像預測的那樣走低。」而且在一九九二年，當葛洛斯在《華爾街一週》上，預測短期利率不會下降時，結果正是如此。葛洛斯相信自己能從市場殘存的跡象中，預測未來、預測到變動，並衡量風險，得到適當的補償。他獲勝的機率差距總是相當小，例如五十一比四十九——最好的情況是五十五比四十五，但機率對他有利時，就是行動的時機。而且他的行動偶爾是扭轉局面的信任票，會讓押注贏錢。此外，在某種時刻裡，殖利率會升高到值得他下注，墨西哥現在看來像是一個機會。

基金經理人李．湯瑪斯（Lee Thomas）在下一次的投資委員會上，詳細說明即將來臨的墨西哥政府公債拍賣，一年期公債殖利率接近二〇%，就短期公債來說，這樣的殖利率幾近荒謬，特別是如果美國或其他機構介入援助。如果墨西哥可以存活十二個月，公司即可賺到二〇%的報酬率。

根據布里諾的回憶，湯瑪斯在會議上說：「問題不在於這批公債是否會到期，而是要想出究竟有什麼方法，取代投資組合中四億美元的二〇%收益。」

雖然紓困的謠言略微傳開，但有興趣參加下次拍賣的人卻少之又少，因此如果品浩想買，現在正是時候。布里諾說：「我們相當確定我們可以盡量多買。」

葛洛斯和手下的基金經理人下了標單，以一九．七五%的殖利率標購一年期公債。布里諾表示，雖然可以提出更高的數字，但殖利率一九．七五%的數字卻是經過精心挑選，如果拍賣以高於二〇%的殖利率決標，大家會有點擔心墨西哥不會支付，因此盡可能選擇最接近的一九．七五%，不碰觸那條線，標到「全部的四億美元公債」。

公債拍賣成功後，市場參與者都鬆了一口氣，《紐約時報》大力報導「墨西哥的危機緩解，所有公債完銷」。[1]謠言傳出，買主有這麼大的火力進場，一定是知道什麼內情——知道紓困即將出爐。品浩知道的其實不比別人多，但市場並不知道該公司是買主，因此公司交易員默不作聲，任由謠言四處流傳，協助推升債券價格。

不到兩週後，美國總統比爾．柯林頓（Bill Clinton）批准財政部藉由外匯安定基金，貸款墨西哥兩百億美元。此後，雖然墨西哥的銀行身陷危機多年，但是該國的債券市場卻擺脫危機，變成低迷卻穩定的市場，債券可以發出利息，看來葛洛斯再度未卜先知。

「老實說，這有點像在賭博。」布里諾說：「我覺得這對品浩的永續經營來說，不是正面回饋，因為這是向下加碼。」但是他補充道，葛洛斯利用向下加碼創造的績效紀錄十分可觀。

不管是什麼因素——魯莽、幸運、他的影響力，或是具有發現風險的能力，那種偶爾幾近傲慢的大膽，成為他和別人不一樣的關鍵——直覺知道何時該押下龐大、高風險、堅持不懈的賭注；這種賭注幾乎完全靠著那種堅持、強迫實現的願望，才能行得通。對業界所有交易員而言，這是他們經過多年每週工作八十小時，經歷愛貶低人的老闆和一次又一次的簡報後，才可能等到的報酬。葛洛斯證明，如果擁有正確因素，處於正確環境裡，個人可能可以控制政府的命運、影響市場和政客依據他的意願行事，這是多麼鼓舞人心。

出清持有全部美國公債的驚人之舉

到了二〇一一年三月，葛洛斯做出事業生涯中最聳動的預測，他出清總回報債券基金中持有的全部美國公債部位，現在他在世界上最大、流動性最高的市場裡，持有的部位是零。實際上，幾乎所有類似基金在這個市場中，都會持有若干部位。這項宣布立刻引發轟動，《大西洋月刊》和《華盛頓郵報》來電要求獨家專訪，要為他提供人物特寫。

葛洛斯在《投資展望》中，解釋他簡單、清楚的邏輯，表示美國公債殖利率太低，從即將到來的巨大風險來看，並未獲得足夠的報酬率，他說的風險是聯準會即將撤回每個月購買一千億美元美國公債的資金。聯準會在六月表示，將停止實施一項額外的刺激措施，不再買下七成美國財政部每年發行的公債。政府買光政府的債券？這不是很清楚嗎？這是龐氏騙局（Ponzi scheme）。

「右手買下左手的東西。」[2]葛洛斯這樣告訴《華盛頓郵報》。

「我們幾乎是一對一地支持美國公債。」[3]他告訴《大西洋月刊》：「早上八點，聯準會致電要求我們的公債小組，提供買進報價，一小時後，聯準會又要求提供賣出報價。」在聯準會這麼做時，會讓所有利率全面降低——從安全儲蓄帳戶、貨幣市場基金、共同基金可以購買的債券，以致於其他利率都會下降。他認為：「這是行竊，對於把辛苦賺來的錢拿來儲蓄或投資的人來說，這是偷竊。」

「上帝保佑柏南克和蓋特納試著在做的所有事，但是他們做的很多事，最終結果是奪走存戶手中的錢。」這些人的錢都放在銀行，沒有投資，沒有為了追求更好的報酬率，讓葛洛斯這樣的人代為投資。或許是因為這些一般「存戶」中，有很多人的錢曾在經濟衰退時，被宣稱知道如何運用客戶資金的人虧空。聯準會的政策獎勵冒險購買垃圾債券和投機性不動產的人，像是品浩與葛洛斯。

因此政府購買債券的「量化寬鬆」計畫結束時，有誰會出面購買七成的美國公債？葛洛斯懷疑聯準會將留下一個聯準會形式的空白，所有受到人為壓制的殖利率會反彈回升，造成債券投資人虧損。

同時，大家會想到，金融紓困、刺激行動加上後續的一切，都造成政府支出激增，因此政府為了籌資，只好發行大量美國公債。品浩不願容忍企業如此過度借貸，為什麼要容忍政府這個借款者？為什麼會有人想買供給浮濫的東西？葛洛斯想到，政府壓低利率也表示資金便宜，甚至便宜到不需要利息的地步，這樣無可避免會造成每個人都增加消費，進而導致物價上漲。對債券持有人來說，通貨膨脹是壞事，昨天看來極為誘人的固定利息給付，隨著貨幣失去價值，未來也會變得較無價值，對葛洛斯而言。可以回溯到他從事投資初期，當時是一九七〇年代，通貨膨脹侵蝕存在保險櫃裡的債券價值，變成引發主動交易債券的主因。

葛洛斯表示，在投入這一行的前十年裡，債券被稱為沒收憑證。到了二〇一一年，大家的奮鬥再度變成「保本、保本、保本」。[4]中間大約三十年裡，債券投資人都能利用利率下降的反彈獲利。葛洛斯說：「投資人習於享受這種神奇之旅，債券不但產生良好的收益，也能產生若干資本利得。」

這種情形是新常態減去政府的慷慨解囊，是比危機剛結束時還糟糕的新常態。二〇一〇年九月，總回報債券基金持有部位中，有整整三分之一是和美國政府相關的證券，到了十二月，比例上升到二二%；隔年一月，降為一二%；到了三月，降至零。總回報債券基金反而提高房貸證券、公司債、新興市場債券的持有部位，持有現金或約當現金達到二三%。伊爾艾朗解釋背後道理時，表示：「你買進長抱的任何產品都必須具有價值，在我們的評估中，其他地方有更高的價值。」[5]

零息公債（Zero Treasury）是大膽的產品，投資人會把總回報債券基金的績效和一檔指數比較，這檔指數通常代表大量的美國公債，與這檔指數權重的任何邊際偏差都是一種預測，客戶會小心追蹤。總回報債券基金不理會整個類別，是最基本的基金。

大膽投資操作引發褒貶不一的評論

到了四月，葛洛斯提高賭注，增加衍生性金融商品的部位，例如和美國公債**相反的**利率交換合約，現在不光是沒有持有任何美國公債，新增加的合約基本上還讓他持有負的美國公債部位，如果美國公債價格下跌，他會賺更多錢。他已經進入戰鬥模式，這只是另一次的重大反向投資預測，是他習於猜對的預測。

《華盛頓郵報》的珍妮佛・魯賓（Jennifer Rubin）指出：「葛洛斯領先大眾出脫美國公債。」[6]她還詢問，其他投資人經過多久才會開始撤退？葛洛斯表示，不必擔心，投資人還要經過一段時間才能想通。他警告，如果持有半數美國債券的外國政府也大量出售，會變成「政治海嘯」。

葛洛斯的操作受到讚譽，因為他以優雅的方式調整兩千四百億美元規模的總回報債券基金，卻沒有對市場造成太多干擾。路透社的沙門表示，這需要技巧，而且「顯示他輕鬆、積極地調整自己的超級基金油輪時，如同調整大小只有一%的小船。」[7]沙門寫道，葛洛斯「可說是有史以來世界最偉大的債券交易員」。

並非人人都這麼肯定葛洛斯。第一，這種情形並非空前，投資專家柯倫．羅奇（Cullen Roche）在部落格中寫道：「到目前為止，他談論某種形式的空頭市場已經超過十年。」[8]他舉出的證據是，葛洛斯在二〇〇一年曾宣稱債券的多頭市場已經「結束」，並在二〇〇七年的一篇專訪中，說自己是「空頭市場經理人」。羅奇寫道：「在這些不同的預測之間，他在固定收益證券和美國公債相關資產中，一直保有非常健全的部位。」

葛洛斯的邏輯也難倒諾貝爾經濟學獎得主保羅．克魯曼（Paul Krugman）。克魯曼不敢確定利率低落是否完全為量化寬鬆造成，他在《紐約時報》的專欄中寫道：「如果美國公債的市場性真有問題，無論如何，利率都會升高。」[9]此外，如果態勢這麼明顯，難道市場不會早就受到影響嗎？「你不必相信效率市場，才相信大家預期會得到極度顯著的利得或虧損。」

這些批評都不影響葛洛斯，他早在拉斯維加斯時代就學會打鐵趁熱，只要他的判斷正確，其他人就會跟進。

此外，品浩的基礎是建立在大膽預測上。該公司聘僱數百人，從二〇〇七年開始到二〇一一年為止，公司員工倍增為超過兩千人，一是因為新近受到嚴格監管的承銷投資銀行縮小規模；二是因為公司需要人手，管理所有新資金。但這些人都是下屬，交易員抱怨投資委員會和論壇、各種審議與裝腔作勢只是演戲，因為到了最後，他們只是交易葛洛斯已經想到的產品。公司更寬廣的結構、職責的分工，以及葛洛斯、波里奇和穆基構成的「鐵三角」有點傾斜。凡是能接觸市場的人，都勝過不能接觸市場的人，而葛洛斯是做出最後決定的人。尤其與葛洛斯一同創辦公司的人都已離開，沒有人能壓制他，伊爾艾朗是唯一以成熟或負責任方式行事的人。

守舊派人士覺得，舊文化遭到一大堆出身華爾街和企管碩士的人沖淡了，要認識會議上的人愈來愈難，更別說認識大廳裡的人。但是每當葛洛斯走過，大家搜尋的眼神顯示，需要從他身上學習一些東西。葛洛斯認定他們可以在大型會議上，從他的身上學到東西，他給予一個平台，讓他們可以和別人區別開來，在那時候讓他能更了解他們，像是知道他們的名字。但是他並未因為他們進入公司，就認為應該給這種機會。

信評機構評等失利後設法挽回聲譽的努力

葛洛斯宣布對美國公債的看法時，看起來好像很精明：美國公債價格下跌，殖利率急劇攀升，他的預測已經實現了嗎？或只是大家都跟隨著他？無論如何，遊戲已經開始。質疑大眾對美國政府的充分信心和信任的人，不是只有葛洛斯與品浩，很多避險基金和金融業者都曾提出類似論點，針對通貨膨脹提出警告，堅稱聯準會創造更多的貨幣，而且始終不變的是，貨幣供給愈多，貨幣的價值愈低，長久以來，一直都是如此。

有一個更直接的威脅正在醞釀，就是大家還在尋找金融海嘯的罪魁禍首，屋主指責華爾街，華爾街指責政府，政府指責信用違約交換。但是幾乎所有人都同意，信用評等機構，對風險視而不見，在華爾街銀行為了糟糕的擔保債權憑證，努力尋找最高可能評等之際，還興致勃勃地競相給予這些擔保債權憑證完美評等；在資金已經虧損後，才降低這些爛東西的評等。信評機構知道這種信用問題，正在設法重新肯定自己，證明它們仍十分高明，因此大眾看到醜陋的政治活動在華府展開。

那年夏天，美國政府逼近「舉債上限」，這種上限是強制規定，訂出政府最多可以舉借款項的限額，提高限額需要國會同意，有些國會議員因為不滿巴拉克．歐巴馬（Barack Obama）總統和他的健保計畫，希望畫出界線，宣稱政府太會花錢，赤字已經失控。他們的姿態威脅美國政府能自行籌募財源的能力，如果美國突破舉債上限，財政部會變成失去付款能力。

二〇一一年春夏，標準普爾日益迫切地警告，該公司可能降低美國公債評等，原因在於美國的赤字和相應的政治僵局。歐巴馬總統設法通過一項法律，把美國國債降低到兩兆一千億美元，同時提高政府的舉債上限，卻為時已晚。標準普爾在八月五日週五，首次把美國政府信用評等從最好的AAA級降為AA＋級，該公司表示，「政治邊緣政策」造成政府管理本身財政的能力，變得「較不穩定、較沒有效率，也較不可預測」。[10]

降評通常會促使投資專家跳船，從而打壓債券價格，投資專家經常會受到信用評等限制，因為他們都對客戶承諾，會持有一部分這種評等的債券、一部分那種評等的債券，而且會根據這種承諾進行交易。但是在美國政府遭到降評時，有一些外部因素正在扭曲這種正常的反應。

希臘的債信危機意外促成美國公債反彈

在大西洋的對岸，金融海嘯還在上演。二〇〇九年下半年，希臘新執政黨上台後，發現舊政權假造國家收支帳目，希臘的預算赤字高達一三．六％，國債總額大於國內生產毛額，顯示在財政較良好時代承諾固定支付的公債，到了前途堪憂時代已變成負擔。

希臘的債權人認為，希臘除了接受紓困外，別無他法可以擺脫債務、改善財政，於是殖利率飆升，歐元區其他國家也開始顯得岌岌可危，造成大家更緊張。因為希臘是歐盟（European Union, EU）會員國，歐盟採用統一貨幣歐元，會員國失去最簡單、最容易，用貨幣貶值紓解財政壓力的捷徑，但也表示希臘的命運和較富裕的德、法兩個鄰國息息相關。

德國繼續「支持」希臘，說了一些冷靜支持希臘的言語，像是「整個歐元如果陷入險境，出手相救符合德國的利益，也符合每個國家的利益」，[11]但是德國並未拿出夠多的資金，解決希臘的問題。希臘因為沒有獲得足夠援助，財政缺口變得愈來愈大，表現出可能吞噬歐盟，淹沒到大西洋對岸的態勢。與此同時，美國經濟數據開始惡化，大家的情緒快速變糟。

到了八月，金融市場發生一件有趣的事，紐約市變得極為潮溼，走路就像游泳一樣，摩天大樓與霧霾困住熱氣，能離開的人都走了，把整個城市留給觀光客和老鼠，留守管理交易小組的資淺人員覺得興奮，又過度有自信，變得緊張不安：他們不習慣承擔責任，即使這種責任只是臨時性職責，而且在假期結束時必須接受檢核也依然如此，交易變慢，成交量變少，價格的震盪變得更激烈。

因此在標準普爾降評美國公債時，市場對希臘的情勢感到緊張，害怕經濟會陷入衰退，人員稀少的華爾街交易小組，變成由留守的缺乏經驗交易員主導，局勢變化卻超出他們的因應能力，股價暴跌。永恆的安全避風港，世界上最安全的美國公債出人意料地**反彈回升**，二月八日，十年期美國公債殖利率還高達三．七%，八月卻降到二%以下，是一九六二年以來的最低水準。

績效大幅落後的公開致歉

葛洛斯發出大膽預測五個月後，變成大膽地出錯。

八月，總回報債券基金虧損約〇．五%，績效指標卻飆漲一．五%。截至當年八月為止，總回報債券基金的報酬率略高於三%，在一百七十九檔同類基金中排名第一百五十七。

葛洛斯失眠了，自從危機開始，他就一直在服用安眠藥安必恩（Ambien），但這種情形還是讓他難以成眠，他告訴《華爾街日報》，在二月出清總回報債券基金中所有美國公債的決定，還有三月向下加碼衍生性金融商品的決定都是「錯誤」，他會認錯，是基於「我們設法在理智上表現得非常誠實，也對大眾誠實以對。」[12]

到了十月，總回報債券基金只創造一．九%的報酬率，相形之下，績效指標的報酬率高達六．七%，葛洛斯的表現落後九〇%以上的同類基金。在這一年結束前，葛洛斯發出一則實質的「認錯道歉」。他在十月的《投資展望》中，一開始就寫道：「首先我要說的是，我或品浩的任何人都沒有『停止』；為了配合全球金融市場日益複雜的情況，清晨甚至午夜時段都已經延長，而非減少，競爭之火燃燒到空前熾熱的程度，我／我們都尊重競爭對手，但是每天都希望壓制他們。」[13]

「我只是碰到不如意的一年。」他寫道：「今年是討厭的凶年，品浩的中場球員在太陽下漏接幾個高飛球。」

在金融圈裡，道歉幾乎是前所未聞的事。《商業內幕》（*Business Insider*）雜誌的喬伊．魏森塔爾（Joe Weisenthal）分析，葛洛斯覺得必須道歉的原因是：股市震盪，讓大家在情緒上變得更依賴債券投資組合，作為「在任何氛圍下，穩定情勢、消除波動性，以及抵消虧損的定錨。」[14]總回報債券基金一直只是一支錨，這支錨連續十二個月**虧損**，客戶的新資金已經停止流入，因此葛洛斯必須道歉。同時，葛洛斯對基金投資人和大眾發誓，他沒有失去神奇能力，仍然「每天都很早就會在球場上現身」。他會反彈的！

大家以前都支持葛洛斯，像二〇〇六年危機前夕，他太早預測利率走低（太早是「錯誤」的另一種說法），當時他說這是一個「重大錯誤」，[15]後來反彈回升時，客戶得到豐碩的報酬；他們知道這件事，也會記得。同時，他完成一次積極的迴轉。到了九月，美國聯準會宣布，打算購買較長期的美國公債，並出售同額的較短期證券。每個人都把這種行動稱為「扭轉操作」（Operation Twist），因為這會扭轉殖利率曲線。這時候葛洛斯翻空為多，引領品浩這艘超級油輪，押下驚人的賭注，賭聯準會的這項行動會產生作用，長期利率會下跌。

這麼做有一點幫助，到了這一年年底，總回報債券基金勉力創造四・二％報酬率，但仍落後八七％的同類基金，而且同類基金的平均報酬率高達六・三％。如果投資人在年初購買三十年期美國公債，賺到的利潤應該會不可思議地高達三〇％以上；如果購買十年期美國公債，也會賺到超過一五％的利潤。品浩在二〇一一年的投資績效出現重大變化，直到這一年為止，該公司的十年平均投資績效都打敗九七％的同業，這種較長期的表現確實贏得客戶對葛洛斯的耐心；大部分的客戶都支持他，但是連最忠誠的客戶現在都必須考慮撤資，因為輪到他們必須對自己的客戶負責。他們有些失望，或許品浩並不一定能達到投資績效。

預測失準，不再萬無一失

二〇一一年九月，品浩舉辦創辦四十週年慶祝會，出乎意料的是，公司高收益債業務創辦人托洛斯基出席，他兩眼圓睜，額前有些亂髮，這應該是他離開近十年後，參加重聚活動中的最後一次，現在的他已經不認識半個人，只能看著大廳對面的伊爾艾朗沐浴在備受寵愛的目光下。他看到葛洛斯時想說幾句話，因此走上前。

托洛斯基說：「嗨！任何避險基金高手都會像那樣揮棒的，你看到基金下跌二〇%。」但是葛洛斯大膽的重大賭注並未摧毀公司，甚至沒有摧毀這檔基金；他應該鞠躬下台。「沒有人虧損，你只是落後全世界而已，而且這些事全和指數的存續期間有關。」

「哦，謝謝你。」托洛斯基記得葛洛斯說：「不幸的是，除了我之外，你是唯一用這種觀點看待這件事的人。」

截至二〇一一年十一月為止的十二個月，客戶總共撤走一百多億美元，使得總回報債券基金的規模降到略微超過兩千四百億美元，競爭對手則收入數十億美元。對葛洛斯來說，這種失誤和公開道歉都是破天荒頭一遭，在品浩內外，他仍是「債券天王」。不過，美國政府終於證明自己沒有虧欠品浩，不像數十年前的墨西哥那樣，要仰賴該公司的鼻息，葛洛斯也不再萬無一失。

第八章

進軍ETF的散戶市場

葛洛斯不會花時間療傷止痛，他需要繼續前進，從事需要征服的任務，現在他的任務就是征服ETF。葛洛斯以一種民粹主義的意味推出這種產品，它肇因於一個至今仍然令他不滿的不公事件。多年前，母親試著購買兒子引以為榮的品浩總回報債券基金，但是當時券商規定的最低購買金額卻逼退她，表示最少要投資一百萬美元才能購買，否則不要作夢。長久以來，最低金額限制阻止許多散戶買進這種基金，讓葛洛斯很生氣，因為這表示他們會錯過極高的報酬率，不能把少數資金變成龐大資金。（數十年來，包括總回報債券基金在內的品浩各種基金，當然都接受客戶少到只有一千美元的資金。）

葛洛斯把母親的故事告訴彭博新聞社，以便宣傳總回報債券基金的「ETF」版本，ETF是在交易所中像股票一樣交易的共同基金，投資人整天都可以在交易所裡，以市價買賣股票。ETF在一九九〇年代發明後蔚為流行，但在債券世界裡仍相當新穎。和傳統共同基金相比，

ETF的交易成本和稅賦通常較低，而且很多ETF被動追蹤一檔指數（還幾乎完全不收費），能吸引質疑主動型基金經理人的投資人。二〇一二年三月一日，品浩師法從一九七〇年代起就提供穩定報酬率給機構客戶，目前規模又是世界最大的總回報債券基金，推出總回報債券ETF，這檔ETF採用的策略和總回報債券基金相同，會購買類似產品。

新工具代表，像葛洛斯已故母親一樣的客戶，只要花費數百美元即可購買。沒錯，新產品可能蠶食稍貴一點的旗艦基金市場；至少凡俗之見都認為如此。但凡俗之見不見得總是正確：每個人都認為，星巴克（Starbucks）在對街開第二家咖啡店，一定會蠶食自己的業務，結果卻反而提高業績。如果品浩想證明這麼做是好主意，只要看看貝萊德的例子。貝萊德靠著併購的龐大安碩（iShares）ETF業務成長，創造出驚人的成就。此外，葛洛斯向彭博新聞社強調，這麼做很正確，數十年來，個人除非透過共同基金，否則都會被排除在市場之外，錯過數十年來用多餘資金賺取額外資金的機會，或是為了獲得參與市場的機會，付出太高的費用。現在美國公債殖利率降到空前新低，不要專家代理操作反而是更精明的做法：「散戶不一定總是能利用主動型管理，獲得較高的殖利率和總報酬率。」[1]

葛洛斯說：「在殖利率降到空前新低時，我們希望散戶能獲得比債券市場好一點的績效。」

轉而瞄準散戶小額投資的債券ETF

品浩當初認為，把目標瞄準大型機構客戶較有利，直到現在都不曾真正和賠不起儲蓄的人直接打交道，因為他們根本不關心這些人。儘管葛洛斯著重機構客戶，但是長久以來卻都有些民粹主義的色彩，他在一九九七年的著作《道聽途說的投資術》中，強調避免過高費用的重要性。他寫道，公司「收取過高的費用，卻提供少到幾乎不存在的價值」，如果讀者發現經理人收取過多費用，應該「嚴肅思考換人」。[2]讓品浩員工驚嚇的是，他甚至過分到推薦收費低廉的指數型基金業者先鋒（Vanguard）。一般來說，公司業務員都會大力推薦創辦人的著作，但品浩業務員卻拒絕這麼做。

投資人過去可以買到殖利率超過一〇%的美國公債，到了金融海嘯之後的現在，殖利率只剩下約二%，這表示費用變得至關緊要。葛洛斯認為，在利率這麼低、預測報酬率又一樣低的情況下，投資人要盡量尋找最便宜的基金。數十年前，一%的費用只是四捨五入的差別，如今卻把極低的報酬率大幅削減一部分。

和品浩旗下的基金相比，新ETF實際上沒有便宜多少。該公司當然認為新ETF訂價合理：全部費用只占投資金額的〇．五五%，相較之下，當時投資總回報債券基金要收取〇．八五%的費用，費用多寡要看投資標的是哪一類別股份而定，還不包括高昂的「申購手續費」。

費用便宜與否是相對的，總回報債券基金的散戶投資人每投資一萬美元，最多支付八十五美元的費用，所以購買ETF支付的五十五美元看來似乎很便宜；供機構投資的共同基金股份有極高的最低投資金額限制，每投資一萬美元，收取費用是四十六美元。

有一家競爭對手的ETF追蹤的指數和總回報債券基金一樣，每投資一萬美元，收取費用是十美元。總回報債券ETF的收費確實比大多數ETF來得高，但是有人主導的**主動型**管理ETF只占市場的一小部分，而且其他基金沒有葛洛斯。葛洛斯說：「其中的挑戰顯而易見。」[3]

「我們可能會一敗塗地，也可能一鳴驚人，在一、兩年或三年內，變成最大的ETF。」

這檔ETF獲得熱烈歡迎，原因包括散戶對於和「債券天王」一起投資深感興奮，而且他們也是較落後、資訊較為不足的投資人，對葛洛斯揭露或未揭露的預測反應較不靈敏。他們較不在乎葛洛斯的一次錯誤，比較在乎他的為人和承諾：他是他們多年來耳熟能詳的金融業名人，每次打開電視財經台都可以看到他，他很精明，你可以信任他，現在他們可以和他搭上線了。

「這是一個分水嶺事件。」標準普爾的資本智匯（Capital IQ）ETF分析師陶德．羅森布魯斯（Todd Rosenbluth），在一篇名為「品浩推出的萬眾矚目ETF」的報導中表示：「這件事和名聲有關，就像智慧型手機定期推出，卻無法獲得與新iPhone手機推出時一樣的關注。」[4]

無法複製習慣投資做法的諸多限制

這次推出的ETF帶來一個新問題，就是主動型ETF每天都要揭露持股，不像一般共同基金，一季才會揭露一次。因此在這檔ETF每天都要揭露的情況下，任何人都可以看到葛洛斯每天做的事。有些交易員談天時聊到，大家可能可以模仿市場大師，免費利用他的交易。

這件事並未讓葛洛斯太過困擾，沒有人能預見他的策略變化，以及他持有部位的細微差別，沒有人能夠利用他的交易，因為沒有人能像他一樣交易。最重要的是，連他都不能在這檔非常相似的ETF中，複製總回報債券基金的部位，因為根據美國證券交易委員會（Securities and Exchange Commission, SEC，證交會）規定，新產品不能這麼自由使用衍生性金融商品。這檔ETF讓一般人可以接觸葛洛斯，卻未能讓他們利用葛洛斯的全部魔力，或是捕捉他在總回報債券基金中創造的全部成就。

推出新ETF的興奮之情帶來極大解脫，卻未能消除二〇一一年的可怕影響，總回報債券基金必須努力拉抬績效幾年，要在好久以後，才能產生重要的三年和五年績效指標。所幸，非常長期的績效紀錄看來仍十分優異，而且績效正在反彈回升，新ETF有助於重新點燃大家對這個品牌的興奮之情，證明品浩能好好操作。

這檔ETF以「TRXT」代號掛牌，但是該代號不容易記憶，所以很快就改為「BOND」。

即使這檔ＥＴＦ的名稱有缺陷，但最初幾週還是募集到一億八千萬美元的資金，到了六月三十日，募集到的資金高達十七億美元。對ＥＴＦ來說，可以說是重大的起步。

葛洛斯確認自己仍是家喻戶曉的寵兒，但是現在這些散戶真的把儲蓄拿來冒險，押注在他身上，如果他希望讓他們快樂，也希望他們投資在他的基金，就必須證明他們做出正確選擇。葛洛斯要面對一個額外的挑戰，就是不能把衍生性金融商品的超級火力開到最大。

這時候品浩的結構性商品主管發出更多壞消息，負責監督這檔ＥＴＦ購買若干證券的他表示，葛洛斯喜愛的另一種工具也會受限。葛洛斯和品浩喜愛在一九四〇年制定，催生共同基金的《投資公司法》（Investment Company Act）中的一項豁免條款，這是第十七ａ之七條的規定，容許基金家族之間的交叉交易，前提是交易必須以市價進行。判定是否為市價，必須具備獨立的資料。因此第十七ａ之七條規定有助於業者在發行新基金時，把債券投入新基金；但是同樣地，如果客戶要求贖回，收回資金時，基金業者通常必須出售資產，籌得返還客戶所需的資金。這項豁免原則表示，業者可以避免在公開市場出售，否則市場可能會得到業者正在「被迫出售」的消息，同時可能預先採取行動，讓業者賣到不好的價格，基金經理人可以把最愛的債券移轉到自己管理的其他基金。如果可能，保有好債券總是較好，這項規定是極為方便的工具。

但是有太多人注意這個新產品，結構性商品主管在寫給葛洛斯的訊息中寫道：「鑑於這檔ＥＴＦ備受關注，法遵因此變成特別敏感的問題，而且可能引發部落客及／或主管機關的注意。」[5]因此利用「第十七a之七條」規定，把債券移轉到總回報債券ETF的做法會受限。

善於鑽研細節，找出獲利關鍵

品浩善於鑽研細節，有時甚至過度深入挖掘，以找到無人能預期的利潤。該公司在一九八〇年代以一次極為複雜、優雅，讓人認為一定是奇蹟的大膽行動，在金融界嶄露頭角。就這麼一筆交易，讓該公司在華爾街上建立令人敬畏的名聲。

一九八三年，品浩的一個交易員小組，在房貸期貨市場上，精心策劃一場完全合法的特技表演，這項業務才剛開始受到關注，但是這筆交易的輝煌成就，造就該公司精明、一絲不苟，而且能忍受極高風險的名聲。

那年夏天，一個晴朗、溫暖的日子裡，品浩六位最重要員工中的兩位來到芝加哥，一位是主管客戶服務，地位僅次於穆基的梅林，另一位則是後勤與營運部門主管費雪，他們來此是為了小心執行一項幾乎無人了解的高風險任務。

兩人和武裝警衛見面，在他們的陪同下前往美國最大的期貨與選擇權交易所——芝加哥期貨交易所（Chicago Board of Trade, CBOT）。在走進交易所時，梅林整理一下西裝外套和領帶，費雪迅速把向內捲的漂亮短髮梳理得服服貼貼，她已和芝加哥期貨交易所的人通過電話，針對他們提出交易的後勤問題協商，但她曾想像雙方會在比較富麗堂皇的地方見面，而不是在剛剛走入的昏暗老舊建築物。

芝加哥期貨交易所認為，品浩的這些人像是來自另一個星球，從未有人嘗試完成這樣的事。費雪說：「因此他們不知道這種事要怎麼發生。」基本上，她必須教導他們。戴里納斯曾警告費雪，這件事很難辦好，她需要做好準備，他告訴她：要盡量多買這種合約，而且做法是要求實物交割。

這是戴里納斯定期出差，巡迴拜訪選定的華爾街自營商和同業公會以尋找好主意後想到的。他回到新港灘後，興沖沖地把葛洛斯、穆基和波里奇等人找來投資組合經理人辦公室。他聽到一個幾乎好到讓人不敢相信的交易構想，對大多數資金經理人來說，這個想法太複雜、太精確又太有侵略性，因此品浩大致上可以把這個構想占為己有。這個構想也太有芝加哥風格，芝加哥是戴里納斯的母校（芝加哥大學）所在地，是完美數學和無窮市場效能的天地，是現代衍生性金融商品的出生地，正是適合品浩大顯身手的地方。

個中訣竅在於大家對一種新房貸期貨所知極少，這種期貨合約容許打賭未來的價格，最初在一九七五年首次推出，名稱相當複雜，叫做政府國家抵押貸款協會〔Government National Mortgage Association, GNMA，市場暱稱為「吉利美」（Ginnie Mae）〕擔保存託憑證（Collateralized Depository Receipt, CDR），當時這個交易市場還在發展中。

錯誤訂價的吉利美擔保存託憑證

每筆合約會在設定日期到期，這時候買家可以選擇用現金結算，如果他們對價格的看法正確，會取得一筆錢；如果對價格的看法錯誤，就要交出一筆錢；或者買家也可以讓合約「轉倉」，變成全新合約，訂出新的到期日。此外，還有一個大家都沒有注意到的選項，就是買方可以提貨，要求賣方交出他們對作的標的證券。

他們在這個合約中對作的是：由一籃子房貸綁在一起，再經過證券化的吉利美房貸抵押擔保證券。一般人會借錢買房，銀行把數千筆房屋貸款包裝成房貸債券賣給投資人。屋主要為貸款還本付息，繳納的款項會轉給投資人，不同的吉利美證券附有不同的利率，在一九八〇年代，視屋主同意為自己房貸支付的利息而定，有些證券的利率高達一七％。

債券的票息愈高，通常愈有價值。利率下降時更是如此，高票息債券會變得更有價值，因為如果今天的新債券只讓你得到八％報酬，你會為殖利率一六％的舊債券支付更高費用。

但是房貸債券不同，因為屋主可以提前清償房貸，而且經常這麼做。當利率下跌時，抱著一六％高利率房貸的屋主會推動再融資，用較低利率取得新貸款，償還舊貸款，從而截斷舊債券的付款金流，投資人收到本金，但是喪失未來年度有價值的高額利息給付，因此利率下降時，持有高利率房貸債券的投資人無法獲得全部收益。

吉利美擔保存託憑證期貨和吉利美房貸債券綁在一起，當擔保存託憑證的買方要求交付標的證券時，賣方可以選擇要交付的證券。正常期貨交割有一個公式：交付較少的高票息債券（價值通常較高），或是交付較多的低票息債券（價值通常較低）。這個公式並未考慮房貸提前清償這種獨特問題，也就是高票息房貸債券的價值，低於不會提前清償，能夠維持二十年穩定付款金流的標準二十年期債券。由於這項缺陷，在實務上，賣方交付高票息的吉利美債券通常總是更便宜，因為期貨公式把這種債券視為更具價值，賣方可以交付數量較少的這種債券充數。

市場知道這一點，期貨交易者通常假設自己會得到「最廉價交割」（Cheapest-to-Deliver, CTD）債券，而且吉利美擔保存託憑證在訂價時，會把這種證券當成最高票息債券的期貨。

但是世界上最高票息的吉利美擔保存託憑證就只有這麼多，美國利率盤旋在超高水準，表示它們一直在發行新批次的高票息吉利美債券，但是利率從一九八二年起開始轉向，因此未來的高票息債券（最便宜可交割的債券）供給已經結束，以後會變得愈來愈稀少。

「合約訂價總是依據交割成本最便宜的原則制定，這種情形和現狀差距極遠。」梅林回憶道：「在證券天地裡，高票息債券只占一小部分，交易者卻一直利用那種演算法作為訂價基礎。我們後退一步，想到的是**你們不應該用那種東西，因為世界上那種東西不夠，如果你們想用這種方式玩遊戲，我們一定奉陪。**」

市場還不了解它們的錯誤，在為這種期貨訂價時，好像高票息、最廉價交割債券供給會毫無限制一樣。

期貨合約缺陷裡的可乘之機

在金融圈裡，其實沒有什麼機制，可以讓你說「對不起，但是你的模式中有一個錯誤」，你只能盡全力利用這種錯誤。基本上，就是這種理論讓市場變得很有效率：紐約、芝加哥、東京或橘郡會有一些混蛋，出來糾正你的錯誤，但是你和你的客戶要付出很高代價。

這種合約還有另一個奇怪的問題，就是可以選擇把這種擔保存託憑證轉換成永續證券，鎖定這檔證券剩餘存續期間固定的八%票息給付，如果利率下降，這一點會變成特別強而有力。

葛洛斯說戴里納斯和他在公司討論時，知道這是附選擇權的合約，如果利率下降，吉利美的房貸在極短的期間內提前清償，吉利美債券持有人可以選擇讓自己收取賣方永遠必須支付的八%票息；如果利率上升，債券持有人可以保留擔保品，從中可能獲得勝過二十年期到三十年期美國公債的投資績效。

別人似乎都沒有注意到這種合約裡的多重槓桿，或是不曾計算其中的奧妙數學。梅林回憶道：「我們專注在細微差別上，從我們很可能獲得足夠部位的事實來看，這一點會壓倒交易者常用的訂價規則。」

荒謬的是機會就在那裡，梅林說：「直到你讓大家睜大眼睛，看見這種可能性為止，他們可能會繼續這麼做很長一段時間。」

為了不走露風聲，戴里納斯和葛洛斯盡量小心而緩慢地探問華爾街業者，詢問是否有人知道這種合約，以便證實品浩的人並不是在興奮之餘，想像或錯過什麼重要的事——這種合約和市場見過的產品完全不同，但是他們卻把這種合約當成以前見過的產品一樣交易。

「我們至少必須花費一個月以上，設法弄清楚為什麼華爾街的人都沒有看到擔保存託憑證抵押債券中的這個特點？」穆基回憶道：「我們最後發現，這種產品的訂價完全錯誤。」

這種情形讓市場上的每位交易員都相當於受傷的野獸，無法超越品浩的績效，而且他們現在甚至還不懂這一點。這些期貨是完美的投資，隨著他們的希望，這些期貨可以是永續債券，也可以是短期債券。葛洛斯從未見過這麼接近沒有風險的產品，在一九八四年的一場研討會上，表示這是「千載難逢的狀況，這麼說是完美的說法，但是我真的認為……在我的投資生涯裡，不會再看到這種機會，這種機會真的是獨一無二。」[6]

「這不是精不精明的問題，而是誰最先看到的問題。」

克服重重難關，展開無往不利的交易

品浩需要全力以赴，需要盡量多爭取客戶，於是先從最大的客戶開始。這種交易顯然需要用到期貨，而美國勞工部在一九八二年底，剛為退休基金開啟利用期貨的準備，但是大部分客戶尚未批准，為了推廣客戶利用期貨，品浩必須登記為「商品交易顧問」（Commodity Trading Advisor, CTA），因此公司的所有投資專家都必須通過一項考試，然後說服客戶。

「我們請一位老兄從芝加哥搭機前來，替大家上芝加哥期貨交易所的課程。」穆基說：「我們花了一個週末，只花了一個真正專心、真正密集的週末」，讓所有投資專家上課，然後他們全都要參加考試，通過考試的人會變成「商品交易顧問」，也就是獲得特許執照的期貨交易員。

品浩內部競爭激烈，因此「當時的問題不是通過考試，而是你得到幾分？」穆基回憶道：「通過考試是意料之中的事……你不能沒考過，但大家比的是：**我得到九十八分、我得到一百分、我得到九十六分。**」

每個人都考過了，因此下一步是必須去找那些希望獲得較低風險規模的客戶，因為他們會把部分資金配置給品浩這類債券基金經理人，這些交易員會勸誘客戶，容許品浩利用驚人的新衍生性金融商品。「我們製作一些圖表，說明這種選擇權、這種狀況的特點，以及訂價是怎麼根據有缺陷的假設訂定。」梅林回憶道：「相當多大型退休金客戶願意跟進。」

穆基表示，品浩在芝加哥、紐約和新港灘，盡量招待最多的客戶，可能占全部客戶的一半，吹捧利用期貨的好處。穆基說：「他們都怦然心動。」最後，大約有十幾個客戶參與投資。

戴里納斯和葛洛斯取得許可與執照後，開始盡量大買吉利美期貨，市場注意到這股貪得無厭的買盤，並且試圖跟進，以最快的速度餵養這些買盤，卻不知道是在自掘墳墓。

「他們不斷賣給我們，簡直就是瘋了。」穆基說。梅林還記得，他們甚至在買進時，都還不知道能否達成目標。「我們擔心自己在做別人可能認為極具破壞性的事，以致於芝加哥的商品交易所可能阻止我們。」

他們不希望停下來，梅林記得戴里納斯告訴他：「我們真的必須小心，我們很可能做了一次以後，然後……」

因此他們一絲不苟，在幾個月內建立自己的部位，時間到了之後，他們會把部位「轉倉」成新合約，讓持有部位不斷成長和滾動，形成期貨構成的雪球。

「我們的部位不斷成長。」梅林回憶道。

葛洛斯說：「我們基本上壟斷市場。」

交易對手開始變聰明了。「最後有些造市商想到，其中有什麼不對勁。」穆基說。即使他們不完全知道怎麼回事，另一方的人還是拒絕出售更多合約，「負責在這方面造市、負責創造這些期貨的人就這樣撤退……消失了。」

對細節的專注，有助於打贏完美的一仗

最後，葛洛斯告訴《紐約時報》，另一方的交易者一直把合約賣給品浩，最後卻也開始向他們豎起白旗。等到購買熱潮結束時，品浩大約累積二十億美元的名目曝險，和當時該公司整個管理資產相當，的確是風險高得出奇的賭博，也可以說如果不是這種勝券在握的交易，風險就會變成高得不可思議。

到了這時候，利率已經下降。梅林回憶道：「我們說：『好吧！大風不吹了，每個人都找到椅子了。』」品浩告訴華爾街，表示公司現在希望執行實物交割的權利，因此突然每個人都更詳細地研究合約。葛洛斯說：「大部分的業者似乎都不知道（這個選項），但是消息迅速傳開，擔保存託憑證的價格飛漲。」

為了完成交易結算，那年夏天，梅林和費雪飛往衍生性金融商品誕生地的芝加哥，但是在那種狀況下，芝加哥也可能變成衍生性金融商品的死亡之處。實際來說，正是因為費雪對細節的注意，這次的交易才化為可能，她的精確度使得品浩在會計和交易結算上，擁有足夠靈敏度，公司才得以進行衍生性金融商品這麼複雜的交易，如吉利美擔保存託憑證，或是投資遭到扭曲的房貸市場。

費雪萬分慎重地認為，品浩應該利用一家中立銀行，也就是一家公司客戶沒有開戶的銀行，

以便讓整個作業擺脫責任衝突的問題。她認識所有銀行，藉此找到可以接受交割的一家芝加哥銀行。品浩和芝加哥期貨交易所確認這筆交易後，敲定由這家銀行完成在電話裡談妥的事，由該銀行從個別服務業者那裡收取資金，再轉匯給品浩。

費雪不記得最後這部分的事，但是梅林記得非常清楚：團隊把車輛停在另一家銀行外，小組成員下車，武裝警衛站在身後警戒，銀行員工客氣地招呼和接待，他們拿出證件與文件，證明自己的身分，表明要來這裡收取東西。

銀行行員檢查文件，低聲告訴另一位行員：「嗯，我們要交出一大筆這種吉利美擔保存託憑證，但是這裡不夠，要去保險庫裡找一些來交割。」

他們護送梅林和費雪進入保險庫，一面走，費雪一面檢查整個過程的細節，仔細列舉每個構成要項，強調需要隨時了解一切發展。

銀行行員放下行李袋，再放進一捆債券，然後拉上拉鍊，堆放在推車上，送進在外面等待的貨車。他們在半小時內就離開銀行，或頂多四十五分鐘。

他記得那天在三、四家金融機構停留，每家金融機構大約停留四十五分鐘，他們要拿出文件，然後等待，看著別人推著大推車出來，上面堆放很多債券憑證，他們必須清點、計算，再塞進行李袋。

「我們收到很多較低票息的吉利美擔保存託憑證，這種東西就像黃金。」梅林回憶道：「低息票吉利美擔保存託憑證可能比高票息吉利美擔保存託憑證的價值高出二〇%，這只是替客戶賺到各式各樣的錢。」他對這種交易能否運作，並不覺得很害怕或緊張，他說：「或許我很天真，但是我認得我們擁有的東西，這些文件是不可轉讓債券。雖然在過程中維持嚴密的保安，但並不認為裝著這些令人困惑房貸債券的袋子會遭搶，對品浩來說，這些文件是黃金，別人卻完全不知道。」

締造七千萬美元收益的驚人數字

繁瑣複雜的交易進行後，費雪現在密切追蹤流入的付款，確保每一美元都去向分明。她讓一堆圍繞著自己辦公室四周的交易電腦維持運作，她說：「這樣我可以仔細檢查，確保每個帳戶都得到應得的東西。」

品浩持有這些債券好幾個月，每個月每筆合約可以賺六百三十五美元。只有葛洛斯記得這部分的事，表示要完成這些交易，需要花一點心思。葛洛斯說：「我們最後和所羅門兄弟（Salomon Brothers），在洛杉磯機場貴賓室見面，協商用非常好的價格讓我們兩家公司退場的方法，卻不必面對（主管機關）有關『軋空』的調查。」（品浩質疑市場曾出現軋空。）

品浩的高明交易摧毀這項產品，吉利美擔保存託憑證剛問世時十分轟動，到了一九八〇年，年度成交量激增到兩百三十萬口合約。但是到了一九八五年，隨著類似產品的市場蓬勃發展，年度成交量降到九萬口；一九八七年降到一萬口以下，實際上等於已經完了。

梅林說，「大家知道」這些合約「有嚴重的問題」。就梅林記憶所及，品浩並不打算「軋空」市場，至少該公司的員工沒有採取這種說法來談論這件事，只是打算利用這種產品的缺陷，「壟斷市場不是我們的目標，只是這恰巧變成執行交易的手段。」

梅林說：「或許如果你是亨特兄弟（Hunt Brothers）之流的人，在他們設法壟斷白銀市場之際，或者你是設法壟斷其他市場的人，可能想像這樣的事。但我們是在一毛錢、五分錢都對自己都很有意義的市場上交易，而且我認為，試圖壟斷市場的其他人正在尋找登陸月球策略，我們不曾這麼想，只要能替客戶賺一些錢就會很快樂。」

結果，這些交易大約為客戶產生七千萬美元的收益，這個數字對今天的品浩沒有影響，但對當時的公司來說卻是驚人數字，截至目前為止，很可能還是該公司歷史上相對價值最大的交易。對鼓起勇氣參與交易的客戶而言，這些交易為那年的績效增加約兩百個基點。

或許更有價值的是，這些交易開創先例，品浩現在為強力擁抱衍生性金融商品鋪路。一位合夥人說：「這件事確實很重要，因為這是我們能用來吸引客戶參與期貨的工具，由於我們有一個非常引人入勝，和這種特殊交易有關的故事可以告訴他們。這種交易很難推銷，因為要進行交易，必須依法改寫退休金計畫文件，而且這麼做需要法律協助。」品浩從太平洋人壽保險公司的律師得到協助。在上述這個千載難逢的特殊個案裡，把這些新穎、複雜的衍生性金融商品引進退休金計畫中，確實推動得非常完美。

這位合夥人還表示，品浩早年的優異績效，大部分出於該公司比任何人都了解衍生性金融商品的細節。公司能做到這一點，是因為吉利美合約極為引人注目，因此能得到批准和證明文件，可以交易期貨合約，未來每口期貨合約的獲利應該不如吉利美擔保存託憑證合約，但是像吉利美這麼好的合約很少，而這些結構巧妙的交易不斷在市場上出現，提供持續的額外獲利來源。期貨會支撐品浩的未來，該公司在葛洛斯和戴里納斯推動下，經常是第一家利用新合約的公司，該公司願意深入了解每種新合約的微小細節，應該能在未來數十年孳生利潤。

吉利美的交易也改變品浩在華爾街的名聲，該公司已經建立優異的績效紀錄，但是現在變成既精明又惡名昭彰、令人害怕的投資專家。有人說，有一位芝加哥交易員因為遭到「履約」，虧損所有資金，後來妻子也離開了。梅林表示，對從未聽過品浩的人而言，這些交易顯示該公司「可以辦大事」，而且「真的擁有別人沒有的眼光」。

銀行評等系統提高良性競爭與效率

這些交易顯示，品浩在房貸債券方面，的確具有當時別人少有的專業知識，顯示大家不是十分了解市場，也顯示這種情況還要延續很多年。品浩從母公司太平洋人壽保險公司，偶然繼承一項遺澤：因為該公司是從保險公司分出，已經擁有權責制的會計方法，可以完美轉化，以便購買房貸證券。穆基說：「這是令人難以置信的好處，因為我們可以追蹤收益流和本金流。」

穆基還記得，當時其他資產管理公司大多依賴銀行，計算利息與本金的支付，但是銀行經常算錯。「因此我們在客戶的投資組合中購買房貸證券，銀行卻沒有把利息付給客戶，而且主要是在償還本金時，沒有把本金支付給客戶……所以我們去找銀行，要求支付本金，並且要求銀行支付本金的利息。從管理和投資觀點來看，我們可以得到很多結構性價值。」

這裡又是費雪大力發揮的地方，她監督的高效率系統可以處理複雜的會計，可以執行完美的交易，她的作業促成創造優異績效紀錄的與眾不同交易。

費雪運用自己發明的銀行評等系統，採取從一到五分的分級，配合不同指標，追蹤哪家銀行在各種指標上表現最好，指標包括精確度，也包括對該公司偶爾荒謬要求的回應能力等，這當然表示銀行得知她的評等系統時會爭相表現，希望成為表現最佳的銀行。這是費雪針對持續存在的結構性問題，提出的實際解決方法，她認為你的強弱程度，取決於最弱環節的表現，如果你因為看不起傳送郵件的女孩而對她發脾氣，就會變成最後才收到郵件的人。因此費雪開始把她的評等系統告訴銀行，對方都希望名列前茅。品浩在精確性、及時性和服務意願等方面，得到的服務突然出現驚人改善，費雪的評等系統有助於銀行守規矩和相互競爭。

這種精確的行政工作為持續加碼房貸證券，並且從中得到報酬的做法做好準備，品浩購買的房貸證券就是比同業多，這是打敗同業的一大原因。該公司善於交易房貸證券，因此得以大舉操作，到了一九八四年，公司已經占據龐大的房貸債券市場，因為大家非常不了解這種證券，其他人要花費數十年的時間才能適應，這表示品浩輕鬆享有幾十年的溢價。

這就是金融海嘯前，該公司能看出問題的原因。房貸抵押擔保證券及其衍生性金融商品的世界可以建立並推廣，品浩居功厥偉。數十年來，該公司提供這些產品的大部分需求，既然是由他們發起的，第一個離開對他們極有利，會得到莫大利益。

品浩的優勢也具有結構性，嚴格來說，任何人都可以看出有缺陷的假設，嗅出潛在的利潤，而且確實有人做到。但是正常的銀行和投資公司，經常受到權限與法令規章的限制，或是比較傾向從字面上解釋這些限制，品浩卻樂於遊走灰色地帶，以完成為客戶賺更多錢的使命，甚至樂於壟斷市場，但也會在權威出面制止時收手。

一位過去的合夥人表示，葛洛斯知道績效對客戶有利，也會盡全力爭取績效。這位前合夥人想到，如果法規很完美，對客戶有利的事應該也都會合法，但是實際上並非如此。要是有任何強制性規定，限制葛洛斯發揮魔力，他似乎會覺得沮喪，因此在他力所能及時會盡力追求利潤，他出力對抗的法規不是結構經常有問題，就是定義不清楚，但這也表示品浩的法遵人員必須做好準備，應付打來交易室的不愉快電話。基金經理人難道不該偷偷壟斷市場，盡量利用合約，到合約完蛋為止嗎？對某些人來說，這代表低俗，但客戶卻會因此更富有。

對品浩的員工來說，尤其是對保守派而言，這是該公司的價值取向：逼迫客戶稍微走出舒適圈，追求更多的利潤。但是該公司很少和主管機關衝突，經營數十年，沒有收到解僱通知，也沒有收到證交會的「威爾斯通知」（Wells Notice），通知即將對公司採取調查行動。有些舊員工表示，原因之一是他們會接到要大家慎重其事的電話，然後一些讓人覺得冒險的灰色地帶交易就會放鬆、蒸發，退回光明的界線後。

折價交易的零股債券合成整股債券帶來的獲利

二〇一二年，品浩針對一般散戶，推出全新、勢在必成的債券ETF時，葛洛斯輕而易舉就能操作衍生性金融商品，並在市場上尋找好構想。如果減少採取常用的奇招，就會尋找其他漏洞和其他方法——利用市場上具有嵌入式槓桿的證券，或是在文件中利用並未明確排除某些事項的語言。

結構性產品部門的人有一個建議，他寫道：「我們可以在未來幾天，找到好幾個價格遠低於整股交易價位的零星部位交易。」[7]

這表示要利用債券世界訂價系統的僥倖心理。大型機構投資人喜歡購買金額至少一百萬美元的大筆債券，但是隨著時間推移，房貸債券得到清償，他們喜歡的結構跟著縮小，因此市場上充斥不受歡迎，大致上遭到遺忘的小筆債券，這種不完整的「零股」債券與完美的「整股」債券不同，不是標準規格、容易交易的東西。大部分投資人認為，這些小碎片比較麻煩，也比較沒有價值，因此會折價交易。

品浩看到可以操作的地方。公司每天必須對顧客和市場，報告投資組合的價值，但是很多債券和股票不同，房貸抵押擔保證券尤其如此，股票每天在交易所交易，會有正式的收盤價，債券交易卻很不頻繁，不容易找到市價。因此資產經理人要依靠外部訂價服務業者，利用多種因素組合而成的混合因素，包括舊的交易價格、銀行所說進行交易的假設價格，以及類似債券的比較，評估每種債券每天的價格，這些業者提報的價格，就是品浩等公司對顧客報告的價格。

但是訂價服務業者通常只考慮整股債券的價格，這表示聰明的債券專家可以廉價買進一堆「零股」債券，送進訂價系統，看著零股債券整合成整股債券的價格，立刻獲利，這沒有不法，卻可能不是值得宣揚的事。經理人買進一大批新債券，再分配給很多客戶時，就會出現這種情形；基金持有一種資產的比率不能太高，因此如果基金規模小，就可能出現零股債券。

結構性產品部門的人寫道，這種訂價方面的僥倖心理「有助於提高績效」。三月二日，葛洛斯手寫一張便條給交易小組，使用他一貫的生硬節奏，像是現代詩派先驅艾蜜莉·狄金森（Emily Dickinson）寫的債券市場版文字，要求他們「今天——盡快——在接下來兩個小時內——

在你的領域裡，找到一、兩百萬債券，價格要比訂價服務業者今晚收盤時發布的價格低兩點以上。」交易小組遵命照辦。

三月九日，品浩以六十四．九九九九美元買進一筆零股債券，再丟進系統裡，得到八十二．七四五九美元的價值，不費吹灰之力，立刻獲得二七％的利得。光是靠著這筆交易，這檔ＥＴＦ的每股「資產淨值」（Net Asset Value, NAV，即這檔ＥＴＦ持有一切資產的總值）就躍升近〇．〇二美元，何況這只是一筆零股債券。

提升交易員表現的獎勵措施

價格上漲引起品浩內部訂價小組的注意，因為他們要負責確保事情不會過度失控，引起交易者之間的爭吵，而且千萬不能引發主管機關不滿。每次買進價格和訂價服務業者的訂價差距太大時，小組都會自動收到通知，每次都必須詢問相關交易員，是否握有證據能證明自己正確，而訂價服務業者有誤；如果交易員沒有回答，小組會自動質疑訂價服務公司的報價。

十七．七五美元的價差立刻遭到標舉。三月十二日，訂價小組的員工傳送電子郵件，告知那位房貸抵押擔保證券交易員，指出這些交易「可能」影響這檔ＥＴＦ的資產淨值。那位交易員回答：「不必質疑。」還指出有一筆更大的相同債券，因為這筆較小的債券報價大方，「可能以低於八十美元的價格交易。」

三月二十三日，葛洛斯手寫另一張便條，要求房貸抵押擔保證券交易員，尋找更多非機構銀行的房貸抵押擔保證券，「零股債券更好。」他還給予交易員「金星」，獎勵他們的良好行為和想法，每顆金星可以轉換成一千美元的現金獎勵（溝通不良的交易員則會得到「溝通黑星」）。這時候，凡是替債券ＥＴＦ挖出大幅折價零股債券的交易員，都會得到金星。

一個月後，這招奏效了：這檔債券ＥＴＦ績效甚至超越同胞兄弟。三月，總回報債券ＥＴＦ獲利一．六％，而總回報債券基金則勉強增加〇．〇四％，績效指數的巴克萊資本綜合債券指數（Barclays Capital Aggregate Bond Index）下跌〇．六％。

品浩維持這種策略：在這檔ＥＴＦ成立的頭四個月，購買價值三千七百萬美元的零股債券，交易次數超過一百五十筆，對總回報債券基金或該公司來說，這只是九牛一毛，但是對規模仍然很小的這檔ＥＴＦ而言，就會造成很大的差別。到了六月底，差距擴大，這檔債券ＥＴＦ從創立至今增值六．三％，這檔債券ＥＴＦ應該追蹤的總回報債券基金只增值二．八％。

公司內部對這件事沒有提出問題，規範交易、確保交易合法的法遵部門很清楚，知道這種債券的大部分優異績效，都出自操作零股債券的伎倆，還指出訂價小組已批准這件事。但在公司外部，沒有人知道這種訂價上的僥倖心理，也不知道品浩正在利用這一點，這表示該檔債券ＥＴＦ和總回報債券基金日漸擴大的差距會變得棘手，難以對客戶與記者解釋，也許他們做得太過火，人們已經開始質疑。《華爾街日報》的克斯登．葛蘭德（Kirsten Grind）寫道，葛洛斯「完成一樁罕見的壯舉：他打敗自己的績效。」[8]

產品管理團隊想出一個談論這件事的方法，在四月初發出「僅限內部參閱」的更新文件，讓必須面對客戶的銷售人員，解釋這種日漸擴大的奇怪績效差異。

「總回報債券ETF會增值，受惠於以特別有利的水準加碼交易的房貸債券，靠著非機構市場中眾所周知的無效率，提供主動型經理人增加價值的機會。」[9]

沒錯，是有一點這樣的味道！他們的「增加價值」看來很可疑，例如以某種價格購買債券，然後報告較高價格。（多年後，品浩其實可以用接近申報價值的價格，出售這些零股債券中很大部分。）但是現在任何問題都有答案，而且這就是他們需要的所有答案。

《華爾街日報》引述專家的話，指出和累贅的總回報債券基金相比，這檔ETF的優異表現是出於規模較小，因而比較靈活。葛洛斯告訴葛蘭德，這檔ETF「確實超出我們的預期」。品浩的ETF策略人員告訴《金融時報》，回饋一直都「很好」，「大家對我們的績效、流動性和成交量都很滿意。我們的普遍感受是，正在接觸過去接觸不到的人。」[10]對品浩來說，績效和規模很重要。**不成長就死亡**。

第九章

不成長就死亡

多年來，債券市場一直是大家想停留的地方，經過二〇〇八年到二〇〇九年恐怖的股市暴跌後，資金湧入這種資產類別，追求安全，也創造強大的潮汐效應（Tidal Effect），造成每種債券的價格都上漲。起初，這種漲勢讓人覺得不太可能，有點僥倖，但是到了二〇一三年，漲勢全面展開，企業開始發行新債券時，投資人爭相搶購，這表示發債企業可用愈來愈低的利率借到新資金，甚至在危機之前，公司債殖利率就降到空前最低水準，每筆新交易都像搶食，新發行債券在正式發行前，在「灰色市場」（Gray Market）裡的交易價格都會暴漲。

正如銀行抱怨的，金融海嘯後，新監理制度讓它們持有債券、利用債券交易獲利的能力大不如前，「賣方」只能出售，權力平衡轉移到買方——冷靜、龐大，可以打進任何市場的避險基金和幾家「超大型」資產管理業者，包括貝萊德、羅普萊斯（T. Rowe Price）、威靈頓及品浩。新監理制度抑制銀行，造成整體交易大幅減少的缺點。突然間，每個人都擔心「債券市場流動性」，市場開始下跌時，如果銀行不再購買債券，還有誰會買進？有誰會「接住下墜的刀子」？這種說法主要是由銀行傳開，會發出抱怨是希望主管機關放鬆管制，但是友善的買方和記者也在推波助瀾。

這對品浩也有影響：該公司的管理資產成長到某種水準後，會不會變得很笨重？成長速度是否會超越主動型管理的債券交易？在這麼多資金湧入、堅持購買某些產品的情況下，經理人偶爾會不會被迫買進自己所能找到的產品，不管這些產品是否為良好的投資標的？如果市場轉變，已經歷時四十年的債券多頭市場結束，債券價格真的下跌時，又該怎麼辦？持有這麼多債券的品浩會有什麼變化？

到了二〇一二年底，品浩管理的資產幾乎達到兩兆美元，客戶、競爭對手和新聞界都在討論一件事，就是該公司是否已經大到難以動彈？多年來，一直有人詢問葛洛斯這個問題，例如二〇〇三年，《風險》（*Risk*）雜誌問過；二〇〇九年，《財星》問過；二〇一〇年，《華爾街日報》問過；就連客戶也曾這樣問過——葛洛斯記得早在一九八〇年代就聽過這個憂慮。

他總是堅持，品浩一定可以繼續創造優異績效，原因在於利用「結構性」方法；採取三到五年的觀點；擁有小而有效率的交易機制；謹慎卻始終如一地比別人多承擔一份風險，為每一塊錢多壓榨出一點利潤，迫使自營商多交出一些基點的利益，把時間變成金錢。

「像賭場在骰子遊戲或二十一點賭檯的優勢，這就是讓我們獲勝的機率所在。」[1] 二〇〇三年，葛洛斯發表演說時談到這個問題。他在這場演說中突然離題，表示每家成功的公司都必須留意，可能會「受規模和成功弊病的影響」，變得自我膨脹，並擁有太多資金。他說，要評量「品浩的霸權衰微」，要注意是否偏離重點客戶，有沒有「保存和保護自己，卻不追求成長的衝動——或是反而有過度沉迷於關心利潤的心態。」

葛洛斯說：「會害這家公司倒下的因素不是規模本身，而是規模帶來的裝飾，是屬於美國歷來最優秀、最成功資金管理公司引發的設想階級與地位特權。品浩較不可能因為吸收太多資產導致外爆，較可能因為自我誘發的弊病而內爆。」

選定大到不能倒的系統性重要金融機構

當時是二〇〇三年，品浩管理的資產超過三千億美元，即使管理資產在十年內成長六倍，該公司仍不是業界最大的公司，貝萊德的管理資產已經躍升到四兆美元以上，大部分擴張靠的都是費用低的ＥＴＦ。和競爭對手相比，有人認為這是唯一的比較標準，品浩的成長空間很大，在理想情況下更有利可圖。

但是品浩和貝萊德屬於同一陣營，能夠強勢對付債券市場，聯合起來的力量會更強大。過去由銀行統治的地方，在管理衍生性金融商品與交換合約交易的小組裡，貝萊德和品浩的代表實際上是制定規則的人。

主管機關和政客還在討論哪一家業者可能「大到不能倒」，也就是哪家公司極為重要，以致於如果承受太多的風險，可能（再度）威脅整個體系，必須（再次）接受紓困的地步。二〇一〇年《多德——法蘭克華爾街改革和消費者保護法》（Dodd-Frank Wall Street Reform and Consumer Protection Act）提出設立的金融穩定監督委員會（Financial Stability Oversight Council, FSOC），負責搜尋這些公司，並根據從銀行徵詢的資料更新審議，表決是否列入「系統性重要金融機構」（Systemically Important Financial Institution, SIFI）這個更大的類別。

如果銀行的資產超過五百億美元，就會被自動歸類到系統性重要金融機構。二〇一三年七月，金融穩定監督委員會投票決定，AIG和奇異資本（GE Capital）也是系統性重要金融機構。金融穩定監督委員會從保險業者開始，逐漸往下調查，美國財政部的一份研究報告暗示，要把資產管理業者列入名單。

貝萊德和品浩都表示，這會成為一場災難，貼上這種標籤後，就會像銀行一樣，陷入可怕的監理亂局，代表必須僱用收費最昂貴的律師、追求獲利的活動會受到約束，也可能表示冒險活動會受限；破壞品浩精心建構的「結構性超額報酬」設計，造成公司無法從金融市場的軟肋中搜刮微利。

品浩派出遊說人員到華府，與資產管理業同業公會的人一起拜會聯準會，主張該公司和貝萊德並未**擁有**資產，只是代理客戶**投資**，從來不會因為資產價格起伏而需要紓困，而且這就是資本市場運作，一切狀況都很好，有很多客戶都只是一般散戶，小人物匯集資金形成的簡單金庫，怎麼可能會有危險？

在B股之外，提供對新員工的M股激勵

選定系統性重要金融機構，是在錯誤時間加強對業者的威脅。金融海嘯後的幾年內，新客戶的資金潮湧入品浩的傳統產品——固定收益共同基金，造成公司獲利成長激增。同時，公司寄予厚望的新ＥＴＦ，對利潤的擴增卻從來沒有太大的貢獻，這種情形對應到個人的薪酬上，也有不好的地方。

薪酬是品浩的魔鬼交易，大致上也是公司表達感情的方式，否則為什麼有人願意容忍如此嚴苛的辦公室氣氛？為什麼有人願意舉家從紐約搬到橘郡荒涼沙漠裡的路邊商場，從事每個人都知道會很痛苦的工作？你再也看不到家人，看著他們的興趣消退到衝浪、房地產、整形手術或芭蕾雕塑（Barre）運動課程，以便對抗有錢的無聊。無數個漆黑的深夜、政治活動、不受尊重，還有來自葛洛斯和伊爾艾朗永無休止，一再轉發的電子郵件。這種極度的不愉快是薪酬幾乎比任何地方都高的代價，至少在高層如此，基層則抱持著未來會得到這種薪酬的希望。

其中的問題是：大部分薪酬都取決於獲利成長。品浩員工的薪酬和金融業一樣，包括底薪與

績效獎金。合夥人的薪酬除了這些錢以外，還可以分得公司年度獲利的三〇%左右，其中葛洛斯的分潤比率一直是固定的二六%，但是到了二〇〇〇年代，因為這個比率愈來愈不合時宜，他主動降低，現在只帶走二〇%的獲利。雖然這個比率看起來相當高，但是公司內部卻很少為這件事發生摩擦：葛洛斯創辦這家公司、發明這些策略，也開創這個市場；他是最後一位留任的創辦人，也是公司的代表；他負責決定策略、決定一切，任何人都會覺得二〇%相當合理。

公司認為夠「關鍵」的員工（如資深副總裁、執行副總裁和合夥人）也會得到「影子股票」，持有公司的一小部分股權。這種股權原本叫做「B股」，是出自和安聯原始交易中的利潤分享協議，這種協議為持有者創造龐大的個人財富流量，因此B股的B變成億萬富翁（Billionaire）的縮寫。

但是在與安聯交易後才加入公司的人，都錯過待遇優厚的B股。品浩管理階層告訴安聯，公司需要為年輕一代設立獎勵措施，葛洛斯記得，他們的說詞是：「我們會留下來，可能是因為B股的關係，但是其他人，他們是公司的未來——你必須用M股和長期激勵計畫，讓他們擁有股票。」否則「這家公司就只能這樣了，我們卻無能為力。」

「這種事情不會發生，但是他們相信了。」他笑說：「他們永遠不會想通，這裡的每個人都極為富有，因此無論如何都不會有人離開。」

談判的結果為新員工創造「M股」。（M並沒有明確代表**百萬富翁**（Millionaire），但是確實有效。）這些股票像B股一樣，是品浩的無表決權股票，但是與獲利成長的關係更密切，只要獲利繼續成長，M股的發行就是一筆好交易。

不過有一個問題，就是情勢正在變化，客戶的資金仍然繼續湧入，但是速度卻已經趨緩。二〇一一年造成傷害，而新ETF的目標不是為了建立利潤中心，對新監理法規和要價高昂的律師來說，現在是特別危險的時候，只要品浩把公司成功轉變為個人成就，葛洛斯認為下一代會緊緊跟隨他。

受創辦人情緒主導的公司文化

回到二〇〇三年，在葛洛斯警告大家，注意「規模和成功弊病」後不久，他帶領公司的人搭乘郵輪到阿拉斯加遊覽，進行全公司一千多位員工，為期十二天的豪華旅遊。公司高階主管估計，這趟旅程花費超過一千萬美元，全部費用都由葛洛斯買單。郵輪之旅的活動，包括甲板上普遍而刺激的撲克牌遊戲、岸上活動的津貼，以及老牌喜劇演員和口技藝人的表演。葛洛斯表示，他每隔十年才會想要舉辦一次這種可以管理又充滿樂趣的活動，但是現在十年過去，公司變得無比龐大，壓力也變得無比巨大，不打算再安排這類慶祝活動。

憑藉直覺並不容易察覺這種變化和步調，尤其因為這是由葛洛斯的情緒主導，大家很難掌握品浩文化的節奏。對卡什卡利之流的人來說更是如此，他出身由人際關係推動的投資銀行業，然後前進華府官場，過了一段顯然很正式、受到尊敬、衣冠楚楚、打扮體面的生活。他鎮定自若，領導問題資產救助計畫，在國會裡接受激烈的交叉詰問時依舊如此，他理得光禿禿的腦袋閃閃發亮，突出的雙眼仍然發出強烈光芒。

包括威嚇、優雅、強勢在內的一切條件，絕對適合在品浩任職。但是不知道為什麼，協助他在高盛和財政部出頭的一切事情，在來到新港灘後都不再有用，每天都有無數的小問題困擾他。首先，他有南亞血統，在二〇〇九年十二月進入品浩時，公司領導者伊爾艾朗也不是白人，而且高階員工中也有不少具東亞和南亞血統的人，但卡什卡利卻是全公司少數的有色人種。

卡什卡利也有點出名，《退休金與投資》（*Pensions and Investments*）雜誌報導，名氣幫助他透過談判，直接獲得合夥人地位，是首位不經由升遷，直接獲得合夥人地位的非執行長，但是外界的名聲無法轉化為內部的尊敬。

卡什卡利最大的問題是他的熱情和外交手段。他客氣到親切的地步，每天都和葛洛斯層面，甚至會與助理交談。某位品浩前主管說，較資淺員工總是會為較資深的人拉開門，資深員工通常會直接走入，不點頭，也不會做出其他致謝的動作。但有一天，卡什卡利在他身後走向辦公建築時，較低階的他一如預期地拉開門，卡什卡利加快腳步，在走進大廳時，轉頭看著他的眼睛，說：「謝謝。」

這位主管嚇呆了，心想：**這個人在這裡絕對混不下去**。

進軍股票的三度挫敗

一開始，還有其他惡兆。就像卡什卡利的職務——大致上是要「建立什麼東西」一樣模稜兩可，品浩希望卡什卡利找到新引擎，推動公司往前衝。葛洛斯想到的是股票，因此股票變成卡什卡利最迫切的債務，但是他理當找出**更多的**東西。在公司的新常態架構中，預測將來的報酬率會糟糕又低落，這表示經理人應該分散投資，可以廢除的要盡量廢除。他還建立了什麼？

然後是卡什卡利沒做過這些事的問題，他從未買賣股票，但這應該不是問題。「我不是選股專家。」他告訴《彭博商業週刊》（*Bloomberg Businessweek*）：「我負責聘僱選股專家。」[2]

但是那些選股專家的績效不佳，推出的六檔共同基金在二〇一二年績效都落後績效指標。卡什卡利表示，這不是問題，因為發行這些基金的目的是為了規避下檔風險，並在市場大跌時限制虧損，因此在市場上漲時，成長幅度較小，應該視為操作正常。儘管如此，到了二〇一三年初，六檔基金只募集到十三億美元，占公司總資產的比率還不到〇．一%。

這不完全是卡什卡利的問題：二〇一二年，投資人熱衷於擺脫這種主動型股票基金，品浩能吸引到新客戶的資金，已經算是一項壯舉。但是這些基金的展望並不好；基金成立已滿三年，績效卻低於標準，因此可能得到晨星一顆星的低評價，而不是四或五顆星的高評價，不太能吸引客戶的資金，好的開始會決定一切，這些基金已經玩完了。

更麻煩的是，葛洛斯覺得必須在二〇一二年八月的《投資展望》中，表示「股票的崇拜正在死亡」，[3]投資人應該不會獲得往日的報酬率，得不到過去一百年來，平均六．六%的年度實質報酬率，這麼高的實質報酬率是「歷史上的反常現象」。對葛洛斯來說，這種話並不新穎，回歸悲觀符合進入末日週期的品浩和股票。

這是品浩第三次在股票上的嘗試。第一次是在一九八〇年代，結果在策略會議上，少數選股專家遭到債券交易員徹底壓制，難堪到這些選股專家在兩年後辭職。第二次是在一九九〇年代末，當時品浩的母公司建立獨立的股票單位——品浩太平洋股票投資顧問（Pimco Equity Advisors），介入網路泡沫，而後在網路公司崩盤中滅頂。這次介入股票的行動以司法慘劇的方式告終，捲入「共同基金波段操作」弊案，成為紐約州總檢察長艾略特．史匹哲（Eliot Spitzer）喜愛的打擊對象，這樁弊案愈滾愈大，最後證交會指控多家基金公司，容許客戶隨心所欲地每月、每週、每天多次買賣基金，以便利用市場的無效率。*最後，品浩太平洋股票投資顧問關門大吉，繳納罰款並償還款項，與證交會達成和解，證交會撤銷對該公司的訴訟，以不承認也不否認犯行的方式結案，品浩太平洋股票投資顧問涉案最深的兩位主管，遭到禁止從業的處分。

整件事讓葛洛斯深感不滿，他花費數十年時間，建立這個備受尊敬、客戶第一的品牌，卻差點毀在紐約這批魯莽的小丑手中。他寫下一封公開信，由他和湯姆森簽名，激烈地劃清品浩與品浩太平洋股票投資顧問之間的界線。他寫道：「品浩這家債券管理業者，真的沉淪到最差勁的地步嗎？我們堅決強調『絕對沒有！』」

這是卡什卡利繼承的糟糕至極遺產。

一步步擺脫與華府密切關係的暗示

葛洛斯最新的評論在公司內外都引發風暴：內部風暴令人難堪。「我們認為，包括股票與債券在內的全部資產類別，未來報酬率會低於過去的水準。」[4]卡什卡利巧妙回應這場騷動，預測股票報酬率會『在三．五%上下』，而不是歷史上的六．六%。在這種環境下，怎麼可能有人會贏得勝利？

「對於股票型基金在品浩中受冷落這件事，應該沒有人會驚訝才對。」[5]融合分析投資夥伴（Fusion Analytics Investment Partners）副總裁喬許．布朗（Josh Brown）告訴彭博新聞社：「他們反對股票型基金的地方」，是「他們不喜歡股票，而且在每個人心裡，都認為這家公司是債券管理業者。」

火上加油的是，伊爾艾朗和魏爾之戰的殘餘炮火仍有影響：**替我找一些股票經理人，不然**

* 譯注：按規定一天只能買賣一次。

我就會找一位願意僱用股票經理人的人才進來。卡什卡利從一開始就沒有成功的機會。無論如何，卡什卡利有更遠大的計畫，他前往德州，和老長官前總統小布希見面，請教他是否該競選加州州長，小布希沒說不好。二〇一三年一月二十三日，卡什卡利寫信給同事和記者，告訴他們，經過三個「好到不行」[6]的年頭後，他要離開公司，「研究重新擔任公職」的可能性：「離開並不是容易的決定，因為我們的股票業務已經走向絕佳開始，而且建立一個出色的團隊，然而我還是熱衷公共服務。」

因此卡什卡利原本要在債券基金公司裡，負責建立股票業務，現在則要轉移陣地，考慮以共和黨員身分，在每個公職都由民主黨員占據的加州競選公職，他不是會迴避挑戰的人。

品浩轉而任命馬克・賽德納（Marc Seidner）出任卡什卡利留下的職缺。賽德納出身哈佛大學校產基金，曾任這檔基金的固定收益投資組合經理人，是伊爾艾朗的人。改換賽德納上任，在公司內部並未遭遇抗議，但是有人竊竊私語，表示卡什卡利的做法讓人難以理解，有人竊笑說，加州州長似乎比較適合卡什卡利。

卡什卡利離職，絕不是品浩留才的指標，但是卻在某方面值得注意：代表品浩公開表明，要一步步擺脫與華府原本很密切的關係。不過幾年前，該公司都還在向客戶吹噓這種關係，更在說明會上列舉員工或顧問，包括卡什卡利、葛林斯班、金融海嘯期間小布希總統的白宮幕僚長約書亞・波頓（Joshua Bolten），以及在二〇〇二年到二〇〇三年，擔任美國財政部首席經濟學家的理查·克拉里達（Richard Clarida），是當時紐約分公司的全球策略顧問。還有一個滿天飛的謠言會定期傳出，表示麥考利（現已離開品浩，投效一家經濟智庫）即將獲得聯準會職務的任命。

從這份強而有力的名單中，可以看出品浩處於絕佳地位，可以順利度過危機後加強監管的天地，因為他們有適當的監護人。此外，他們和聯邦機構有著千絲萬縷的關係，擔任危機相關計畫的顧問，或是負責執行品浩太平洋顧問的業務能夠擴張，主要是基於幫助美國和其他國家政府，與華府的這些親密關係都值得大肆宣揚……或許直到不再適合吹噓為止。

媒體偶爾會掀起質疑聲浪，就像二〇一〇年，《紐約時報》引述研究顧問公司葛蘭姆費雪（Graham Fisher）專家約書亞·羅斯納（Joshua Rosner）的話，強調「全美多家最大型金融機構和主管機關的關係實在太密切，『大到不能倒』的觀念不僅與資產有關，也和關係有關。」7

三年後，這些話似乎像是警告，不但品浩和主管機關之間的關係變得不再這麼密切，反而成為敵對，甚至有點危險，獲利岌岌可危。

創造最佳績效的低調明星

新希望出現，二〇〇五年視察住宅市場，希望看出房貸市場頹勢的艾達信，一直在資產擔保市場默默耕耘，打造可以獲利的產品，挖到金礦，卻沒有過度渲染自己的努力。創造優異，甚至最佳的績效是好事，但是不讓別人太注意自己也是好事。

艾達信和公司推出一系列基金，以便利用金融海嘯留下的漏洞。二〇一〇年，他推出銀行資本重組價值機會基金（Bank Recapitalization and Value Opportunities Fund），被暱稱為超好基金（BRaVO）。這時候歐美銀行遭到嚴格監管，需要募集超過五千五百億美元的資金，強化資產負債表，超好基金可以用極大折扣，向再也抱不住不良資產的銀行，買下價格在金融海嘯中已經暴跌的這類資產。

艾達信的團隊為超好基金募集二十四億美元，而且獲得幾近全方位授權，具有最大彈性，可以購買商業、住宅、消費和金融資產，這檔基金和品浩先前的基金不同，不是以交易為基礎，而是要購買長期物權，包括投資西班牙的購物中心、擁有資產、收集現金流量，而不是設法在市場風險起伏中進行當日沖銷。

艾達信一直保持沉默，對於超好基金和其他類似私募基金結構風格基金的起源，一直祕而不宣，但是他的名氣正在提高。艾達信在二〇一二年前難得接受專訪與媒體引述，但是大家突然開始關注他。

原因之一是資金流入他管理的大眾信託基金——收益基金，他和共同經理人艾佛瑞．村田（Alfred Murata）在所有相關指標中都擊敗同業，吸引投資顧問、投資人與媒體的注意。

這檔基金在二〇〇七年三月推出時，金融體系的裂縫正擴大成峽谷，時機不利，但這檔基金卻存活下來。然後在金融海嘯最高潮時，艾達信得到正確指引，購買風險性資產，在住宅價格停止下跌，開始回穩時，投入巨額賭注，大買不受政府機構擔保的房貸證券，也就是購買在金融海嘯中**確實**遭到抹煞的資產。

不分青紅皂白的拋售代表超低價格，因此收益基金從恐慌的賣方手中，收購債券的時機十分完美。根據競爭對手的估計，二〇〇九年房貸證券暴漲三二%，在二〇一〇年大漲二一%。到了二〇一二年，全美房價開始再度攀升，暴漲二八%，隔年又上漲一〇%。房價上漲有助於抑制違約頻率，違約減少表示投資人擁有較多的現金。

這促使艾達信的基金在二〇〇九年創下一九%報酬率、二〇一〇年創下二〇%報酬率，而在二〇一一年則創下六%報酬率。房貸小組主管席蒙說：「我們沒有在進場的路上陣亡，反而在退場時賺了一大筆錢，大部分都要歸功艾達信。」[8]

到了二〇一二年，艾達信的專業領域：房貸抵押擔保證券正在復甦，處境很好。如果你有時間、有耐心和閱讀能力，能夠深入了解經常極為無聊的文件，就可以分辨出好資產和壞資產。在二〇一二年中，收益基金幾乎有四分之一的資產是機構的房貸抵押擔保證券，另外有一九%則是非機構的房貸抵押擔保證券。

《霸榮週刊》和彭博新聞社刊出一大堆新聞報導，預示艾達信在二〇一二年的絕佳績效。彭博新聞社的一篇報導聲稱，葛洛斯已經從品浩的債券天王寶座退位，[9]「葛洛斯是品浩最大又最著名的債券挑選專家，卻不是表現最優異的人。」

艾達信在專訪中表現得很謹慎，表示自己的報酬率不該和葛洛斯的報酬率相提並論，因為這些基金的授權不同、目的也不同，收益基金理當分給投資人收益流，而葛洛斯的焦點則是提供總回報，在提供收益**之外**，還要加上增值。

外部投資顧問讚美艾達信十分傑出，他很年輕，很有前途，仍有一頭波浪褐髮，顯示未來還可以創造很多年健全的獲利，而且完全沒有葛洛斯那種較極端的怪癖，要不是葛洛斯已經證明他的傑出，可能會在風險管理方面引發警訊。公司內部對艾達信的反應更好，在公司低矮白色建築裡的同事和屬下，都對他的成就讚譽有加，唯一的理由是，知道艾達信能讓自己獲得報酬。

推翻內部舊有均衡權力之際的搖擺

不過艾達信這麼小心翼翼確實有道理，因為大家都知道，葛洛斯不喜歡看到其他明星崛起，不是他親自選拔的人更是如此，獲得新聞界刊出光芒四射的專訪，是招惹他怒氣勃發的最快方法。

艾達信在公司各處都埋頭苦幹，避開葛洛斯。他的第一任上司席蒙，在交易廳裡總是大聲喧譁，偶爾還會被放逐到孤立的場所，他在交易廳裡，盡量把座位安排在距離葛洛斯最遠的地方。葛洛斯會傳送訊息給坐在席蒙附近的人，讓**他們**告訴席蒙降低音量。席蒙雖然很吵，卻知道自己的績效讓他擁有無法穿透的力場。葛洛斯說：「你不能否認席蒙善於創造超越市場的績效，所以我絕對不會建議他離開，只會建議他閉嘴。」

在席蒙的保護下，艾達信也會大聲喧譁，高聲談笑，他是公司高層中少數表面上「正常」或「有趣」的人，會在週末穿著工裝短褲和人字拖。在塔可鐘（Taco Bell）推出多力多滋洛可捲餅後，艾達信曾訂一批和房貸小組共享；過去常召集房貸小組的一些朋友，到他的另一棟房子發洩情緒，以致於大家開始把那棟房子叫做「遊戲護欄」（Playpen）。但是艾達信也認真看待工作，有一天，他很不尋常的早早下班，原來是要結婚，計劃幾小時後再回來工作，但是席蒙告訴他，當天剩下的時間都休假。

二〇一三年初，席蒙宣布退休，專注照顧「自己的生活和妻子」[10]，從事旅遊、開飛機、做善事，以及富有之後才能做的其他娛樂，他的心理太健康，不能在世界上最美好的事物向他招手時，禁錮在公司裡。

如此一來，房貸王國就是艾達信所有。

外界適應品浩及其同事推翻舊有的權力均衡之際，該公司內部的情勢也有所變化。維繫公司團結的說法變得愈來愈老套，例如和政府配合是無庸置疑的好事、善於冒險的公司因為太過精明才會在股市中失利等。就連公司以葛洛斯為核心，葛洛斯是國王，其他一切都從這裡發源的中央階級制度，都開始讓人感覺有點搖擺不穩。

第十章

內部的腐敗

回到二〇〇〇年，強生・威廉斯（Jason Williams）不像會變成有問題的人，他是高收益債小組的基層交易助理，開始時還算正常，只是有點毛躁，他很有趣，有點粗俗，喜歡啤酒和足球。但是經過多年後，華爾街上的銷售競爭對手，看著他受到品浩的氣氛影響，變成問題人物，還腐蝕某些特質，害他變得粗暴、刻薄，超出該公司員工常見的風格。在工作之外，他看起來仍然很好、很親切、很快樂，但是在這個領域裡卻變得十分可怕。

嚴格來說，人們在品浩變糟的情況並不罕見。史丹佛大學（Stanford University）數學怪才拉比諾維奇成為交易員後，編寫該公司早年的大部分程式，卻因為在交易廳承受不斷遭到霸凌的壓力，變成大家不認識的人。他在一九九五年把生命重新奉獻給耶穌，建立藍字聖經（Blue Letter Bible）網站，讓聖經可以在網上搜尋得到。他開始縮短在品浩的工時，以便改善網站，最後乾脆退休，他找回一部分失去的自我，也變得快樂許多。

高收益債小組很特別，似乎總是處於混亂。托洛斯基在一九九〇年代，努力建立這個產品，說服客戶購買評等低於投資級的公司債。在發明這個市場的「垃圾債券之王」（Junk Bond King）麥克．米爾肯（Mike Milken）因為詐欺遭到判刑後，高收益債變得有點黯然失色，但是這個市場不斷成長，只要認真研究，可產生較高利潤。托洛斯基長得高大、威嚴，有話直說，經常不穿鞋子，只穿襪子，但他是優秀的交易員，用心程度媲美葛洛斯。所有交易小組都擁有各自的特性，例如現金交易小組一觸即發的緊張氣氛；席蒙聘來分析房貸的人，都像是馬戲團裡的怪胎；但是自從托洛斯基在二〇〇二年離職後，信用團隊似乎一直處於崩潰邊緣。

為了舒緩轉換期間的緊張，公司試著任命安德烈亞．費恩戈爾德（Andrea Feingold）和伊恩．歐基弗（Ian O'Keeffe）主持這個團隊，兩人的資歷出色，看來很精明、很有前途。但他們待了不到一年。（兩人離開品浩後，立刻共同創辦自己的信用商品事業，將近十五年後出售這家擁有二十三億美元管理資產的公司。）兩人離開後，公司任命托洛斯基忠心耿耿的部下雷．肯尼迪（Ray Kennedy），擔任該小組主管。

穩定狀態的崩壞

托洛斯基會保護手下不受葛洛斯怒視，如果可能，還會對抗葛洛斯較不合理的要求。他稱葛洛斯為「笑面虎」（Smiley），因為葛洛斯根本不是這種人，但是他們之間的關係以這種特有的方式獲得尊重，因此處於可以管理的狀態，托洛斯基離職後，這種穩定狀態就遭到破壞。

肯尼迪較為溫和，沒有托洛斯基的那種野性，也沒有鮑爾斯的特殊社交技巧，或是席蒙那種「反正不需要這個狗屎工作」的心理逃生艙，他很精明，卻沒有計量方面的天分，無法保護手下不受葛洛斯的怒火侵襲。他沒有特殊的盔甲，只是努力做好工作養家活口的普通聰明人。

失去托洛斯基作為緩衝後，肯尼迪和整個團隊要面對的痛苦，可能比他們想像得還大。托洛斯基離開後的許多年，他們承受這種痛苦，受到相當大的傷害；最後，每天呼吸品浩刺鼻的空氣，變成實在太讓人難以忍受。在金融海嘯後，肯尼迪準備離職，貸款投資組合經理人傑生．羅西亞克（Jason Rosiak）也打算一起離開。羅西亞克出身營運部門，一路晉升到投資組合經理人。兩人打算創辦風險分析公司，羅西亞克要先離開。

二〇〇五年某天，他盡最大力量擺出毫無表情的臉孔，準備和一位搖擺不定的頂尖主管談話。兩人走進會議室，羅西亞克解釋他該離開了，他對公司極為感謝，但不會改變心意。

這位主管說盡好話，稱讚羅西亞克極具價值，應該再考慮一、兩天，是為了錢嗎？他們可不可以給他更多呢？羅西亞克表示，不是錢的問題，他只是筋疲力盡。雙方握手，離開會議室，羅西亞克感覺一陣解脫和輕鬆，他已經找到出路。羅西亞克收好東西，然後回家，但是當時他沒有聽到肯尼迪的消息，什麼都沒聽到，他已經開始著手處理事情，肯尼迪的沉默卻讓他不安，肯尼迪沒有接聽電話，也沒有回電，他只好等待。

最後，羅西亞克聽到小道消息，說肯尼迪沒有離職，他打電話到肯尼迪工作的地方，問他：「搞什麼鬼？」肯尼迪非常小聲地道歉，他不能放開鈔票，他要養家。羅西亞克提到自己也有家庭，但是養家並不妨礙他遵守諾言。

消息傳開，大家都說羅西亞克被擺了一道。肯尼迪被閃亮的金手銬銬住，留任一年多，最終在二〇〇七年離職。品浩指出，肯尼迪離開是為了要當數學老師，他的屬下馬克・胡多夫（Mark Hudoff）在二〇〇七年四月接管高收益債小組。

二〇〇八年底，肯尼迪加入另一家投資管理業者Hotchkis & Wiley。同年五月，胡多夫離開品浩，引發晨星分析師「側目」，[1]也「質疑為什麼如此高階的人才不希望或不能待在公司更久一點」。到了七月，胡多夫跟隨肯尼迪的腳步，也投效Hotchkis & Wiley。

高收益債券的變局

葛洛斯接管高收益債小組，直到公司找到人全心全意接手為止。到了二〇〇九年十一月，他們從高盛請來安德魯・傑索普（Andrew Jessop）管理。

威廉斯的資歷勝過上述所有人，但是他在二〇一二年變得頹喪。那年三月，公司要他離開。

葛洛斯總是不信任高收益債券，即使在托洛斯基負責經營時也是如此。他喜愛風險，但是只喜愛他有信心能夠了解的風險，高收益債券總是讓他覺得遭到剝削，整個垃圾債券市場詐騙意味濃厚——成交量較少，表示你在交易時，價格能保持穩定的可靠性較差，也表示銀行買賣之間的價差較大，這會在無意間為銀行帶來較多利潤。葛洛斯對托洛斯基的敬重，減輕了這種不信任，但是交給肯尼迪和胡多夫之類的弱者經營時，他尖酸刻薄的批評就增加了，他強烈認為自己遭到剝削，代表他十分認真查核，確保自己不會被剝削；即使是交易平常的舊式投資級公司債，都堅持要從華爾街業者手中取得折扣，要從賣方手上買到更便宜的債券。

每個人當然都想要便宜的債券，但是葛洛斯要求在高收益債上施加最大的壓力，以便從華爾街業者手中擠出更多利潤，執行這種任務的責任就落在威廉斯身上：每次葛洛斯想要高收益債券時，威廉斯就必須買來，這表示威廉斯必須到銀行執行自殺任務，一再糾纏銀行，要求得到連他都知道的不合理折扣，這樣的舉動傷害銀行對他的看法，也傷害了他。

這就是威廉斯在二〇一二年三月遭到解僱後，四處碰壁的原因，到哪裡都找不到工作，即使到一些最糟糕的信貸公司面談，對方都不願意僱用他。威廉斯知道原因，每家雇主都會致電華爾街業務部門，並詢問：**你們認識他嗎？你們對他有什麼看法？**他們對很多品浩員工的印象都很差，但是對威廉斯的印象特別差。

在品浩保溫牆外，如果華爾街不喜歡一位交易員，就代表新債券發行時，這位交易員會分配到很少新債券，表示不會「看到」利潤豐厚，即將發行的債券，也不會取得良好的資訊。一位前員工說：「你變成不受歡迎的人物。」沒有人要僱用永遠拿不到配額的賤民。

對很多品浩的員工來說，這表示他們的權力來自身為品浩的代理人，他們不能累積信譽，甚至無法累積信用。葛洛斯有一個印象，就是大家都是為錢才會留在公司，這種印象可能是一廂情願式的過度樂觀，卻也在某種程度上，顯示他們困在品浩動彈不得，他們離開時不能帶走任何東西。公司封閉式的「建設性偏執」文化也強化這一點：如果沒有品浩，你什麼都不是。交易員是可以取代、容易替換的工具。

因此，威廉斯的下一步行動應該不讓人意外。二〇一三年三月五日，橘郡的加州高等法院副書記替威廉斯，針對品浩和二十五個沒有透露姓名的「當事人」，提起違反公共政策與違反勞動法規的錯誤解僱訴訟。

指證歷歷的資深員工控訴

一顆重磅炸彈爆炸，控訴內容飽含他在那裡工作近十二年的細節，罪名包括內線交易、市場炒作和違反受託人責任。威廉斯宣稱，品浩炒作本身發行ETF的價格；一位高階經理人指示他「任意」提升一支債券的評等，以便有評等限制的某檔基金可以買進；「資深管理階層」曾使用內部移轉的方式，把交易不頻繁的證券從避險基金移轉到品浩的其他基金，「損害接受方基金持有人的權益」；另一位經理人在品浩「大力賣超」美國銀行債券之際，同時在電視上唱高美國銀行債券價格；還有一位經理人——控訴中並未指名，但一般猜測是指葛洛斯，曾把一支上漲一〇%的證券，從品浩一位客戶的帳戶轉移到自己的基金。

威廉斯在控訴中表示，他對於所目擊和被迫執行的一些極端惡劣行為表示反對，但主管將他減薪，並「受到口頭申斥」。[2]對夠熟悉品浩的很多金融界人士來說，這些指控聽起來至少可信。威廉斯宣稱，他在二〇一一年十二月向美國財政部問題資產救助計畫特別總檢察長辦公室（Special Inspector General for the Troubled Asset Relief Program, SIGTARP）的三位幹員，報告這些行為，然後開始等待，卻沒有回音。

然後威廉斯把和財政部問題資產救助計畫特別總檢察長辦公室說的話，告訴品浩人力資源部門，也告訴品浩的律師，他和聯邦探員談過。根據他的訴狀，不到三週，他突然遭到停職，原因是「『績效因素』，雖然他的工作績效令人滿意。」他在訴狀中寫道，這些針對他的行動「卑鄙、壓迫、欺詐、惡意、蓄意、惡劣、不可原諒」。品浩意在殺雞儆猴。這起訴訟經過通訊社報導後，品浩的交易廳深受震撼，這起訴訟太可怕了，威廉斯指控的是資產管理公司可能犯下的最嚴重罪行。品浩沒有回應這些明確指控，一位發言人只說：「就政策而言，我們不評論司法事件。」[3]但他補充道，任何時候，員工申訴或表示憂慮時，品浩總是會進行「適當調查」。

信用市場變得活躍，謠言四起，流傳威廉斯還有一大堆沒有列入訴狀的指控和證據。大家對其中一些指控相當熟悉，因此不足為奇，業者在銷售證券時唱高價格就是一個例子，數十年來，品浩一直遭受這樣的指控，這類指控也出現在電視上。但是這些年來，主管官員和政府官員也會碰到這種事。一位前美國財政部官員回憶，葛洛斯在早年某一天，會在下午一點前的五分鐘，現身CNBC，談論認為美國財政部的抗通膨債券（Treasury Inflation-Protected Security, TIPS）毫無價值，到了一點，品浩卻在抗通膨債券拍賣會投下巨額標單。

這位官員認為，葛洛斯意在操縱市場，造成對品浩有利的局面。這位官員致電其他官員，有人能這樣做嗎？利用CNBC專訪，設法影響拍賣會適當嗎？但是他記得美國財政部的律師不希望追究這件事，他也不想，葛洛斯的公司搶購一大批可能剛剛被他壓低價格的證券。

令人擔憂的炒作與交叉交易指控

品浩的經理人知道，在電視上符合規範的巧妙談話合法，只是在分享意見，或者至少在法院裡可以這麼辯護。在法院裡，要證明有人從事市場炒作和內線交易，其實非常困難，也讓他們感到一絲安慰——當時紐約南區檢察官正設法把內線交易的罪名，安在史蒂夫·柯恩（Steve Cohen）的沙克資本（SAC Capital）頭上，卻很難如願。

然而，關於炒作總回報債券ETF的指控令人憂心，指控品浩違反一九四〇年《投資公司法》第十七a之七條規定的豁免條款，進行內部股份移轉的行為也一樣令人擔憂，這種豁免是一種法律漏洞，品浩在這方面運用自如，也知道他們利用第十七a之七條規定的頻率，遠遠超越其他資產管理公司，連較基層的員工都知道這件事，但通常假設這麼做不會有事，知道公司的做法得到批准，適當無疑。這條法規是黑白分明的司法豁免，公司不會因為怕事或焦慮，就避開能創造利潤的有用工具。

甚至在這場危機之前，利用第十七a之七條規定的事例已經增加很多，一位前員工記得，這是伊爾艾朗回來一段時間後，公司做出的策略性決定。這位老員工表示，華爾街銀行一季又一季創紀錄的交易獲利，「讓葛洛斯大發雷霆。」

葛洛斯找來參與交易的所有相關人員，在一間大會議室裡，召開一場特別會議，由葛洛斯的愛將，衍生性金融商品專家朱長虹主持。這位前員工回憶，**葛洛斯告訴來開會的一大堆人，他不能接受這種事，華爾街賺太多錢，這表示你們沒有做好自己的工作，你們需要擊敗對方，需要榨出更多的基點**。這些交易員面面相覷，**我們難道沒有這麼做嗎？**

長久以來，葛洛斯對於只是把一檔基金中的債券，賣給另一檔可能需要這些債券的基金，就得支付手續費給華爾街，一直感到相當不滿，因為在他可以把債券從右手交給左手時，這樣很像是代價高昂的往返旅行。對這位員工來說，這似乎像是葛洛斯知道他們沒有好好利用第十七

a之七條規定。品浩是各種債券的巨大倉庫，債券放在不同壁櫥裡，壁櫥外貼著不同的標籤（如「收益」、「總回報」、「全球多元資產」）以便描述不同的風格。但是它們的策略重複，因此容許彼此之間互相交易，既然如此，公司就該盡量利用。

威廉斯的交叉交易指控讓人不安的原因就在這裡，不安源於金融海嘯期間，品浩一次少數真正的恐慌，當時朱長虹正在管理品浩絕對報酬策略（Pimco Absolute Return Strategy, PARS）避險基金。威廉斯的控訴聲稱：「二〇〇八年底到二〇〇九年初期間或前後，高階管理階層指示推動流動性不佳的證券，也就是遭到任意高估價值的證券，進行內部移轉，從品浩絕對報酬策略避險基金，移轉到品浩的其他基金，損害接受方基金持有人的權益。」在威廉斯描述的期間，新客戶的現金開始湧入總回報債券基金，因此如有必要，總回報債券基金可以輕易代替另一檔受害的基金，購買流動性不佳的證券。而且在二〇〇八年的很多個月裡，品浩絕對報酬策略避險基金系列中，有一檔避險基金淨值下跌二六％，另一檔類似的避險基金則下跌四二％。

最廉價交割債券引發的市場錯亂

雪上加霜的是，威廉斯的指控打擊交易員朱長虹，他已經在控告品浩的一場麻煩集體訴訟中遭到點名。葛洛斯非常喜愛朱長虹，朱長虹才華橫溢，信奉功利主義，高度關注葛洛斯注重的狹隘市場。他對執行交易員和後勤工作人員可能傲慢無禮，而且和葛洛斯一樣，似乎並不欣賞優雅細心。葛洛斯偶爾會告訴公司，他和朱長虹可以經營整家公司，兩人可以管理每一塊錢。朱長虹的態度凶悍，他和戴里納斯為中國問題爭吵時，經常就是如此，交易員與分析師回憶，戴里納斯質疑中國報告的經濟資料，或是預測世界末日會透過他國和中國的戰爭，或經由中國出售美國公債而發生，這時候朱長虹會起而為祖國辯護。不過朱長虹精通繁複的數學，加上得到葛洛斯的支持，讓他顯得難以撼動。

二〇〇五年春天，朱長虹發現自己陷入市場錯亂的泥淖，美國聯邦政府已經減少供應新公債給市場，造成供給嚴重短缺，影響期貨合約這種衍生性金融商品。期貨合約容許買方在未來的一個日子裡，以雙方同意的價格購買美國公債，希望到時候美國公債的價格會上漲，為買方產生利潤。期貨合約的數量開始顯得很多，遠遠大於實際標的公債的供給數量。

這為即將到期合約的結算製造一個麻煩：交易者有兩種結算方法，不是交割實際的美國公債，就是把合約轉倉成為新期貨合約。轉倉成新合約是正常的結算方式；實際交割的美國公債只占所有公債期貨的三%左右。交易者如果要轉倉，必須賣出合約，讓合約像《糖果傳奇》（Candy Crush Saga）遊戲中的糖果一樣消散，然後買進一口到期日經過更新的新合約。

不過實體交割總是一個選項，就像品浩著名的一九八三年吉利美擔保存託憑證交易。所有美國公債期貨都跟隨實際美國公債的價格波動，進行交易的交易所會決定合乎交割條件的票券匯總總量，然後市場根據總量池中最便宜的美國公債，為這些票券訂價。

到了二〇〇五年三月底，朱長虹看好美國公債會上漲，在六月到期的公債期貨合約上，建立大量的多頭部位，因此品浩再次重複擔保存託憑證交易，持有價值一百四十億美元的六月合約，光是這些合約本身，就超出最廉價交割的美國公債供給（在這個例子裡，最多的是二〇一二年二月到期的十年期美國公債）。

期貨是雙邊的，任何時候有人買進一口做多的某種期貨合約時，一定會有某人站在對立面，「放空賣出」一口對應的合約。（經常是銀行，然後可以把這個部位賣給避險基金之類的交易者，或者銀行也可以持有這筆交易。）品浩藉由買進，創造大到失控的賭注，需要一個對作美國公債的相對應超大賭注。

但是最廉價可交割債券稀少嚇退交易者，美國公債減少，表示大家會瘋狂向最廉價交割債券衝刺，結果就是推升美國公債的價格，嚇壞放空投資人。春天來臨時，品浩已經考慮到可交割二〇一二年二月美國公債供給稀少對價格的影響，交易員認為，每個人應該都必須轉倉到九月合約，因此這些合約的價格飆漲。九月的期貨合約價格飛漲，可以結算六月合約的合格美國公債幾乎不可能找到，因此結算的兩種可能選擇都出問題，放空投資人被軋慘了。

但是還有品浩在，該公司坐在一堆最廉價交割債券上。除了在期貨合約上購買大得驚人的部位外，也盡其所能搜刮二〇一二年二月到期的美國公債，於是在品浩各種基金中，形成極為驚人的庫存戰爭基金，以致於公司擁有的二〇一二年二月到期美國公債數量，占現存這種美國公債將近半數，價值可能高達一百三十三億美元，等於可交割供給數量的七五%，該公司正強力限制已經受限的供給。

以替客戶賺錢為名造成的傷害

美國公債市場正在變成沙漠，充滿瘋狂、乾渴的交易者。到了五月底，每天都有數十億美元的交易無法成交，共有兩千億美元的期貨，需要隨著找不到的二〇一二年二月到期美國公債來履約（因為品浩坐擁大約一半已經稀少的供給量），交易者不知道是誰在搞鬼，但不管是誰，都不願意像正常狀況一樣，把這種美國公債借給大家，放空投資人愈來愈絕望，價格在狂熱中飛漲。市場陷入恐慌之際，鮑爾斯開始休年假，他像鮭魚一樣，每年都會到美國東岸的南塔克特（Nantucket），收穫緊張加州生活的若干好處。

鮑爾斯的記憶所及，有一位美國財政部官員站在海灘上，凝視著外海，這位官員正好在他度假地點的附近休假，這些年來，他們因為擁有類似的興趣（市場），因此發展出輕鬆的友誼。

鮑爾斯走到他身邊，看著他們的小孩。

這位官員開口說：「關於品浩壟斷二〇一二年二月市場的事，有什麼是我需要知道的嗎？」

鮑爾斯的表情毫無變化，也沒有表現驚訝之情，繼續凝視著海洋，一動也不動，就像一隻動物希望掠食者看不到牠一樣，來回望著平靜的海面。**水很深**，他心想，自顧自地笑起來。他設法迴避這位官員的詢問——到了某個時點，任何實質的交談都會變成揭露，於是這位官員放棄這件事。（這位美國財政部官員並不記得在南塔克特的海灘上，曾和鮑爾斯談話，但是記得與品浩的另一位主管，針對這個問題有過具體交談。）

隨著時間愈來愈接近期貨的六月二十二日到期日，合約口數不如預期般減少，六月二十一日，未平倉口數還有十五萬兩千，超過十四萬兩千口合約持有人選擇實體交割，幾乎是過去紀錄的兩倍。

大部分合約都由品浩持有，該公司沒有把合約平靜轉倉，反而要求實體交割，要大家交出沒有人找得到，在「任務中失蹤」的美國公債，會變成這樣，主因就是品浩囤積居奇，很多交易者把這種行動視為金融市場的膽小鬼，該公司決定不玩遵守規則的遊戲。

總價值達一百四十億美元的所有六月期貨合約，以二〇一二年二月的合約結算交割，但是這麼做的代價很高。

不是只有朱長虹這麼交易，但他引領這場戰爭，對他和葛洛斯之類的人來說，在交易中勝過他們的人，都是在偷他們的錢，他們的責任是確保這種事不會發生。當時在他身邊或和他共事的人都記得這種心態：他的所作所為咄咄逼人，又很粗魯，但他拿錢不是為了交朋友，他的職責是交易，不包括監管或名聲問題，那是法遵或合法的問題，完全是別人的責任。而且如果這麼做會替客戶賺錢，不就是品浩的**重要任務**嗎？如果這麼做傷害競爭對手或華爾街銀行，公司豈不是不該覺得抱歉？

根據受害放空投資人的說法，品浩在這批交易中賺到超過十億美元。

在這次危機之前，市場遠比現在來得鬆散，所以遭到若干政府機構反對的風險很低。一位熟悉這次流程的人深感震驚地發現，主管機關在商品期貨交易委員會（Commodity Futures Trading Commission）的領導下，對美國公債期貨交割流程基礎與市場機制的了解極度不足，市場的幾個監理機構大多不知所以然。

遊走法律邊緣的行為，遭致集體訴訟

於是，芝加哥期貨交易所介入了。二〇〇五年六月二十九日，芝加哥期貨交易所增加新限制，規定在期貨合約到期日前的最後十天，交易者交易特定證券的數量必須受到限制，和十年期美國公債相關的合約只限五萬口。（略低於品浩持有六月期貨合約口數的三分之一。）

芝加哥期貨交易所表示，希望強調本身「保護這些合約誠信的承諾」，[4]不願說明為什麼覺得必須採取這項行動。芝加哥期貨交易所執行長暨董事長在二〇〇五年八月寫道：「我們設立部位限制，目的正是為了減少市場炒作、堵塞或價格扭曲的潛在威脅。」[5]

這項規則的改變，造成九月合約的價格暴跌。

放空投資人很生氣，就像受到壓迫，錢被搶走一樣。八月，若干投資人提起集體訴訟，控告品浩哄抬二〇〇五年六月期貨合約價格，在這種合約上，建立一百億美元的部位，同時在最廉價交割債券上，建立數十億美元的部位，因此在這種合約到期，空頭必須交割美國公債時，迫使他們付出人為拉抬的高價，品浩卻坐擁空方與該公司結算所需的充分供給。

葛洛斯當時解釋，這只是經濟上的理性決定：品浩抱著所有的六月合約，細心觀察九月合約價格上漲，最後轉倉的價格變得高不可攀——他在彭博電視上表示：這「才是整個過程中的原始問題」，[6]然後每個人都**假設**他們要進行強制實體交割，品浩也是受害者。

然後因為購買二〇〇五年六月十年期美國公債期貨合約，因而吃虧的買家提出集體訴訟，聲稱放空投資人因為品浩壟斷市場，被迫付出由該公司炒作的較高價格，虧損超過六億美元，這種獨占行為違反《商品交易法》（Commodity Exchange Act）。

品浩否認有不當行為，公司發言人丹．塔曼（Dan Tarman）說：「原告據稱是持有投機性『空頭』部位，並試圖從後來賭錯方向的行為中獲利的那種投資人。」[7]他補充道，無論是聯邦主管機關，還是芝加哥期貨交易所，都未發現品浩有任何炒作行為。

葛洛斯表示，這種情形只是因為品浩變得這麼大又這麼成功，導致仇恨該公司的人一擁而上。他說：「其中沒有任何軋空，當你的規模這麼大又這麼成功時，會變成集體訴訟司法操作的目標……。你像大象一樣，必須注意自己踩下的地方，你知道外面有人會指控你。」

利用規模和影響力霸凌其他參與者的爭議

晨星的一位常務董事證實葛洛斯的看法：「每個人都在注意（品浩的）每個行動……。光是葛洛斯在市場上有什麼行動的耳語，都會造成大家劇烈改變投資策略。在一個好想法非常寶貴的行業裡，如果你是市場上最受注目的玩家，執行力可能受限。」

這種優勢當然也會讓這種人可以壟斷市場。

品浩辯稱，很多所謂的受害者都有平衡性多頭部位，這種部位賺到的錢**超過**他們空頭部位虧損的金額。你在配對交易中賺錢時，怎麼可以因為在一邊孤立的交易裡虧損而提出控訴？品浩試圖讓訴訟被駁回，一路上訴到美國最高法院，但是在二〇一〇年二月，美國最高法院卻駁回該公司的請求，表示這起訴訟可以繼續進行。二〇一〇年底，品浩同意與受害的放空投資人達成和解，否認有任何責任，卻同意支付九千兩百萬美元，解決這起訴訟。此外，還要支付約兩千萬美元的律師費。

品浩堅稱，公司做法符合客戶的最大利益：「所有這類交易都經過適當設計，以便確保能為客戶最妥適地執行，公司藉由把最廉價交割債券借回給市場，消除任何憂慮；而且所有方面都利用最廉價交割債券進行交割，因此當事人對品浩是否有權保護客戶到公司實際所做的程度，表達強烈不同意。」[8]

如果品浩有罪，完全是因為把客戶擺在**太**優先的位置。這樣到底是在展示強大的交易能力，還是霸凌者利用其規模和影響力，脅迫市場其他參與者，取決於觀察的人站在交易的哪一邊──品浩的交易員和客戶，或是與他們相反的一方。

「我們用相當可觀的一筆錢，解決這起案件，而我要再說一次，我認為我們沒有做錯事。」葛洛斯說：「因為我們太大了，如果你不喜歡訂價或最終訂價，總是可以胡亂鬧事。」

「我可以從兩種角度看事情。」他說：「這就是設立證交員會的目的，該單位要負責監管，要馴服蠻荒西部。從某個角度來看，有些蠻荒西部的意味，因為我們善於創新，而且規模很大，我們是西部最快的快槍手。」

威廉斯在二〇一三年提起的訴訟之所以這麼令人不安，原因正是在於「最快的快槍手」名聲，這起訴訟在二〇〇五年的集體訴訟中重新展開，似乎證實每個人對品浩及其戰術的每項懷疑。華爾街很注意這起案件，信用市場的每個人都閱讀訴狀內容。威廉斯發現自己已經再也找不到工作，因此要賭一個能讓他安度餘生的和解。

三天後，威廉斯請求撤回告訴；他的律師和品浩開始談判，財經媒體只輕輕帶過。

經過冗長的私下談判後，威廉斯以未揭露的金額和品浩達成和解，扣除法務費用後，他還拿到足夠的錢，可以在蒙大拿州特洛伊（Troy）的公牛湖（Bull Lake）附近買下一家酒吧。品浩的人再也沒有聽到威廉斯更多的消息。

品浩躲過威廉斯的指控，以某種方式設法保持情勢不外洩，新聞界幾乎沒有時間消化威廉斯的控訴，案件就消失了。威廉斯沒有接受採訪，他的律師也一樣。品浩則繼續盡最大力量，擴大定義的界限，在公司內部交換債券。但是主管機關變得愈來愈精明、愈來愈強硬，蠻荒之地正在消失。正式規定增多，代表灰色地帶愈來愈少；漏洞會填補好，意味著上下其手的空間愈來愈小。

第十一章

債券市場的「縮減恐慌」

葛洛斯盯著金框鏡子中的自己，他穿著藍條紋的白領銀行家襯衫，黃色的愛瑪仕（Hermès）領帶像平常一樣鬆開，掛在脖子上，他的頭微微側著，喃喃自語。

這就是葛洛斯選定搭配二〇一三年四月《投資展望》，向客戶和全世界展示的插圖。他為這篇展望下了「鏡中男子」的標題，自我凝視插圖的小標是麥克．傑克森（Michael Jackson）的歌詞：「我從鏡中男子開始，我要求他改變他的方式……」

葛洛斯再度陷入沉思，他六十九歲，仍是債券山丘上的國王，依舊掌管四十年來，他在南加州一個不太可能的地方建立的奇怪王國。總回報債券基金的管理資產創新高：共同基金部分的資產達到兩千九百三十億美元，以及「單獨管理帳戶」中匯集的大客戶資金約有兩千億美元，這些資金和公共基金一樣，採用相同策略。

但是這種滿足感總和孿生兄弟——偏執同時存在，隨時都在暫時喘息的時刻輕咬他，威脅要吞噬他。他從客戶票據表現績效的經驗中得知，自己獲得人們的關注。他可以用建設性方式，利用這種不安全感：他分享一個困擾已久的問題。「我是偉大的投資家嗎？」[1]他在四月《投資展望》的篇首寫道：「不是，現在還不算是。」

他繼續想著：「一般人照鏡子時，以十分來說，大概會得到六分多至七分的分數，即使鼻子大或下巴短，也會被閃亮的雙眼或近乎完美的牙齒所彌補。在參考大眾意見時，相較於近乎無聲的批評，讚美之聲通常會被放大成多數人的意見。」

他寫道：「投資或任何大眾所能看到的事業也是如此，部落格與野心勃勃的競爭者會發表尖銳的批評，但美好的戰績才真正決定一個人的心態，決定留在報章雜誌上的報導。除了希望，這就是我們天天賴以維生的方式。鏡中的男女，都像在馬戲團遊樂區的鏡子裡看到的一樣，與現實截然不同了。」

「你在這個行業中堅持的時間愈長，暴露致命弱點的機會愈多。」葛洛斯寫道，他回想知名選股專家彼得．林區（Peter Lynch）。林區管理富達（Fidelity）的麥哲倫（Magellan）共同基金十三年，締造驚人的績效，在一九九〇年卸下基金經理人職務前，總計創下超過二五〇〇％的績效。葛洛斯寫道：「在某方面來說，林區很聰明，知道急流勇退。」

與二〇〇二年的看法相比，這時候他的想法已經進化，當年他告訴《財星》，林區離開麥哲倫基金是「雞屎式的脫身」。[2]當時葛洛斯表示，他永遠不會想到離開，「我的心願不是賺錢，我的錢已經多到不知道該怎麼處理，我的心願是獲勝——永遠獲勝。」

最佳投資者多數是拜時勢所賜

如今過了十一年，錢又多了好多，他想知道自己是否獲勝？葛洛斯寫道，即使經過四十個「相當成功的」年頭，他還是不敢說得這麼肯定，任何成功都有幸運和時機的因素，當投資人抓對周期，在正確的時刻加碼現金、股票或債券，證明不論市場好壞都能有人為他獲利，那他一定很厲害，而不只是幸運，對吧？他寫道：「然後不必經過多久，應該有人為他加冕！首先是市場專家，而後是市場行家，最後變成國王。哦，變成國王。」

「但是我要承認一件事，世界上沒有一位還活著的債券天王或股票天王，也沒有投資人之王，可以坐上王者寶座。我們所有人，甚至包括像巴菲特、喬治．索羅斯（George Soros）、丹尼爾．法斯（Daniel Fuss）這些老傢伙，對了，還包括我，都可能是在投資人經歷的最有利時期、最具吸引力的時代學到經驗。」

葛洛斯知道，光是冒險就能賺錢。從一九七〇年代初，美元擺脫金本位固定匯率制度的束縛，開啟創造信用的熱潮後，靠著聰明的冒險、增加槓桿和避開一些坑洞，即可賺到錢——這就代表「偉大」的投資。

和平常一樣，葛洛斯有過這樣的經驗，他在二〇〇八年十一月寫道：「我們全都是多頭市場的孩子。」[3]從他出生那一年（真巧！）開始，就受到在市場下跌時買進的訓練，「信用一直是資本主義引擎的強力潤滑油，讓機器的活塞能隨著金融創新步調的加快而加速運作，同時混合我們自身的動物本能，生產愈來愈多的利潤、愈來愈多的就業機會、愈來愈多的一切事物。」

他沒有花費太多精神，檢查大部分事情的成本，在危機嚴重的當時，比較迫切的是找到能用自我謙遜的方法，說明自己預測到這件事，說明他和品浩在危機發作前，就看到體系中的風險。現在，他的話聽來比過去謙虛。

「然而，或許是時代造就人，而不是人造就了時代。」[4]葛洛斯說。

「如果那個偶然的時代結束怎麼辦？如果下一個階段對風險規避者較好，對像是品浩這類風險承擔者較不好怎麼辦？如果氣候變遷或人口老化，逆轉最近數十年的信用擴張怎麼辦？或是如果世界為了食物、飲水或石油稀少而爆發戰爭又怎麼辦？」

「如果未來要求投資人（要求看似偉大的投資人）改變路線，或是至少要學習新把戲，我們怎麼辦？」他寫道：「現在這種情形是捨己救人與否的考驗，是適應新時代能力的考驗。」

但是他寫道，這個時代的偉人，包括他自己在內，在新時代來臨前，很可能都已過世。理性地說，他知道自己遲早會死，因此應該在某個時候下台，在那一天之前，弄清楚誰會「接班」，會繼續好好做事，對公司應該是好事，畢竟客戶總是要求公司制定「接班人計畫」。

債券市場猛烈拋售的「縮減恐慌」

葛洛斯明白這一點，但執行是另一回事，他大約從二〇一三年開始，偶爾會對最高管理階層表示，也許他可以多授權下放一些責任，尤其是他討厭的管理職責，只關注市場。但是最高管理階層表示不急，他們可以把重點放在這件事，明天再實際思考細節。

雖然葛洛斯一直在思考，卻錯過砂子已經開始移動，他在二〇一三年四月的《投資展望》發表時，外在形勢是平靜的信用環境：高風險債券的殖利率急速降至新低，因為投資人在樂觀之餘，對風險要求的補償降到歷來最低點，在「追求殖利率」之際，進一步向下壓低到風險頻譜的底部，因為他們假設，沒有迫在眉睫的風險，評等最差的公司債績效勝過評等較好的公司債，有一個槓桿貸款價格指數攀升到二〇〇七年七月以來的最高水準。

五月初，品浩結束為期三天的年度長期展望論壇（Secular Forum），得到的結論是：雖然美國經濟正在復甦，但不像伊爾艾朗在公司正式總結中說的，沒有設法「加速到脫離速度，應該會維持巡航速度的成長」，[5]平均成長速度不會比二%高出多少，大家深怕經濟可能更向下沉淪。焦慮立刻超出預期，到了五月底，市場已經陷入混亂，三十年期美國公債的反彈似乎可能終於結束。

這次的催化劑只有一個，就是聯準會。聯準會主席柏南克起初預測聯準會資產購買計畫的未來走向時，混亂就開始了，資產購買計畫是拯救金融海嘯期間遺留的做法，多年的超低利率會藉由鼓勵冒險，產生刺激經濟的效果；聯準會的這項額外措施一如預期，安定市場。柏南克表示，經濟穩定是好消息，因為經濟復甦，站穩腳步後，資產購買計畫會變得較不必要。

矛盾的是，這種情況嚇壞市場，現在股市情緒的好壞，似乎要看聯準會的支撐和支撐的承諾可靠與否，似乎沒有人記得，經濟不會藉由擠壓出利潤、阻止可能的損失，取悅參與者。因此市場開始不斷重複聯準會說的每個字，尋找聯準會可能撤除支持的暗示，準備在這種跡象出現時就陷入恐慌。所以聯準會好像受到限制，必須面對一種選擇：不是撤除支撐，冒險讓美國陷入經濟衰退；就是繼續長期支撐經濟，準備承擔引發資產價格新泡沫的責任。大家也擔心，聯準會為了修復上次的危機，已經用光所有的工具，再也沒有武器可以對抗未來出現的問題。因此，聯準會有些成員希望看到較快速的「正常化」。

二〇一三年五月二十二日，柏南克在美國國會的例行作證中，試圖溫和地告訴大家，生病的美國經濟已經恢復健康，病人可以停止服藥，如果經濟狀況繼續表現出強而有力的樣子，聯準會可能在當年度下半年，開始放慢購買債券的腳步，而後可能在未來——也許是在明年的某一天，停止購買債券，一切要看數據而定！

市場沒有聽進他小心設定的架構與條件，緊張不安的交易者只聽到聯準會要撤除支撐措施，所有可怕記憶都湧入大眾的腦海，包括恐慌的週末、緊急會議、帶著紙箱走進時報廣場、市場像自由落體一樣慘跌、所羅門兄弟執行長傅爾德手足無措。直到現在，歐洲仍覺得自己處於危險邊緣。交易者聽到的唯一消息是好日子結束了，聯準會可能慢慢「縮減」對經濟的支撐，最後完全停止量化寬鬆計畫，而且有一天可能會千不該萬不該，做出提高利率的舉動。

交易者陷入恐慌。債券市場緊接著出現猛烈的拋售潮，形成所謂的「縮減恐慌」（Taper Tantrum），十年期美國公債殖利率從五月一日的一．六一％，上升到七月八日的二．七五％，飆漲幅度令人難以置信。

走到盡頭的債券多頭市場

情形就是這樣，利率上升，延續三十年之久的債券反彈結束，這表示總回報債券基金的策略應該也要終結。二〇一三年五月二十二日之後，沒有人能以夠快的速度，逃離在二〇〇九年湧入的資產類別，投資人從債券基金抽離資金的做法，變得一發不可收拾。

葛洛斯在幾週前，也就是美國公債慘跌前，才把總回報債券基金的美國公債部位，提高到占整個基金的三九％。他也在這一年上半年，押注在他最喜歡的美國抗通膨債券。長久以來，品浩熱衷投資抗通膨債券，有助於抗通膨債券市場的維持，但這種公債從來不是真正贏家。二〇一三年初，葛洛斯認為，抗通膨債券會變成真正贏家：因為他賭全球印鈔救市，會導致物價上漲，因此大買抗通膨債券。

縮減恐慌提高殖利率，卻沒有提高通貨膨脹預期，造成抗通膨債券虧損。在五月和六月，總回報債券基金淨值下跌四．七%，其中超過一半（二．六%）的降幅是在六月出現。這是自二〇〇八年以來，總回報債券基金績效最差的一個月。這時候每檔債券基金都遭受打擊，品浩遭遇的打擊特別嚴重。那個月裡，投資人從總回報債券基金撤走九十六億美元，創下這檔基金歷來最高的撤資金額紀錄。

七月七日，葛洛斯在推特（Twitter）上發文表示：「在四十年的績效歷史中，一、兩個月的績效紀錄只是曇花一現，品浩走的是長遠道路。」[6]希望藉此阻止這檔基金的資金流出，但是縮減恐慌尚未結束。就像大家說的，葛洛斯被大水「澆熄了」。因此他會定期下令凍結交易：投資委員會告訴員工，限制「非必要」交易。[7]葛洛斯還採取進一步措施：叫大家別碰美國公債。葛洛斯在每個人的注視下，不能冒險讓某些交易員的脫軌行為變成頭條新聞。

一位前合夥人表示，選擇權小組的交易員感覺最糟糕，因為選擇權是依據時間建立，必須不斷維持，以便適應流逝的日子與市場變化，交易員必須顧及避險，東修西改，目的只是維持選擇權不變。在凍結交易的情況下，有些交易員覺得困惑，不知道自己能否避險？利率會起伏，市場會變化，時間會過去，他們焦急地看著市場，看著自己的部位可能變得不合規定，變得有問題。

利率下跌才有利可圖的超額報酬交易

在資金流出和績效向下沉淪的情況裡，品浩不同基金之間的資金流動出現逆轉。多年來，總回報債券基金一直利用第十七a之七條規定，容許同一基金家族中不同基金之間流動的條款，淨買進品浩旗下其他基金的證券，例如截至二〇一三年三月為止的五年內，總回報債券基金向基金家族中的其他成員，買進約三百七十六億美元，賣出約一百四十億美元。縮減恐慌期間，情況改變了：在二〇一三年中，總回報債券基金向同一基金家族中的其他基金，賣出約一百二十億美元的證券，而買進金額卻不到五十億美元。

這一切可能掩蓋一個更大的問題。葛洛斯的很多結構性超額報酬交易、他從市場中擠出額外績效的祕密，都是建立在利率下跌的基礎上，利率偶爾會短暫向另一個方向波動，期間會起起伏伏，過去三十年多來，大部分時間裡，利率總是往下走。如果利率跌勢真的停頓，大家會不知道較長天期的公司債價格是否被低估，讓大家減少承擔的風險，卻能賺到額外的殖利率；大家會不知道不抱現金，購買短天期公司債，會不會產生更多的殖利率；也不知道葛洛斯能不能乾淨俐落地預測交易區間，讓大家根據這個區間賣出選擇權。突然間，讓公司茁壯的結構性交易變得有點令人懷疑。

同樣地，葛洛斯開始看出，公司已經成長到遠遠超越創辦之初的規模，他總是希望公司成長，總是會鼓勵並促進公司的成長，主張**不成長就死亡**。但是，這種情形太過頭了。在這些日子裡，公司的交易、熟悉的市場脈動，似乎都超出他的理解範圍，面對這種情形，比看著鏡子中的自己，耗費的精神顯然更多。

二〇一三年四月，小組召開會議，聽取商業不動產團隊介紹一項交易。該交易涉及一組由英國商業不動產抵押貸款擔保的證券，被劃分成不同價格和風險。其中沒有太極端或令人意外的地方，該團隊為了這項交易，已經與摩根大通和喜達屋（Starwood）合作數個月，這次說明會不是真正的交易推銷會——這是原始的不動產貸款，交易由實際建築物作為擔保，這表示如果貸款違約，業主最後可能會在八千公里外的某個地方，擁有一棟實際建築物。根據規定，總回報債券基金之類的共同基金不可以購買這種形式的貸款，因此這次會議提供資訊的色彩較濃厚，**如果有人感興趣**，他們或許可以想出方法把交易結構化，好讓更多的基金可以參與。

葛洛斯的確很感興趣，他對該團隊施壓，要求提供細節，還質疑他們的估價。這種情形不少見，葛洛斯常在會議上給人壓力，不只測試交易是否可行，也測試報告者的膽量。沒有人會跳出來幫腔，你必須完全靠自己面對這個輕聲細語的單人射擊隊。你被質疑的地方可能小到頁碼出錯這樣的細節，連成年男人都可能被逼出眼淚。但是，今天的情形有些不同。

質疑拍賣問題的炮火轉向

葛洛斯不停催促，但是他們對其中一些問題沒有答案，因為尚未完全準備好這項交易，這是持續進行中的談判。這不是一筆債券交易，不是在電話或電子郵件進行，不是由一位自營商給你一個價格，和對方爭吵或表示不同意，然後你同意，雙方就會敲定這筆交易。這是一次拍賣，品浩及其合夥人正在研議，摩根大通和喜達屋已經開價，即將提出「最好的最終報價」，在有人贏得拍賣前，沒有人知道最後的數字，在價格決定前，怎麼可能會知道價格？這絕對不是葛洛斯第一次參與拍賣，為什麼他這次會這麼心煩意亂？

對葛洛斯來說，這些解釋不夠好，他是美國公債和利率交換（Interest Rate Swap, IRS）的次級市場之王，在這種高流動性的市場中，訂價都在片刻內完成。

最後包括艾達信在內的其他人都插嘴了，希望設法降低葛洛斯對這個團隊逐漸高漲的怒火，如此一來，只是把他的注意力轉移到艾達信身上。

「這麼說來，你是要買你不知道怎麼評價的東西嗎？」葛洛斯身體往前傾，激動地問道。艾達信是否和摩根大通合作，準備訛詐他？艾達信是否要把最豐厚、最有利的部分，留給自己管理的基金，剝奪他的獲利，讓他處於不利的地位？葛洛斯的想法很快就走向兩極：認為艾達信不是不知道自己在做什麼，就是要吃定他！

這毫無道理，艾達信試圖指出：「葛洛斯，你不能購買建築物。」

情況從這裡開始劇惡化，葛洛斯不但攻擊艾達信個人，也攻擊他的投資專家身分，說他是卑鄙小人，是狗屎。與會者都大為吃驚，不是因為葛洛斯很混蛋；這種情形很平常。而是因為這是新領域，葛洛斯的行為不當，也不明事理。首先，品浩的確有很多卑鄙小人，但艾達信絕對不是。其次，艾達信不可能會把葛洛斯逼到不利的地位，葛洛斯怎麼可能認為艾達信會剝奪他的權利，讓他不能買進自己的基金，甚至不能買也沒有經過評等的不動產貸款？葛洛斯錯過某些事，產生某些誤會，因此貿然得到毫無根據的結論，毫無理由地大發雷霆。

艾達信為公司帶來一些最可觀的報酬率，帶來新客戶的資金，創造隨之而來的管理費收入，他的收益基金表現優異、持續成長；這檔鎖定私募基金的基金正在獲取高額利潤。每個人都知道，如果沒有艾達信，過去三年公司獲利不會成長這麼多——這種獲利直接轉變成他們個人的薪酬，艾達信是他們的M股選擇權會轉換為股票的原因。一位與會者回憶道，**如果沒有艾達信，沒有人能拿到薪資報酬。**

他們看著未來新成長引擎的艾達信，遭到年邁的國王葛洛斯貶抑，看到葛洛斯不僅氣到身體顫抖，連帶著一頭奇特蓬亂的髮絲也跟著晃動，因此留下深刻印象。他們對這種空洞、報復性的濫用權力覺得反感，甚至對葛洛斯來說，這種情形也很不尋常，而且這麼做毫無效果。

品浩退出這筆房貸交易，讓摩根大通和喜達屋的主管感到驚訝，他們必須另外找人，買下原來屬於品浩該買的部分。這並未違反任何合約，卻有失風度，將來會找不到任何人和你交易。

艾達信很尷尬，只能向在摩根大通的夥伴致歉。

在信用違約交換上投入巨額賭注

葛洛斯並不在乎這件事，他回到辦公桌，埋首於市場中，看著螢幕上閃動的黃色報價和紅色的新聞快報。他還有很多事要做，如今他在某種程度上，仍然可能在已經不那麼蠻荒的西部，繼續縱橫捭闔。一開始，因為他們的創意、努力和進取精神，蠻荒西部有著極多可能性。現在他們仍然保有這些特性，但是競技場上變得擁擠，現在他們最大的優勢是規模很大，系統性重要金融機構的設定威脅依然存在，卻沒有這麼急迫，因為這家巨型資產管理業者的遊說似乎生效了。

從五月起，聯準會縮減量化寬鬆政策的立場已經軟化，似乎擔心自己的行動太快，干擾市場，因此政策變動似乎暫時打住，這表示葛洛斯和債券市場仍有時間因應。

公司債市場不能完全相信這些預兆，因此困在「縮減恐慌」中，企業鎖定美國現代資本市場出現的空前最低利率，爭相發行新公司債，公司債市場參與者因此困在激烈爭奪新公司債的競爭裡。蘋果（Apple）在四月才發行創紀錄的一百七十億美元公司債，不過幾個月後，這個紀錄恐怕又要被打破，因為那年春天，威訊（Verizon）需要尋找資金，推動大型併購，因此接觸一些銀行，以便出售大約五百億美元的債券。

這批債券需要特別高的殖利率，才能引誘投資人，因為這筆交易實在太大；另一個原因則是，如果歷時三十年的債券反彈已經結束，利率即將上升，企業以超低利率發售新債券的黃金時代即將結束，企業「發行新債券之窗」可能關閉。威訊的銀行業者明白，必須率先安排最重要的買家，以便確保交易能夠「底定」，從而吸引其他投資人，於是接觸品浩和貝萊德，詢問是否有興趣購買，結果兩家公司都表示願意。

威訊為這批債券訂定的價格非常優惠，引發十分瘋狂的搶購熱潮，最後約有一千億美元的資金，有意認購四百九十億美元的債券。塵埃落定後，品浩抱回約八十億美元的債券，貝萊德則抱回約五十億美元。這批債券的價格立刻暴漲，兩家公司立刻賺到巨額利潤。

在聯準會仍按兵不動的情況下，葛洛斯有更多的時間，可以相信聯準會的話，他在信用違約交換上投入巨額賭注，藉由出售信用違約交換指數（Credit Default Swap Index, CDX），也就是出售一籃子公司債發行公司的合約，賭企業未來會維持健全的信用狀態。葛洛斯獲得買方支付的溢價，交換他承擔一百二十五家指數成分公司中，將來會有一家或若干家公司債券可能違約的風險。如果沒有出現這種狀況，也就是沒有企業違約，葛洛斯的下注就會賺錢。

史無前例的嚴重虧損紀錄

到了深秋，這個賭注已經成長到高達三百億美元。另外，還要加上二十五億美元的新興市場信用違約交換指數合約，葛洛斯的賭注下得很大，賭聯準會會把刺激措施延長到明年。

賭注的規模很可觀，但是結構沒有不尋常。品浩以前曾建立信用違約交換指數合約交易，例如在二○一一年曾賣出一百一十億美元，或是在二○一二年曾買進一百二十億美元。品浩在這類交易上的獲利紀錄十分優異，這種指數合約是一種直接的工具，可以在不涵蓋複雜利率的狀況下，針對一種廣泛的信用類別設定立場，卻具有流動性標準合約的精確度。

這種巨額交易賺到錢，葛洛斯因此得到提振，卻無法扭轉這一年稍早針對美國公債做出錯誤預測造成的傷害。因為這個錯誤，他在自己成長壯大、以技巧和影響力最聞名的市場上，創造差勁的紀錄。他自己坦承，這是自己的勇氣第一次在不友善市場上面臨真正考驗，而到目前為止，他尚未獲勝。

他這次針對美國公債所做的錯誤預測，在一個重要的條件上，情況比二○一一年那次還糟，就是這次他**虧損**了，每個人都虧損，但是葛洛斯的虧損更嚴重。總回報債券基金的績效輸給六四%的同類基金，在二○一三年虧損一．九%，同類基金虧損○．九%，而績效指標數巴克萊綜合債券指數（Barclays Aggregate Bond Index）則虧損二%。

葛洛斯從一九九九年起就不曾虧損，這是他自一九九四年來最嚴重的虧損紀錄。

這次客戶不再等待葛洛斯回復正軌，他們是為了安全才來找葛洛斯——找品浩、找債券基金，找一位有先見之明，能躲避重大危機的人，照顧他們的資金。如今，這裡出現第一個出問題的跡象，他的策略失敗了，安全變成幻象。

二〇一三年五月，品浩總回報債券基金的客戶開始撤資，而且持續好幾年每個月都繼續贖回。同年十月，品浩總回報債券基金失去世界最大共同基金的王座，也失去保有五年之久的這個美名，到這一年年底，客戶的撤資金額超過四百一十億美元。

市場失誤衍生的對立衝突

市場失誤讓交易員在品浩的大廳裡，宛如受傷的動物，葛洛斯尤其如此，他對自己像對別人一樣嚴苛，而他的自責主要是來自內心，而非大眾的羞辱。

不只有葛洛斯一人受辱，套用品浩的說法，全球多元資產基金（Global Multi-Asset Fund）也是「臭名滿公司」。品浩試圖改變這檔基金產品的績效指標，從兩種指數的比重相等，改為浮動利率績效指標倫敦銀行同業拆放利率（London Interbank Offered Rate, LIBOR）的比重多出五%，但還是有人注意到該公司的這種做法。一位晨星分析師說，這種做法有點像是在比賽中途「移動球門柱」的意味。8

每個人的績效都不好，但是對葛洛斯而言，那檔基金是伊爾艾朗的問題，沒有盡好管理責任。葛洛斯說：「績效很差，而且那檔基金是伊爾艾朗真正擁有的唯一基金，那是他的小孩，那檔基金糟透了。」

那檔基金並不只是伊爾艾朗的問題，他是共同經理人，和索米爾．帕瑞克（Saumil Parikh）在內的另外三人一起管理，帕瑞克是這檔基金的首席經理人，因此負有較大責任。*帕瑞克是公司的金童，主持公司重要且正式，一年舉辦三次議題設定的週期展望論壇（Cyclical Outlook Forum），他穿著出色的西裝，留著精心修飾的鬍子，還引起一些人嫉妒，因為他非常年輕，晉升極為快速，才三十歲出頭就變成合夥人，麥考利和葛洛斯都喜歡他。

二〇一三年春天，帕瑞克在每天幾乎都會舉行的會議上，向投資委員會介紹全球原物料與資產基金（Global Material and Asset Fund, GMAF），結果很糟，這檔基金績效不佳。根據葛洛斯的記憶，伊爾艾朗插嘴，說了類似「該死，帕瑞克，你得好好補救，你得好好補救！」的話。葛洛

＊ 伊爾艾朗的律師表示：「二〇一三年初，這檔基金的首席經理人由伊爾艾朗博士，改為帕瑞克先生。葛洛斯先生做出這個決定，一再無視伊爾艾朗博士和其他人表達的疑慮。由於這個決定，帕瑞克先生在二〇一三年的大部分時間裡，最終負責該基金的決策。葛洛斯先生也決定，帕瑞克先生是其他基金帳戶，包括無限制債券基金帳戶的『首席經理人』。所有這些基金帳戶在那年的績效都很不好。到了那年年底，解除帕瑞克為全球原物料與資產基金和若干其他基金帳戶承擔的責任。彭博新聞社於二〇一三年十一月的一篇報導正確指出，直到二〇一三年底，帕瑞克卸除領導地位後，伊爾艾朗博士才提高在全球原物料與資產基金的角色。」

斯覺得，伊爾艾朗對帕瑞克的指責有點不必要，甚至不公平，伊爾艾朗至少得為這檔基金負起一些責任，因此出手干預。

但是，這麼做毫無效果。根據葛洛斯的回憶，伊爾艾朗吼道：「葛洛斯！帕瑞克是你保護的人！」

「我沒有保護什麼人！」葛洛斯回答道，但讓他大吃一驚的是，伊爾艾朗很少公開或在投資委員會會議上失去冷靜。這時候葛洛斯感覺到一些以前沒有注意，也不知道該怎麼彌補的鴻溝。即使在某種程度上，公司的未來繫於他們夥伴關係的穩定，但培養這種關係從來不是葛洛斯的工作，總是落在對方頭上。葛洛斯當時沒有意識到，後來才懷疑這樣傷害了伊爾艾朗。伊爾艾朗覺得遭到背叛，葛洛斯對他的支持不夠堅定。

全球原物料與資產基金繼續沉淪。那年十一月，伊爾艾朗最後終於上位，解除帕瑞克管理這檔基金的責任，正式接下較重要的角色，到了那時，全球原物料與資產基金已在二〇一三年下跌八%，落後九九%的同類基金。

不管試圖歸咎給誰，伊爾艾朗都必須知道規則：他也受傷了。有一段時間，可以逃避這種情形要拜他的地位所賜。以他的階級來說，責任會遭到一些稀釋，職責可以遭到忽略，至少可以暫時忽略——這或許讓他能有較長的時間，透過技巧或市場幸運的逆轉來修補。無論是伊爾艾朗或葛洛斯，個人都不會受到太嚴重的傷害。那一年，伊爾艾朗大約會帶回兩億三千萬美元的獎金，*葛洛斯則會收到近三億美元的獎金。

投身慈善，留下遺澤的想法

長久以來，葛洛斯就是億萬富豪，個人財富約有二十億美元，每年還可孳生一億五千萬美元利息——但他已不再培養富人的習慣。他有一架私人噴射機，也喜歡打高爾夫球，這種情形相當正常。他有購買昂貴不動產的習慣，但是這件事多少也和追求報酬率有關。他與蘇喜歡一起嘲笑泡沫藝術市場：蘇喜歡臨摹名畫，利用頭頂投影機來畫出準確的輪廓。她說：「為什麼要花兩千萬美元？我可以用七十五美元把那幅畫畫出來。」[9]兩人把她畫的巴勃羅．畢卡索（Pablo Picasso）假畫，掛在臥室裡的壁爐上方。葛洛斯喜歡郵票，喜歡在週五晚上，與蘇和她的家人一起吃墨西哥炸玉米餅、喝啤酒。差不多就是這樣。

然而到了二〇一三年底，那種觀點開始改變。那年十月，葛洛斯陷入某種困境，顯示他對自己的部分資金有一種迫切的新需求。

這時股東行動主義（Shareholder Activism）在各地風起雲湧，令人困擾和吃驚：股票投資人

---

* 伊爾艾朗透過律師表示，提及他薪資報酬的部分並不正確，卻並未提出更正的數字，作者提出的數字以前曾在其他地方刊出。

壓迫企業發行債券，目的只是要公司把得來的錢發還給他們！這樣利用資金的方式完全沒有生產力，尤其是因為很多行動主義分子*經營的避險基金，只對精明的投資人開放，因此這些行動主義分子迫使公司，把獲利轉給原本已經是富人的投資人，這件事其實有點不太對勁。

十月底的某天，好鬥的行動主義分子卡爾．伊坎（Carl Icahn）大聲疾呼，要求蘋果買回自家股票，這樣會抬高手中持有的蘋果股價。葛洛斯猛烈抨擊伊坎，在十月二十四日的推特上發文表示：「伊坎應該放掉#蘋果，多花一些時間學習比爾．蓋茲（Bill Gates）。如果#伊坎這麼精明，要用聰明才智幫助別人，而不是幫助自己。」[10]

伊坎上鉤了，他在十月二十八日發布推文表示：「致@品浩的葛洛斯：如果你真的希望行善，為什麼不像蓋茲夫婦、我和很多其他人一樣，加入捐贈誓言（Giving Pledge）？」伊坎和蓋茲夫婦都已對捐贈誓言承諾，要在生命結束前，捐出超過一半的財富。

兩天後，葛洛斯上CNBC的節目，表示和妻子會以自己所謂的「安德魯．卡內基」（Andrew Carnegie）誓言的方式，在死前捐出所有的錢，他說：「蘇和我已經這樣做了好久。」[11]他們已在家族基金會裡投入近三億美元，但是到當天為止，對其他小額捐贈一直默不作聲。二〇〇五年，他們捐出兩千萬美元給霍格長老會紀念醫院（Hoag Memorial Hospital Presbyterian），該醫院告訴新聞界，這筆捐款可能是橘郡醫院收到的最大一筆捐贈。（這筆捐款有一個意外卻愉快的副產品，就是葛洛斯的第一任妻子在該醫院工作，因此上班時都必須走過葛洛斯夫婦的巨大肖像。）

他們也捐贈一千萬美元給加州大學爾灣分校，作為幹細胞研究經費。近期在二〇一二年也捐出兩千萬美元，給西達賽奈醫學中心（Cedars-Sinai Medical Center）用於葛洛斯夫婦手術與程序中心（Sue and Bill Gross Surgery and Procedure Center）。兩人最近才剛捐贈兩千萬美元，給德州的一家非營利組織慈悲船（Mercy Ships），贊助對方經營浮動醫療船，為沿海國家病患帶來醫療協助的義舉。這些地區性捐款得到一些地區性注意。

累積巨額財富後反思回饋社會

二〇一二年，葛洛斯夫婦開始匿名捐贈的傳統，每次會開立一萬美元或一萬五千美元支票給有需要的人。他們曾看過一集《六十分鐘》（*60 Minutes*）的節目，看到太空梭計畫停止，工人失業後努力奮鬥的情況，受到感動而採取行動。

沒有人知道他們做過這種事，葛洛斯曾想過要怎麼做到最好，怎麼確保錢流到適合的人手中，還有怎麼用匿名方式做好這件事。他想起曾和兒時好友傑瑞，看過虛構的戲劇節目《百萬富翁》（*The Millionaire*），劇中一位名叫約翰．貝雷斯福德．提普頓（John Beresford Tipton）的

＊ 譯注：通稱為市場派。

善人，隨機送給別人一百萬美元，這個節目描述財富以有好有壞的方式，改變贏得一百萬美元的人的生活。葛洛斯和傑瑞不認識任何百萬富翁，所以只能在看完節目後，互相詢問對方：**你要用一百萬美元做什麼事？**

有一天，葛洛斯突然傳送電子郵件給傑瑞，主旨是：「提議。」他們可以建立自己的提普頓信託基金嗎？

傑瑞是退休的小學老師，看著葛洛斯變成億萬富豪。葛洛斯知道，傑瑞毫不在乎自己的財富，一點也不想分潤，對他毫無威脅。這麼多年來，傑瑞聽說葛洛斯持續遭到電話和電子郵件轟炸，希望他寄錢給他們、投資他們的遠見，讓他覺得筋疲力盡。傑瑞說：「即使他更改電話號碼也沒用，他們還是會找出來，再打電話向他要錢，他根本不想為了這種事情煩心。」

但是傑瑞說：「對像他這麼知名的富豪來說」，無論是好事或壞事，要匿名進行什麼事，幾乎都不太可能，「他不希望走在好萊塢的街道上，發送一萬五千美元、兩萬美元或任何金額的支票。」葛洛斯需要別人幫忙，想出他人應該拿到錢、審查不同的人提出的所有說法。傑瑞曾在無法獲得更多服務的社區工作，對這些東西有更多接觸，也比葛洛斯更有時間投入其中。

傑瑞同意協助，幫忙找出人，再審查他們的說詞，然後匯總起來讓葛洛斯評估。葛洛斯考慮可以免稅捐多少錢——超過一萬美元，但是通常低於一萬五千美元。

「他希望納入的唯一規定，也是他的理想，就是希望這筆意外之財，應該能讓受贈的人或家庭徹底轉變。」傑瑞說：「這不只是施捨，而是必須能推動他們設法超越；做一些事情讓原來搖搖欲墜或有問題的生活恢復正常，所以從這種角度來看，這筆錢不是暫時性的用度，而是用來推動徹底轉變的費用。」

這種捐贈減輕葛洛斯覺得自己太富有的怪異感覺，多年來，他一直覺得不舒服，或是至少曾表達這種不舒服：他在二〇〇二年一篇《投資展望》的篇首，引用十九世紀法國文豪歐諾黑．德．巴爾札克（Honoré de Balzac）的話：「巨大財富的背後，都隱藏著罪惡。」讓他困擾的是，有多少資本家是罪犯——安隆（Enron）和它的華爾街夥伴，「參與暗中欺騙美國大眾。」[12] 葛洛斯知道他和其他極為富有的人一樣幸運，犧牲別人，獲得幸運。他可以做什麼？或是應該做什麼？他當然無法停止累積財富——到了某個時點，金錢會自己複利成長，孳生股息、利息和收益，會不斷成長。

形同雙面刃的國家徵用權

但是現在不平等的問題突然變得很迫切，占領華爾街（Occupy Wall Street）運動並未真正影響品浩，但是在二〇一三年十月，葛洛斯在原本應該相當快樂的返校日時，遇到不愉快的經歷。

二〇一三年十月稍早，加州大學洛杉磯分校商學院贊助舉辦兩位最傑出校友的座談會，其中一位是葛洛斯，另一位則是拉里・芬克（Larry Fink），由CNBC的布萊恩・沙利文（Brian Sullivan）負責主持。會場選在洛杉磯比佛利希爾頓飯店（Beverly Hilton），座談會像常見的情形一樣，話題轉移到市場上，變成葛洛斯和芬克怎麼看待金融市場復甦，以及在什麼地方看見機遇。

當時品浩和貝萊德正為一個尚未復甦的領域爭執不休，加州里奇蒙（Richmond）有很多居民住宅的房貸還在溺水，也就是住宅價值仍低於所要支付的房價。里奇蒙曾建議採用激進的「國家徵用權」（eminent domain），亦即政府動用徵收私人財產的權力，來解決這個問題。通常政府會動用這種權力，徵收政府興建高速公路或公園需要的土地，而且必須支付市價，才能徵用私人財產。里奇蒙建議，動用這種權力徵收**抵押貸款**，向現在持有房貸抵押擔保證券的投資人和銀行，買下六百多棟住宅的房貸擔保證券。這些房貸都已經溺水，因此以公平市價買進，代表貸款金額會降低，屋主的欠債會減少——借款人和投資人的回收會減少，包括品浩和貝萊德在內的投資人，自然會控告里奇蒙，希望阻止這個計畫。

投資人有理由相信自己會勝訴，因為美國房貸市場的基礎，建立在政府和投資人之間穩定但非常規的協議上，美國的房貸不是自由市場的產品，而是政府監督遊戲方式的小沙盒，如果有任何房貸投資人受到傷害，政府承諾會拿錢出來。這種承諾就是使得全世界除了美國屋主外，沒有一個國家的屋主能以固定利率借到三十年貸款，同時可自由選擇在任何時候換貸的原因。政府做出這種承諾，因此人民可以得到便宜的房貸，購買住宅，建立財富。這種保證過去是暗示性承諾，直到品浩在危機中施壓，迫使政府明白表述為止。而且品浩強烈懷疑：政府應該不會為了加州里奇蒙少數溺水的屋主而食言背信。

在大家討論中的這些房貸，沒有得到任何政府實體支持，但仍適用相關協議：投資人辯稱，如果里奇蒙獲准推動那種激進計畫，一定會嚇壞貸方，如果現在這種貸款可以在未來某個不確定的時間，用強制徵收的方式予以減少，貸方一定較不願意借錢給懷抱希望的購屋者。投資人指出，里奇蒙的計畫會削弱大家對房貸抵押擔保證券市場的信心，而且「由此延伸，也會削弱大家對全國房市與經濟的信心。」（根據他們的訴狀，這個計畫也具有歧視性和違憲的問題。）

華爾街與主要大街的利益衝突

葛洛斯正在比佛利希爾頓飯店裡，聲稱在殖利率遭到人為壓低之際，投資實體資產的確有好處時，突然聽眾中有兩位抗議人士站起來高喊，質問葛洛斯和芬克為什麼拒絕與屋主談判。

芬克搖搖頭，聽眾低聲抗議。

「謝謝你的評論，先生。」沙利文伸出一隻手，希望和平解決，然後說：「各位先生，沒關係，他說得有道理。」[13]

「把這個流浪漢趕出去！」聽眾席有人喊道。

「你們為什麼控告里奇蒙，而不是跟他們協商？」一位抗議人士在聽眾的噓聲中大叫，保全人員已經朝他們走來，「協商，不要訴訟！」然後是一陣推擠。「你們得到報應的日子就要到了！別推我。」

聽眾哈哈大笑。葛洛斯看著沙利文，希望獲得指引，「我該回答嗎？」

「其實我想繼續補充他們的觀點。」沙利文在抗議人士被架離出場後說：「華爾街的憤怒顯而易見，而且在很多案子裡其實是理所當然，大家覺得遭到欺騙……我對數百萬美國人，對很多很多人對金融體系缺乏信心感到憂慮，他們可能非常有權對許多事情不滿，我們要怎麼解決這個問題？要怎麼讓大家信任這個體系？我們應該這麼做嗎？」

芬克列舉金融危機後，美國的就業機會不足，還有工資遭到壓縮的因素，卻沒有提出建議，然後宣揚里奇蒙的訴訟實際上是為貝萊德的客戶（領取退休年金的人與退休人士）推動的正義之戰，就和他身為受託人的責任一樣。

葛洛斯在芬克慷慨激昂地說話時，笑道：「說得好。」自從投資經理人成為一種職業以來，業者要捍衛投資管理業的光榮時，都喜歡說自己是為了保護孤兒鰥寡的權利。葛洛斯拾起不平等的指揮棒，表示企業獲利擴大之際，「薪資卻降低了，華爾街和企業大有斬獲時，主要大街（Main Street）*卻大有損失，最後主要大街卻是華爾街的顧客。」

我們所說的主要大街、普通人和「家庭式商店」，就是購買企業生產的東西，讓企業得以創造營收，發行債券，支付利息給品浩，他們的購買力構成約七成的美國經濟，但是不知道為什麼，金融危機消退後，他們似乎在失衡的「經濟復甦」中，承受愈來愈多的衝擊。

十月三十日，品浩的員工拿著咖啡走回辦公室時，在公司建築物外，又遇見一小群抗議里奇蒙訴訟的群眾，他們穿著的黃色T恤上，印著加州人社區賦權倡導組織（Alliance of Californians for Community Empowerment）字樣，他們來到這裡，是為了擾亂公司業務，直到高層紆尊降貴和他們談話為止。抗議人士裡，有一位名叫佩姬．米爾斯（Peggy Mears），就是先前在加州大學洛杉磯分校座談會上，打斷葛洛斯發言的兩位抗議人士之一，她現在念著一封致葛洛斯與伊爾艾朗的信，要求品浩和里奇蒙談判。抗議人士高呼口號，分發傳單，高舉黃色標語，要求品浩停止阻攔房市復甦，要求貝萊德和品浩投資社區，而不是查封社區。[14]

最後公司派公關主管塔曼出面，聽取抗議人士的心聲，他站著，雙手負在身後，抗議人士中的一位代表向他解釋，為什麼品浩應該讓里奇蒙購買房貸證券。幾英尺外，穿著西裝，打著領帶及戴著無框太陽眼鏡的私人保全人員，看著現場，不為所動。

隔天，葛洛斯針對資本與勞工之爭，發表十一月的《投資展望》，指出：「對『資本』課稅，稅率低於對『勞工』課稅稅率的現象，現在應該結束。」[15]他寫道：和他一樣屬於「一%特權人士」

＊ 譯注：泛指中小企業、中小型工廠及平民階級，代表一般受僱員工的平民階級或社會主要群體的利益，常與華爾街相對。

的人，應該支持較高的稅率。「自從我的事業生涯開始以來，我從利用資本槓桿中，從雷根與老布希總統降低稅率，減少分潤我的所得裡，獲得極大利益，我現在發現在理智上傾向同情勞工的困境。」

葛洛斯承認，品浩這家企業的基礎，建立在為了退休、買房、維持生計而儲蓄的卑微大眾背脊上。從這個角度來看，芬克自私的言論是對的：他們是為鰥寡和消防員工作。這也證明品浩對待華爾街的方式，也就是極度堅持爭取少少基點的做法極為有理。

但是這樣真的禁得起嚴格檢視嗎？那些退休人士的基金經理人選擇了品浩，如果他們真的做對了，為什麼那些基金經理人很快就變得如此富有？這樣對嗎？

葛洛斯開始覺得必須多做一點事，不管他的良知如何，在和伊坎起口角、自我檢討和遇到抗議後，他必須思考自己留下的遺澤，富有不足以讓別人將他銘記在心。

在他較為清醒的時刻，也看出自己協助建立的這個體系多少遭到破壞，他熱愛的這個遊戲——用錢賺更多錢；有秩序的小數字在螢幕上閃動；他愈探索，債券市場愈擴大，也愈成形，最後變成拿美國大眾和全世界來戲耍。

那年十二月，《慈善紀事報導》（*Chronicle of Philanthropy*）刊登一篇專訪，報導葛洛斯夫婦以「不正規的」方式，捐贈一萬五千美元的義舉。葛洛斯告訴他們：「我們對目前的所作所為非常滿意，唯一的問題是『我們這麼做夠嗎？』」15

第十二章

內部兩大巨頭的衝突

時間不早了，伊爾艾朗要求十歲女兒去刷牙，女兒不理會，他再說一遍，女兒還是不理，他嘆了一口氣。

「等一下。」[1]女兒說，接著走進房間。女兒拿出一張紙，上面列出爸爸因為工作的關係，錯過她的二十二項重要大事和活動，包括第一天上學、今年的第一場足球賽、一次親師座談會和一次萬聖節遊行。

伊爾艾朗每次錯過大事都有很好的理由：出差、重要會議、緊急電話、突然必須做的事，但是或許女兒說得對，他說：「我的工作和生活之間嚴重失衡，傷害我跟女兒之間非常特殊的關係，我沒有為她空出足夠的時間。」

一九八一年十二月十二日，他二十三歲時，父親突然心臟病發逝世。當時他在劍橋大學獲得優異獎學金和一級榮譽學位後，進入牛津大學攻讀博士，走上舒適又能發揮聰明才智的學術生涯道路。但是在他攻讀一年後父親逝世，母親和七歲的妹妹需要扶養，因此必須尋找比讀書和教書更賺錢的途徑，金錢變成目標，變成資助他維持家庭運作的必需品。

「在那之前，生活一直都可以預測。」他說：「但從那時候開始，我就不再做什麼計畫。」[2]

那麼，這種情形為什麼會讓他這麼驚慌失措？他動用時間和資源，在品浩裡推動多元化，率先提出明確的使命，以便協助公司適應不同的生命階段和經驗；同時推動公司，擺脫一群藍色西裝白人構成的同質性結構。二〇一三年，不知道為什麼，女性與有色人種在公司合夥人中所占的比率，還分別下降到一一%和二〇%。但是至少伊爾艾朗已經陳述多元化使命，表面上的改善不就是第一步嗎？（他的律師表示：「伊爾艾朗博士在這方面的真心努力和辛勤工作，公司全體都很清楚。」）

他必須做出改變。

個性與管理風格歧異的兩人漸行漸遠

葛洛斯和伊爾艾朗長久以來一直在宣揚他們的工作關係，雙方的確有不同之處，在個性與管理風格上有結構性差異，但是到了二〇一三年夏天，關係逐漸惡化，情勢變得日漸緊張。

對伊爾艾朗來說，持續不斷的訊息和不合理的要求一直折磨他，葛洛斯不斷製造不必要的可笑局面，在電視上說一些無關緊要的訊息、責備犯了小錯的員工。他表示，葛洛斯會對客戶承諾參與需要出差的活動，然後在最後一分鐘變卦，讓他臨時代理。伊爾艾朗在早上三點半起床，比每個人都早到辦公室，還在每個人都下班後才離開，為什麼他總是有更多事要做？

這一切葛洛斯都不理解，他只看到伊爾艾朗堅持在辦公室露面；伊爾艾朗關於經濟顯得輕鬆卻模稜兩可的言論，像是急速流動的水在手中溜走一樣；伊爾艾朗努力推動的「多元化」，讓他覺得有點受到冒犯，因為他總覺得自己一直試圖尋找和拔擢女性，但公司就是沒有這麼多女性可以晉升。

葛洛斯看到的是，平等機會的推動在伊爾艾朗的手裡下滑、全球原物料與資產基金的績效不佳，以及有人享受工作帶來的好處——搭機拜訪客戶、*出現在電視上、被當成「專家」，而不是執行與實行推動公司運作的必要事項。對葛洛斯來說，伊爾艾朗飛到世界各地，不在公司時，他含糊不清的措辭掩蓋無法做出果斷決定的能力，這一切讓葛洛斯愈來愈難以忍受。接著，還在帕瑞克的事情上起了口角。

葛洛斯和伊爾艾朗如今在很多事情的看法似乎都不再一致，包括公司的方向、交易和策略、

---

* 伊爾艾朗的律師表示，儘管「伊爾艾朗博士可以動用私人飛機和豪華汽車，卻沒有利用。的確，他雖然貴為品浩的執行長暨共同投資長，但一再拒絕動用可以使用的 Netjets 預算，都搭乘商務客機差旅。」

該僱用什麼人，或是該推出什麼新產品。這些不和之所以會出現，都是因為客戶每個月的撤資金額愈來愈多。不過，即使葛洛斯與伊爾艾朗私下不和，在公開場合總是保持愉快的樣子，但是現在兩人的不和已經在員工面前公開化。

即使緊張情勢日益升高、全球原物料與資產基金的績效令人失望，以及股票型基金步履蹣跚，但伊爾艾朗還是一如大家的心願，努力擴大品浩的選單，希望超出葛洛斯喜歡稱為「債券和漢堡」的典型舊式品浩債券產品。在艾達信的努力下，現在公司有各式各樣的產品，包括不動產和私募基金類型，都能為公司帶來豐厚的手續費。這樣對公司有好處，但是與利率和債券領域的距離，卻變得似乎愈來愈遠，而這個領域卻是葛洛斯支配，是他可以分析資訊比率、研判經濟方向、預測利率走勢的領域，新產品只會讓葛洛斯心煩意亂。

「對我來說，其中似乎有很大的風險。」他說：「伊爾艾朗和我開始在委員會內外都出現歧見，我不斷地說：『我們正逐漸陷入讓我感到不適的風險空間，我對艾達信銷售的這些產品一無所知，我很高興這些產品是賺錢的，卻不知道裡面是什麼！而且他甚至不來委員會。』」

過了一會兒，葛洛斯心想，公司或許應該有兩個投資委員會：一個管理正常的產品；另一個則管理風險特別高，甚至過高的產品，這可能會是解決之道，而且至少是一個構想。

他向伊爾艾朗提議時表示：「你管理一個委員會，因為那是會讓你覺得舒服的產品，而我管理傳統的委員會。」

伊爾艾朗拒絕這個構想，即使是在表面上，這麼做也毫無道理：由兩個委員會經營一家公司？造成策略和風險的分歧？投資組合中的幾個部位意外過度成長，或是不相關的風險開始重疊時，要怎麼處理？這聽起來和審慎的風險管理似乎正好相反。

「他當然認為那根本不是好主意。」葛洛斯說：「這很可能不是好主意，但是我試著控制自己想到的情勢，不讓公司進入我毫不了解的領域。在某些方面來說，這很可能是典型的世代交替，不是說這些事情有風險，可能像是我在談論一九八〇年代或一九九〇年代的熱門音樂，還不了解饒舌歌曲，你知道的，我看得出來！事情就是這樣變化，但是當時我看不出來。」

雙方衝突白熱化

二〇一三年六月的某天，在艾達信遭到讓人難以忘懷的痛罵後不久，十多個同事聚集合開投資委員會的例行會議，但是話題轉移到葛洛斯的行為：他的舉止古怪，可能會傷害公司。

這種指責在某些方面無庸置疑，葛洛斯的行為經常需要別人——通常是伊爾艾朗到處打圓場。葛洛斯回憶時，拿他為一些特定公司發布的推文為例，說道：「我會發布推文，而他回來時大致上會說：『我總是替你解決問題，替你收拾爛攤子。』」

葛洛斯記得，伊爾艾朗非常擔心葛洛斯推文提及的一家科技公司可能會變成客戶，「我不知道，只是做自己常做的事，我大概是太公開了。」

對伊爾艾朗而言，葛洛斯無窮無盡的非受迫性錯誤——還不提解釋總回報債券基金的績效、他對美國公債的錯誤決策，已經變得愈來愈需要耗費時間處理。中立的觀察家可以想見，如果伊爾艾朗不是一直跟在這位年邁創辦人後面處理麻煩，或許可以達到很多成就。他可能有時間和銷售團隊腦力激盪，找出該去什麼地方尋找潛在的新客戶，或是致力推動他時常談到的「多元化和廣納人才」。

在二〇一三年的投資委員會會議後，葛洛斯受夠別人對他行為的抵制，受夠別人假設他在不斷製造「麻煩」，因而猛烈抨擊道：「我有四十一年卓越的投資績效紀錄。」[3]他攻擊伊爾艾朗，問道：「你有什麼？」說到這一點，別人只能提到全球原物料與資產基金，這檔所謂的「全球宏觀」基金，在同類基金中的排名敬陪末座，而且伊爾艾朗管理的資產只占公司總資產的一%。

伊爾艾朗的反擊是：「我受夠了替你擦屁股。」

與會的人都嚇呆了，顯然伊爾艾朗失去安撫葛洛斯的能力，或是失去這麼做的意願。

葛洛斯通常可以從不好的互動中迅速恢復——交易員提及，他最好的人格特點之一是，如果問題解決，葛洛斯隔天走進公司時，會像是什麼都沒發生。伊爾艾朗卻不同，葛洛斯的攻擊和持續不斷的壓力會逐漸累積在他身上。

協調無效的兩大巨頭

會議結束了。既然他們的衝突已經公開，伊爾艾朗後來告訴葛洛斯，葛洛斯需要改變和員工互動的方式，需要減少侵略性，變得不那麼好鬥，要信任員工有時候可以做出投資決定。伊爾艾朗表示，他們都是擁有交易才能的成人，我們僱用他們不是沒有原因的。

葛洛斯點頭，他總是認為極度的誠實、好鬥都是表演，但也知道自己和別人不同，他一直都是這樣，直到現在為止，這從來都不是真正的問題——在他的心裡，這一直是資產。但在這家公司，彈性、靈活、迅速反應是大家覺得驕傲的特點，如果葛洛斯真的需要調整，還是能夠調整，他同意要減少對抗，或者至少他會努力這麼做。

葛洛斯似乎無法減輕暴戾之氣，原因可能是他在四月再度宣稱債券的多頭市場確實已經結束；或是他在上電視時，左臉頰必須貼著ＯＫ繃；或是那年六月是他從二〇〇八年九月以來投資績效最糟的一個月，促使他在七月的《投資展望》中寫道，債券投資人不應該「跳船」，而是應該「拿著一杯雞尾酒，告訴樂隊停止演奏輓歌，因為有品浩在掌舵，你一定會平安無事。」

葛洛斯會無法控制暴躁脾氣。在投資委員會會議時，伊爾艾朗設法描述股票策略（其實是描述和債券無關的產品）時，葛洛斯會轉移目光，表現出無聊的樣子，有時候會乾脆走出會議室，確認電話上的市場資訊，造成會議結束。

品浩的執行委員會（Executive Committee）在沮喪之餘，於十一月建立一個任務小組和兩人開會，處理他們之間逐漸增加的難題。即使在這樣的會議裡，葛洛斯還是不願屈服。有一天，葛洛斯當著一些交易員的面，抱怨所有的審查、官僚式的監督，他說：「我自己可以經管全部的兩兆美元，我就是祕書處，你們為什麼會押注在祕書處以外的人呢？」[4、5]

這不是葛洛斯第一次說這種話，但這種態度對他與伊爾艾朗要和解並不是好兆頭。

兩人在作風和技巧上的分歧，一直困擾著葛洛斯，讓他覺得心煩的事，包括伊爾艾朗的國際貨幣基金風格尋求共識的方式；伊爾艾朗一直努力說這麼多話，卻沒有說出什麼；還有伊爾艾朗只管理公司總資產的零頭，卻能夠擔任共同投資長。

葛洛斯繼續表達心煩，如果他們面對面溝通陷入僵局，就會繼續以電子郵件溝通。十一月十七日，葛洛斯寫信給伊爾艾朗，表示：「等待著你的是平淡無奇的結果——你的模式會逐漸導致這種局面。」

「唉，現在你真的逼我逼得太過分了，你的逼迫超出任何合宜和可以接受的程度。」伊爾艾朗回答：「你很可能認為，侮辱和恐嚇是跟同事打交道的正確方法，我卻不這麼想，而且我不會接受這種方法。」

伊爾艾朗開始表示想要離開，葛洛斯知道，在客戶資金逃離公司的基金，並且這些基金績效不佳之際，失去執行長一定很糟糕，他知道需要留住伊爾艾朗，否則防水閘門就會大開。

葛洛斯提議給予伊爾艾朗更多的權力，什麼權力都可以，伊爾艾朗不必後退，他可以後退，用某種方式削弱自己的角色。（當然在伊爾艾朗身兼執行長和投資長時，他不能完全離開，把公司交給獨裁者。）一位高階經理人記得葛洛斯曾告訴伊爾艾朗：「你不能辭職，我們需要你。」

葛洛斯記得，二〇一三年十一月的某個涼爽日子裡，伊爾艾朗主持當天的投資委員會會議，他和葛洛斯為了公司的風險問題爭執不下。葛洛斯看出一個機會，可以說明自己的看法。

葛洛斯記得自己說：「伊爾艾朗，我們必須走在公司前面，至少我必須警告他們，在我們的委員會會議中看到什麼風險。」葛洛斯認為伊爾艾朗不喜歡這項請求，但是他們盡責地安排一次執行委員會會議，以便討論彼此在願景上的差異。葛洛斯在一張紙上列出看法，知道伊爾艾朗會認為，這個建議意在打擊伊爾艾朗於公司的使命與工作，因此他必須小心翼翼。

等到了這一天，伊爾艾朗坐在葛洛斯對面，揭開會議的序幕。

葛洛斯開始報告，他用單調的輕聲細語說了十分鐘，列舉他覺得公司的不同投資組合中，包括「私募基金」、「不動產」持有，以及現在擁有的真正建築物，全都是在累積風險，然後總結表示，投資委員會的情勢並不是很好，其中有太多的風險，投資委員會必須一分為二。

會議室裡一片安靜。伊爾艾朗陳述反對主張時，先謝謝葛洛斯的發言，然後才開始表示：私募基金是正在創造利潤的產品；艾達信和其他人正遵循計畫；投資委員會一分為二毫無意義，反而會引發客戶的混亂，因此不是好主意。

根據葛洛斯的記憶，伊爾艾朗做出結論，「因此，我從今晚起辭職。」

大家都坐直身子。「從投資委員會辭職嗎？」有人問道。

「不是，我要從公司辭職。」

整個委員會大吃一驚，接下來一小時，這些人來來回回地詢問：「伊爾艾朗，為什麼？」

葛洛斯記得伊爾艾朗的回答是：「因為葛洛斯先前不尊重他。」伊爾艾朗透過律師表示，他「當時的回答是葛洛斯先生一再改變心意，違背承諾。」

接管絕對收益債券基金的企圖

兩小時結束時，大家已經讓伊爾艾朗恢復平靜，對他說：「『我們通宵來談談這個問題，不做其他事情，你不要現在辭職，因為這樣一來，我們必須通知安聯，對方就必須通知大眾；還是不要這樣吧！』所以他同意不辭職。」

他們可以釐清這種狀況，這件事的問題包括怎麼安撫伊爾艾朗、怎麼為一些事情重新定位、怎麼把一些責任轉移給別人，以及怎麼讓葛洛斯變得不這麼可怕，這一切都是可以做到的。

如果葛洛斯真的試著退後一步，放棄一些責任，現實狀況會對他形成特別重大的挑戰。在規模兩百八十億美元的絕對收益債券基金中，有一枚臭氣熏天的炸彈已經爆發，顯然需要有人收拾殘局，大家默認的答案是葛洛斯，但基金這樣換手不可能做得很好。

絕對收益債券基金本來應該是公司提供的最佳基金，也是公司當時最重要的共同基金產品之一，這檔基金擁有更好的配置（所有的配置）來因應利率下跌的情勢。客戶正在從總回報策略，如同葛洛斯管理的總回報債券基金中撤資，轉而投資到絕對收益債券基金。因為這種基金能擺脫績效指標的限制，免於債券多久到期，或屬於什麼級別的信用評等，或債券發行公司註冊地點之類的種種限制，所以又稱為「無限制」（Go Anywhere）基金。絕對收益債券基金可以購買會上漲的債券，也可以避免購買會下跌的債券。

葛洛斯會喜愛這種自由，這樣可以讓他從總回報的架構中脫身，在債券價格下跌的情況下，這種策略已不再是非常可靠的報酬率來源。此外，管理客戶喜愛的基金策略，遠比管理客戶討厭的基金策略有趣多了。根據晨星的資料，截至二〇一三年十月，絕對收益債券基金總共吸引一百零二億美元的資金，是同類基金中最會吸金的，同一期間，客戶從總回報債券基金撤走的資金超過三百億美元。

絕對收益債券基金雖然很會吸金，但投資績效卻令人討厭。整年裡，這檔基金的績效都很糟。這並不表示這檔基金有過光榮歲月：過去五年內，這檔基金的報酬率為五．二%，落後八三%的同類基金；截至二〇一三年十二月初，這檔基金的淨值下降二．一%，不如七五%的同類基金。這檔基金績效平庸，無法引人注目，原因有二：一是這種基金最近才由熱轉冷；二是自二〇〇八年起，基金經理人是戴里納斯。

大幅調整絕對收益債券基金的持有部位

當時五十九歲的戴里納斯是葛洛斯的老友之一，葛洛斯、戴里納斯和雷科夫這三對夫婦經常共進晚餐，他們喜歡談論房屋改裝、共同喜愛的債券交易，以及市場的未來走向，從中得到很多樂趣。

他們在事業上也有很多共同之處——數十年在品浩一起成長，一起致富，一起想到很困難的交易，如一九八三年可能不法的吉利美債券交易；或是一起回想不這麼棒的事，如戴里納斯對所羅門兄弟的一位女性債券業務員惡作劇，後來對方因為懷孕而離職，這件事害戴里納斯捲入一九九〇年代初所羅門兄弟操縱美國公債的拍賣醜聞，該弊案後來是促成所羅門兄弟倒閉的原因之一，也導致戴里納斯遭到主管機關質疑。葛洛斯和戴里納斯還因為這件事前往華府，向主管機關解釋這個玩笑，辯解沒有參與所羅門兄弟的惡劣行為，只是和那位珍尼絲女士開過無傷大雅的玩笑，主管機關發現他們並未違法，才讓葛洛斯和戴里納斯安然回到新港灘。

葛洛斯重視戴里納斯的交易和看法，就像他珍視彼此的友誼，雖然絕對收益債券基金是基金產業的熱門產品，卻是品浩令人討厭的產品，因此葛洛斯在二〇一二年十二月接管該檔基金——部分原因是從公司角度來看的確有必要，但也很可能是出於嫉妒或貪婪，或是出於想管理最酷產品的需要，無論動機為何，戴里納斯都覺得這件事讓他難過、覺得羞辱。

品浩宣布戴里納斯要休年假——嚴格來說，這是戴里納斯第二次休年假，是繼一九九〇年代因為美國公債拍賣醜聞案搞得筋疲力盡，然後不是因為工作，而是在太平洋海岸公路（Pacific Coast Highway）超速駕駛後，第二次休年假。葛洛斯在公司內部刊物《策略焦點》（*Strategy Spotlight*）中表示，絕對收益債券基金的「投資哲學、程序或方法」都不會改變，[6]但在十二月接管後，卻立刻大幅調整基金的持有部位。

戴里納斯曾建立長期公債和機構房貸債券的部位，葛洛斯把這些部位全部拋棄；戴里納斯建立美元兌人民幣的部位，葛洛斯基於對中國的長期懷疑也放棄了。這檔基金幾乎處分持有的全部信用違約交換合約、三十億美元個別公司發行的債券，以及其他四十四億美元的指數型債券，還出售公司債和主權債券的信用違約交換合約，這是一百八十度改變策略，從和信用對作轉變成押注在信用上。

執行委員會約在二〇一四年初召集一次會議，葛洛斯和伊爾艾朗之間已經解體的關係，現在是急迫的首要議程，品浩的管理階層詢問兩人，是否同意尋找一位調解人，葛洛斯表示願意。於是公司透過各種官僚機構找人，終於排定兩人與調解人會面的日期，葛洛斯和伊爾艾朗也都收到會面通知。

這時候葛洛斯卻表示，**不要，我不需要調解人，我從來不想找人仲裁**。但是當時有很多人在場，都聽到他同意找調解人，已經把這件事記錄下來，並且採取行動。對伊爾艾朗來說，這樣「顯示（葛洛斯）抗拒變革，不尊重先前的承諾。」（葛洛斯堅持，自己從未同意找調解人，還說大家聽到的是他們想聽的話。）很多高層都覺得這種事司空見慣：葛洛斯會承諾某些事，後來卻又反悔。

尋找新的接班人選

這讓伊爾艾朗陷入艱難處境。是健忘嗎？還是他天生的反向思考傾向？也許是他太習於遵循「別人總是錯誤」的神經通路，自然而然在別人聲稱（交易事項、內部事務等）任何事時，第一個傾向就是否決，即使那件事一開始就是他的主意。這種特性讓他變成偉大的投資人，卻使他變成別人無法忍受的經理人或同事。也或許他是改變心意了，卻不想說出口，因此否認先前的條件，對別人和自己否認現實狀況，如果他從未改變主意，就永遠沒錯。

數十年來，葛洛斯的記憶似乎具有選擇性。費雪回憶道，在僱用新員工後，得到沉默對待，讓她必須提醒葛洛斯，是他批准進用新人，還要勸說葛洛斯記起這件事。無論葛洛斯是有意或無意，這都是一種操縱性的權力遊戲：他改變自己的遊戲規則，好讓同事和屬下不了解其中的意義，有助於他保持完全的控制——只要他的權力仍然有效，就能繼續這麼做。

二〇一四年初，伊爾艾朗認為這一次真的受夠了，通知執行委員會，表示決定離開。二〇一四年一月二十一日，公司的五十六位合夥人參加原訂會議，很多人得知是要選出伊爾艾朗的繼任者都很驚訝。

伊爾艾朗表示會留任到三月中。一月到三月要找新執行長，時間並不是很長，對於擁有近兩兆美元資產的資產管理公司來說更是如此。但是伊爾艾朗很認真，而且因為安聯是上市公司，必須迅速宣布打算做的事。要花好幾個月做的事，必須在幾天內解決。

品浩指定一個委員會，以便尋找適合的替代人選，委員會接觸少數內部候選人，也考慮幾位外部候選人，甚至還和高盛總裁暨營運長蓋瑞．柯恩（Gary Cohn），進行非正式談話。

眾人避之唯恐不及的燙手山芋

沒有人想接任，只有營運長道格拉斯．霍奇（Douglas Hodge）很熱衷，就像一位舊員工說的，霍奇好比坐在全班最前面，紅潤的臉頰閃閃發亮，手伸到空中揮舞，等待別人的召喚。

霍奇曾協助品浩國際辦事處成長，自二〇〇九年起就擔任營運長。不過他是經理人，數十年前曾擔任所羅門兄弟的債券交易員，但進入品浩後，一直都從事經營方面工作。他的投資能力大約達到經濟系大二學生的程度；他的公眾形象優雅又有自信，一輩子都待在債券市場裡或接近債券市場。

反正這是尚有爭議的問題，因為執行長最終候選名單基本上就是霍奇。合夥人投票決定：霍奇可以帶領公司度過難關，直到合夥人釐清事態為止。

他們也決定把這個角色一分為二：一半屬於霍奇；另一半出屬於傑伊．雅各布斯（Jay Jacobs），說話溫和的他是人力資源主管，自一九九八年起就在公司效力，如今擔任「總裁」。在葛洛斯看來，霍奇是對外先生（Mr. Outside），可以處理形象方面的問題，看來很妥當的樣子；而雅各布斯則是內部先生（Mr. Inside）。

葛洛斯認為，霍奇和雅各布斯都是「他的」人，是他在公司培養的人，這應該有助於防止他與伊爾艾朗之間會碰到的問題。葛洛斯明白，霍奇和雅各布斯都知道是他造就兩人，因此應該會忠心耿耿。

此外，那時候霍奇有空：他正處在忙於不同子女入學舞弊案期間的空檔，從二〇〇八年起的十年內，他一直與大學升學顧問瑞克．辛格（Rick Singer）合作，藉由假造運動紀錄和賄賂教練，把四個子女以假運動員身分，送進南加州大學（University of Southern California）和喬治城大學（Georgetown University）。他能透過正常捐款，以購買一棟建築物的方式達成目的，但是那樣較為昂貴，需要五百萬美元以上（這並未超出他的能力範圍，因為他在二〇一三年才剛得到四千五百萬美元獎金）。二〇一八年，霍奇設法替第五個孩子辦理入學申請──「我們不必用密碼談話。」[7]他在有錄音的電話中說：「我們知道這種事情怎麼運作。」但是在他取得兒子的入學許可前，這個招生醜聞就遭到揭發。（後來霍奇表示，他是「容易受騙的人」，[8]相信自己的錢會流入「資金不足的運動計畫」，卻不知道辛格假造子女的運動員身分。他寫道：「身為重視誠實和誠信的人，我失敗了。」）

同時，霍奇才剛剛在公開場合，談到大家應該恢復大眾對市場的信任，他說：「身為公司和個人，我們需要體現值得信任的價值觀……我們任何人都不該容忍故意違反規則的行為。」[9]此外，他在其他地方曾感嘆：「在整個金融服務業，與判斷錯誤（或更糟糕的事）相關的新聞源源不絕。」[10]他還警告道：「不當文化可能轉變成一種妄想，使得可接受的不良行為，在最好的情況下，變成不道德行為，在最差的情況下，則可能變成不法行為。」同一時間，他卻開立支票給辛格，總金額達到八十五萬美元，為了讓對方在申請學校時「誇大其辭」。[11]辛格告訴他：「但這是為所有小孩做的。」

在霍奇和雅各布斯一起適應領導角色時，品浩要處理另一半的高階管理階層問題。鑑於伊爾艾朗本來應該是葛洛斯的接班人，現在需要為公司創辦人，建立可行的「接班人計畫」。結果是前景看好經理人的「副投資長」（DCIO）結構，並對葛洛斯負責，將來有一天會接班。他們找了三個人，分別是歐洲投資組合管理主管，曾擔任《金融時報》新聞記者的安德魯．波以斯

（Andrew Balls）；伊爾艾朗的門徒賽德納，和伊爾艾朗一樣出身哈佛管理公司；以及艾達信。「副投資長」的頭銜激怒了一些人，但是整體情況還算不錯。

依舊存在的點石成金能力

然後突然間，賽德納也辭職了。

他也受夠了，不踏上通往最高階層的新路，反而接下監督GMO（Grantham Mayo Van Otterloo）固定收益部門的工作，該公司是不以債券管理聞名的競爭對手。

好吧！沒問題，就只拔擢波以斯和艾達信。

一月二十一日，公司發布公告，宣布伊爾艾朗要離開公司。伊爾艾朗在發給全公司的內部通知中表示：「要決定從品浩下台很不容易。」[12]他會保留擔任安聯顧問的職位，*但是除此之外，他的未來——「較長期的事仍懸而未決」。

他希望花費較多時間陪伴家人——也就是陪伴女兒。他後來會告訴新聞界，女兒曾列出清單，說他有二十二次沒有參加女兒的生活事件，自二〇一三年五月看到女兒列的那張清單後，就知道自己必須離開。

一天後，《金融時報》刊出大不相同的故事，根據一位不具名消息人士的說法，指出伊爾艾朗會離開，是因為「冗長的工作時間」，以及和葛洛斯「經常乖張易怒的關係」，[13]這位消息人士也表示，兩人為了策略「經常爭論不休」。一位不具名的業界顧問表示，伊爾艾朗「無所不在」，據說是關係緊張的另一個原因。這篇報導指出，「少部分高階主管」知道伊爾艾朗要離開，「已經好幾個月了，然後才稱讚艾達信的投資能力，並指出波以斯確實「花費很大的功夫建立地位」。

品浩的客戶主管和面對客戶團隊極力希望能控制這篇報導。伊爾艾朗的宣告發布後幾天，他們致電三千五百位客戶，直到另一頭有人接聽為止，不能光是留言。

葛洛斯和伊爾艾朗對外互相奉承，也產生一點效果。伊爾艾朗說葛洛斯：「他的才能和奉獻精神一樣出色。」[14]而葛洛斯則說伊爾艾朗是「優秀的領導者、企業締造者和思想領導者。」

葛洛斯接受《華爾街日報》專訪時，確認伊爾艾朗離職「與爭執無關」，[15]卻承認自己很難相處，「有時候，大家會說：『和葛洛斯在一起太有挑戰性』，可能就是這樣。我會說，如果你認為和現在的我相處有挑戰性，應該看看二十年前的我。」葛洛斯告訴彭博新聞社，他們未來幾週內要任命更多的副投資長，他說：「我希望有好幾位接班人。」[16]

客戶似乎不太擔心，不知道這是因為公關活動有效，還是因為報酬率幸運地開始回升。總回報債券基金在一月的績效能跟上績效指標，或至少夠接近——這檔基金有一．三五％報酬

---

* 伊爾艾朗的律師表示：「是安聯要求伊爾艾朗博士留在集團，擔任首席經濟顧問，不是伊爾艾朗博士的主意，伊爾艾朗博士從未建議或要求這麼做，而且離開品浩七年後，他今天仍擔任這個職務。」

率，而巴克萊綜合債券指數報酬率則是一．四八％，這是很好的開始！葛洛斯把絕對收益債券基金的投資標的徹底翻轉後，這檔基金的績效也已經好轉，他把投資組合對利率的敏感性，按照標準衡量指標提高一倍以上，如果一月利率下降，將使該基金受益。而且實際情勢的確這樣發展，十年期公債殖利率從二〇一三年底的三％，降到二〇一四年一月底的二．六四％，協助品浩絕對收益債券基金在那個月創造〇．五八％報酬率，年化報酬率達到七．一％——相當優異，葛洛斯完全沒有失去點石成金的能力。

設立副投資長管理過渡階段

然而，管理階層的過渡並不順利。《金融時報》的報導並未激怒外界的很多人，但是五天後，那位記者刊出另一篇報導，他不知道用了什麼方法，取得伊爾艾朗訂定的每日作息時間表——他的鬧鐘會在半夜兩點四十五分響起，通常會在凌晨四點十五分到達辦公室，大致在晚上七點左右到家，晚上九點前睡覺。這顯示伊爾艾朗的奉獻精神、工作上的嚴苛要求，以及他覺得他必須踩煞車的原因。但是因為這張時間表極為具體，以致於在品浩內部引發偏執的妄想，到底是誰把這些東西洩露給這位記者的？葛洛斯一看再看這篇報導，覺得十分生氣，報導的最後一句話——波以斯花費很大的功夫建立地位，深印在葛洛斯的腦海，些許懷疑就此產生。

同時，取代卡什卡利的維珍妮．梅尚紐（Virginie Maisonneuve）正在市內，她大步走進葛洛斯的辦公室，提出要求：如果他希望大家認為，品浩很重視男女平等，她也必須當上副投資長。她說得很有道理。

伊爾艾朗的宣告發布後一週，品浩宣布任命另外四位副投資長：梅尚紐；公司債主管馬克．葛以森（Mark Kiesel）；芝加哥大學理論物理博士，「實質報酬率」（亦即抗通膨）團隊主管米希爾．華沃爾（Mihir Worah）；以及出身高盛，一九九八年和艾達信一起進入公司，現在經營「全球投資組合管理」的史考特．馬瑟（Scott Mather）。

葛洛斯在劇變中了解，自己必須挺身而出，伊爾艾朗的若干職責已經重回身上，都是他討厭，卻只要振作起來，就可以處理的事。聘請伊爾艾朗，目的是要讓葛洛斯有一個出路，但是現在他重新變成唯一的投資長和對外代表，必須不斷向客戶保證他們的錢很安全。

葛洛斯從品浩帳號發布推文，表示「品浩完全投入其中，電池充電到一一〇%，我做好再幹四十年的準備！」[17]

公司的公關團隊已經開會，認定除了採取最好的因應方式外，別無他法，必須把葛洛斯和新的副投資長當成公司代言人，繼續告訴大眾：公司很穩定。到目前為止，他們做得相當成功。

葛洛斯上CNBC，把整件事說得很透徹，主持人一開口，就說伊爾艾朗的決定讓她很驚訝，葛洛斯說：「我們也很驚訝，我們所知的一切，就是他還沒有新工作。而且他說過，如果有新工作上門，一定不會在金融業……所以我想華爾街和倫敦金融區可以鬆一口氣了。」[18]

二月五日，葛洛斯發表每個月的《投資展望》，再度向大眾保證。他寫道：「這一刻我們的團隊更勝往昔，請務必相信我，我和我們以幾近神聖信任的精神，迎接所有資產經理人要面對的挑戰。」[19]讀者如果不警覺，沒有注意微小的細節，就可能完全錯過這些東西。

公司內部沒有人覺得安心，葛洛斯從未擔任執行長，也從來不想當執行長，不是沒有原因的，因為他並非不動感情的官僚。從管理階層到交易助理，公司的每個人都知道葛洛斯是交易高手、傳奇交易員，而不是經理人。很多人也知道或耳聞，葛洛斯親自挑選霍奇和雅各布斯，因為兩人是風中令人愉快的細小蘆葦，可以屈從他的心願——讓公司在運作上似乎像是無人領導。

伊爾艾朗答應留任到三月的承諾，似乎只是名義上的，在伊爾艾朗的任期實際結束前，他的辦公桌就被移走了。根據伊爾艾朗的律師表示，這是出於葛洛斯的命令，而且是伊爾艾朗還在管理客戶帳戶時，「突如其來，又出乎意料」的舉動。接著他的律師表示，伊爾艾朗「被告知可以在他的辦公室工作；然後再告訴他，葛洛斯先生想把他的辦公室搬到另一棟建築」，而最後「要求他在家工作」。「一切都在光天化日下上演，損害伊爾艾朗博士的專業地位。」

品浩盡量讓《金融時報》報導的影響減到最小，卻無法維持伊爾艾朗是平靜離開的印象。幾個月內，經理人換人都沒有發出通報，感覺就有點詭異。《華爾街日報》資深記者古格里·祖克曼（Greg Zuckerman）嗅到這種奇怪的味道，拿起電話，開始撥號。

第十三章 排山倒海的輿論

二月二十五日週二，一大篇報導在《華爾街日報》頭版上刊登，標題是**品浩高層大鬥爭，世界最大債券基金大攤牌**。[1]新聞指出，伊爾艾朗會離開品浩，根本原因是葛洛斯混蛋至極，伊爾艾朗被迫離開，原因包括和葛洛斯發生極為嚴重的摩擦、葛洛斯的暴躁，以及葛洛斯的不合理要求。

不幸的是，署名的兩位記者是極有信用的老記者，葛蘭德是在放育嬰假時採訪消息來源，她和祖克曼揭露這篇報導。這兩位《華爾街日報》記者寫出葛洛斯令人厭惡的冷淡、對員工的拙劣態度、粗暴的情緒、堅持避免眼神接觸，以及在交易廳不准出聲的惡劣行徑。他們寫道，他譴責打破沉默的人，即使他們是在談論投資問題也一樣；還責罵在簡報上沒有正確標示頁數的員工，會以「溝通過失」的名義反映在年終獎金上。

這篇報導詳細描述似乎無庸置疑、極為惡劣的衝突，像是「祕書處」的暴怒、伊爾艾朗「受夠了替你擦屁股」的評論，以及葛洛斯在二〇一三年下令嚴格凍結交易，卻無法搞定問題。還有他下定決心進行一項投資後，不喜歡有人表示異議，但這樣可能妨礙達成最佳績效。《華爾街日報》舉例，引述有一位資深基金經理人認為，葛洛斯的基金中有一檔債券買貴了。據說葛洛斯的反應是：「好，替我多買一點。」顯然他只是自以為是的傢伙。

或是另一個怪異的故事，布里諾從二〇〇〇年代初開始坐在交易廳裡，有一次有客戶前來拜訪，他沒有起身，葛洛斯認為這樣很不好，還告訴布里諾，他會知道「後果」。布里諾知道這是一個測試。葛洛斯建議他開立一張一萬美元支票捐給品浩的基金會，布里諾照做了。不到一年後，布里諾就成為合夥人。布里諾告訴《華爾街日報》：「我知道如果自己不能處理這個問題，他應該不會測試我，他是頂尖人才的巨大動力。」（事件發生後，一位同事拍拍布里諾的背表示安慰，還告訴他，他們在高盛的舊團隊常做這種事，要是有人挨罵，就必須在首席交易員桌上的罐子放二十美元，一旦罐子裝滿，就會變成交易廳的午餐基金。布里諾說：「這讓我感覺好多了。」因為那個數字只是二十美元，顯示和高盛相比，品浩的地位更高。）

層出不窮的爆料內幕

《華爾街日報》引述四年前離開公司，曾是公司長期合夥人鮑爾斯的話，指出葛洛斯「經常對承擔重任、權力及高薪酬的最親密戰友，產生厭倦與警惕。經過四、五年蜜月期後，獲選之人的光環會變成荊棘王冠，以致於和葛洛斯的互動，會變成敵對、短暫及不愉快的接觸。」

這篇報導震撼債券市場以外的人，內訌、葛洛斯為交易廳訂定的嚴苛規則，還有荊棘王冠都是真的嗎？問題很多。和品浩往來的華爾街銀行和競爭對手都聽過這些恐怖故事，曾到那裡面談的人都會落荒而逃。但是大家直到現在才知道內幕。大部分的人，甚至是金融界人士，都只看到葛洛斯在電視上平易近人的角色，看過他古怪的《投資展望》。他們可能在他的《投資展望》上，看到他對腹部的肥肉全神貫注、看到他害怕自動抽水馬桶中會有「攝影機」，或是他殘酷地少付小費給女服務生，但是他們完全不熟悉他的霸凌、不熟悉他脆弱的不安全感。

葛洛斯的某些話——「我有四十一年完美的投資績效紀錄，你有什麼？」，在基金經理人和「金融推特」作家的鬆散聯盟裡、《交易機會仲介》的部落客之間、ＣＮＢＣ與彭博新聞社的播報員之間迅速流傳。

路透社的沙門寫道，葛洛斯必須退休，他的說法是「葛洛斯不可能從這篇報導的傷害中復原，他也知道這一點。」[2]伊爾艾朗的職責是「管理品浩的風險，而他覺得自己根本無法管理公司裡的最大風險。」沙門補充道：「現在正是葛洛斯離開他創辦公司的時候，也是他看著公司在更專業、較不獨特的管理中欣欣向榮的時候。」

葛洛斯當然不會考慮，但是《華爾街日報》的報導讓他嚇壞了，他後來表示，這篇報導是「壓碎機」，[3]是一項抨擊。伊爾艾朗的離開和背叛對他造成傷害，這篇報導是在傷口上灑鹽。他心想，**我現在和過去是這樣的人嗎？**他認為自己是奇特品浩家族的一部分，是分享和領導部屬，而不是迫害或霸凌手下的人。那是讓人最不安的地方，他們說的是對的嗎？

葛洛斯一生都無法理解的是，他要求大家保持沉默、要求大家避免眼神接觸，怎麼會引發這麼大的反應，為什麼每個人都反對？他是否要為努力工作而道歉？為他沒有在辦公室到處走動、擁抱每個人，說著：「嗨！莎莉。嗨！喬伊，近來可好？」而道歉？他一直都不是這樣的人，從來都不是。

在遍布蛇鯊的海洋中，卻有一個人為葛洛斯辯護，就是創投資本家馬克・安德森（Marc Andreessen）。安德森與葛洛斯素昧平生，但在大眾眼裡，兩人同樣是億萬富豪，安德森發布一系列的推文，表示「報導中描述的行為，完全是我在任何領域，見過極為成功、高效率組織中的典型行為……高效率商業組織不是迪士尼樂園（Disneyland），總是會有壓力、衝突、爭論、歧見、情緒和戲劇性事件。」[4]對他來說，聽來就和「蘋果、甲骨文（Oracle）、英特爾（Intel）、思科（Cisco）、Google、亞馬遜（Amazon）及微軟（Microsof）一樣。」

針對一切指控的自我辯駁

葛洛斯在法律文件紙上，寫下一些簡短的辯詞，如同平常一樣，列出一百四十個字的推文：「客戶至上、績效和服務是我們的使命，始終都是如此，始終都會這樣。」

但是那天下午，葛洛斯似乎被迫盡力降低損害，靠著四十年來一直為他助陣的大眾魅力，致電CNBC的《華爾街標誌》（*Street Signs*）節目，當時他最愛的主播沙利文正在主持。

沙利文興高采烈地說：「葛洛斯，非常感謝你加入我們的節目，我想你打電話來，是為了回應祖克曼的報導，或是可能要大聲斥責我們。」[5]

「在我看來，所有關於專制作風，還有伊爾艾朗與我之間衝突的揭露，都是誇大其辭。」葛洛斯似乎很氣餒、很生氣地告訴他。沙利文詢問，這篇文章中是否有所錯誤。

「我不想針對祖克曼和他的文章爭執。」葛洛斯說，忘了署名的另一位記者。

他是否真的要求大家不要說話、不要有眼神接觸，尤其是在早上的時候？

當然，葛洛斯表示。他不是早起的人，需要五杯咖啡才能清醒。但是他說：在早上八點會有人跳康加舞，「讓員工知道他們可以尖叫、大喊和盡情發洩。」員工甚至可以挑選自己的搖滾歌曲！品浩很有趣，也是一個大家庭。葛洛斯表示，伊爾艾朗會離開，是因為他告訴我們，他沒有落實自己的計畫。

沙利文詢問葛洛斯，他和伊爾艾朗是不是朋友。

「他一直都是好朋友。」葛洛斯說，他們的妻子還會一起參加慈善活動。

葛洛斯的聲音在電話上偶爾很難聽清楚，沙利文詢問是怎麼一回事。

「我用妻子的手機打電話。」葛洛斯說：「我們有點醫療狀況。」

「我現在覺得自己像混蛋。」[6]沙利文說。

事實上，蘇生病了，葛洛斯從未公開談論這件事，但是妻子進行手術後，正在住院療養，葛洛斯要到醫院守護。另外，兒子尼克的音樂世界合夥事業也碰到麻煩，他在二〇一三年曾資助兒子，然而這個事業卻在走下坡。葛洛斯不習慣這種程度的壓力。

幾天後，葛洛斯直接對《華爾街日報》記者祖克曼和葛蘭德，為品浩的文化辯護。他表示，交易廳不是溫柔、美麗的地方，但是他說：「交易廳像和家人打交道一樣，你不能總是靠著甜言蜜語與包容性，造就一個富有成效的家庭，有時候要用柔軟的愛，有時候要用強硬的愛……。兩者我都可以承認。」[7]

葛洛斯表示，有時候他會說笑話，而有時候大家聽不懂這些笑話，因此會誤解。或許是因為酸葡萄的關係，因為他是最終決策者，經常會埋下怨恨的種子，人性就是如此。

葛洛斯告訴他們：「透過別人的眼睛很難看清自己。」他說因為最近的變化，他開始分權，降低自己在投資委員會中的角色，設法授權，「這是重大變革。」

震驚外界的流言蜚語

外界日益認為，伊爾艾朗離開後，公司裡無人能和葛洛斯抗衡，但葛洛斯希望這些做法能因應變局。他歡迎大家挑戰他，甚至鼓勵大家挑戰他！

令人安心的是，品浩的德國母公司安聯認為沒問題，安聯執行長麥克．狄克曼（Michael Diekmann）告訴《華爾街日報》，該公司對新的經營結構「非常滿意」。狄克曼表示，這件事終於解決「公司是否只是葛洛斯在唱獨角戲的長期問題。」安聯會繼續從慕尼黑以遙控方式，發揮母公司的監督。

霍奇告訴《華爾街日報》，關心這篇譴責性報導的客戶似乎很少，報導刊出後，只有少數客戶和公司聯絡。他說：「事態十分平靜，他們僱用我們，不是因為大家在這裡開心談話，而是因為我們會創造績效。」

不過《華爾街日報》的報導，似乎是金融圈可以談論很多天的話題，讓大家深感震撼的是，葛洛斯的公眾形象和在交易廳的實際行為差距居然這麼大，他看起來這麼平易近人、樸實無華，好比債券市場的巴菲特。

與霍奇樂觀看法相反的是，媒體間開始流傳客戶其實開始擔心，還有流言指出，指引千百億美元資金流向的退休金顧問業者，開始把品浩列入觀察名單。現在看來，這些業者代客投資品浩，似乎變成高風險的工作。

在《華爾街日報》的報導中，有一個煽動性奇聞，就是指出近年葛洛斯每年拿走超過兩億美元。其實這個金額說得太少——在二〇一三年，他似乎領了三億美元薪酬，但是報導較低的金額總比報出精確數字安全。然而，報導的數字還是引發譁然。

先前很少有品浩的超高薪酬資訊，《紐約時報》曾在二〇一二年報導伊爾艾朗於二〇一一年約收到一億美元，葛洛斯則大約領了兩億美元，媒體立刻抓住這些數字，尤其是二〇一一年的績效其實很差勁。品浩的發言人當時不肯證實，但是如今其他記者再度報導，而且與葛洛斯相關的數字還一模一樣，現在大家覺得這些數字顯然無法否認。

在金融業榮景時，兩億美元在任何地方都是驚人數字，大約是高盛執行長一年領取金額的十倍，也大約是葛洛斯在貝萊德的競爭對手芬克薪酬的十倍。但是替葛洛斯辯護的人會指出，他是領取二〇一二年的獎金，這一年公司的績效還不錯，只是好像三明治，夾在總回報債券基金有史以來兩個績效最差年度的中間，夾在葛洛斯管理世界最大基金四十年生涯裡犯錯的兩個年度之間，他看錯時機，但這是他的公司，而且公司表現優異。

報導刊出後不久，董事比爾．波普傑（Bill Popejoy）在會議上提出這一點。他是替投資人監督公司的五位獨立董事之一，也領導董事會的公司治理委員會。雖然公司的兩位高階經理人霍奇和布倫特．哈里斯（Brent Harris）與會，但波普傑還是表示，董事會和每個人一樣，在看了報紙後，才知道葛洛斯與伊爾艾朗之間的戲劇化事件。高齡七十五歲，擔任受託人二十三年的波普傑告訴董事會，兩億美元「太離譜了」，[8]他們「應該介入」，他補充道：「如果品浩超額支付得這麼離譜，必須由我們受託人授權，才能支付過高的款項與費用。」[9]

到了三月，波普傑公開發表想法，告訴《洛杉磯時報》：「我不知道祕書處一年能否賺到兩億美元，你用這筆錢可以聘僱兩千位中小學老師。」此外，葛洛斯的績效一直都很「平庸」，他的「霸凌式」管理風格「令人憂心忡忡」。波普傑說：「如果我看到的報導正確無誤，你不能那樣對待別人，還希望萬事如意。」波普傑表示，安聯應該調查葛洛斯的行為，設法約束對方的薪資和行為。他說：「我不是建議撤換他。」[10]但是葛洛斯的薪資「需要檢討」，而且或許兩千萬美元會更恰當。

到了五月，品浩突然訂定公司基金受託人的年齡限制後，波普傑就離開董事會，還有另一位董事也受到影響離開。波普傑後來表示，這是報復他針對葛洛斯發表意見，也是報復他針對董事都是白人男性、缺乏多元化的現象，和董事長暨公司合夥人哈里斯衝突的結果：哈里斯想要一位他認識，並在美國財政部工作的男性遞補空缺，但是波普傑卻遊說大家，要任命一位女性或有色人種擔任董事。最後，他多少協助達成這個目標，雖然公司找了包括哈里斯友人在內的兩位白人男性，遞補空出的兩個席次，但也任命一位白人女性擔任董事。

企圖撕下對手假面具的反擊

在二月中，一群忠實擁護者為即將離開的領導者伊爾艾朗安排送別餐會，發起人包括波動率交易員喬許．蒂蒙斯（Josh Thimons），他們發出請帖，選定三月十日聚會，然後開始規劃。

情形很快變得明朗，這場簡單餐會帶有太強烈的政治色彩，人們因為擔心會遭到報復而不想參加。

那個週五，慌亂的葛洛斯再度在高速公路上開車數小時，往來住家和妻子手術後休養的洛杉磯醫院之間。他愈來愈憤怒，所有看過相關報導的人都認為，伊爾艾朗是非常好的人，其實不然，他們不知道伊爾艾朗有多會操縱別人，而且確實操縱**大家**！他們需要知道真相，知道實際上發生什麼事。葛洛斯需要釐清事態，現在是宣布伊爾艾朗不良意圖的時候了。

葛洛斯停下車，拿出手機，想不出能打給誰、認識哪些記者；他只記得祖克曼與葛蘭德，也知道不打電話給他們比較好——和新聞界閒聊是伊爾艾朗的事！葛洛斯的媒體關係較偏實用性和暫時性，像是債券專家即時接受債券記者採訪。對了，可以打給路透社的珍妮佛．艾布蘭（Jennifer Ablan）！她總是友善傾聽，不過她似乎和伊爾艾朗也很好，或許對伊爾艾朗最近所做的事更清楚了解。

這是我唯一該做的事，葛洛斯心想，接著撥打電話。

艾布蘭接聽電話，話匣子就打開了。葛洛斯解釋：**伊爾艾朗試圖在新聞界放毒抹黑我，我有證據**。他表示，基本上伊爾艾朗親自「寫下」《華爾街日報》那篇該死的報導。伊爾艾朗試圖詳細說明他們之間失和的關係，好讓偏向他那邊的情況為人所知，目的顯然是要傷害葛洛斯。葛洛斯說：「我對伊爾艾朗試圖抹黑我的做法極度厭煩。」[11]

艾布蘭打斷葛洛斯的話，要求看證據。她認識伊爾艾朗多年，不會相信葛洛斯所說的話。

「妳站在他那邊！」葛洛斯說：「太好了，他也掌握了妳，輕而易舉就說服妳！」

這證實一件事：艾布蘭一直和伊爾艾朗來往，伊爾艾朗很可能一直都和所有的媒體來往，現在沒有人肯聽葛洛斯的話，他們全都熱愛伊爾艾朗，葛洛斯無法和伊爾艾朗競爭，伊爾艾朗是極受歡迎的人。他的思緒飄到其他地方。

「我知道伊爾艾朗一直都和你與《華爾街日報》來往。」葛洛斯說，他知道這件事，因為他一直監聽伊爾艾朗在電話上和誰對談。

艾布蘭盡責記錄葛洛斯的話，然後發表出來。艾布蘭的報導讓大家不敢置信，難道葛洛斯認為自己是「幕後消息來源」，而不是在具名提供消息嗎？不對，他很清楚所說的話會被正式記錄，難道他瘋了嗎？

品浩的第一個反應是否認，發言人表示：「葛洛斯先生不曾發表路透社報導他所說的話，他斷然否認本公司曾監聽伊爾艾朗先生的電話，也斷然否認說過伊爾艾朗先生『寫下』媒體先前的任何報導……身為接受監理的公司，品浩依法必須保留員工的通訊紀錄，以便確保員工遵守公司政策。」

葛洛斯一掛斷電話，就知道不該打電話給路透社，他對公司的人解釋，由於妻子的手術，他多次進出醫院，深受壓力，迷失自我。他對路透社的報導不悅，但是又能如何？

信評機構的降評疑慮

根據品浩的官方解釋，葛洛斯向執行委員會承諾，不再對新聞界發表關於伊爾艾朗的進一步評論。他也出示所說的通話紀錄，是某種形式的文字紀錄，在黃色筆記本上紅字的對話草稿。品浩表示，葛洛斯告訴他們，他把車子停在四〇五號公路路肩，在車內寫下筆記，後來在後車廂裡找到這份紀錄。

霍奇和雅各布斯非常生氣，在路透社那篇報導裡，葛洛斯聽起來像是精神失常，陷入不理性怒火的人，而非在搜尋高階人才的理性經理人。

這篇報導刊出後，伊爾艾朗要求蒂蒙斯延後辦理送別餐會。伊爾艾朗解釋，情勢很緊張，他不希望弄得更尷尬，對必須繼續留在品浩的人尤其如此。

晨星把品浩整個公司的「管理評等」（stewardship grade）從「B」降到「C」，提及降評的原因包括管理階層之間「不愉快的互動」、伊爾艾朗和賽德納離開後的不確定性，以及葛洛斯「偶爾暴躁的行為」。[12]晨星分析師在三月十日拜訪品浩，詢問這些戲劇性事件是否會傷害投資績效，因為如果答案是肯定的，他們必須警告投資人。

葛洛斯深信，他現在的敵人拿到更好的擴音器，公司裡的不和可能會以實質方式，在至為重要的客戶身上表現出來，他必須加強控制相關論述、加強控制公司，必須安撫員工，說明他仍是大家的領導者，現在如此，長久也一直會是這樣，他們沒有理由害怕。他需要大家團結，確保每個人團結在他身後。

他在每季週期展望論壇探討公司較短期展望前，召開一次全公司會議。他花費二十分鐘談論伊爾艾朗的離職，希望向整個公司內可能只聽到片段訊息的交易員和分析師，分享他的說法。葛洛斯告訴在場的安靜觀眾，這些話只能留在會議室裡，不希望他的話洩露出去。

葛洛斯談到他其實不了解伊爾艾朗，他不是我們所想的那種人，伊爾艾朗曾說過，他不是領導我們前進的適當人選，他在這一點說得正確無誤，葛洛斯表示，因為他拋棄我們，他是披著羊皮的狼。葛洛斯繼續表示，他會像過去一樣堅定地掌舵，「我們會更強大，畢竟我們是品浩！」

對在場許多人而言，這場演說聽來很不恰當，尤其是「披著羊皮的狼」這句話，說得有點太過分。不過當葛洛斯說完時，整個會議室的人隨即起身，一大堆西裝革履的人齊聚一堂，為他的演說起立鼓掌。霍奇起立了，艾達信也是，和站在前面的葛洛斯站在一起，尷尬地鼓掌。他們知道實際上發生的事，在兩人爭鬥時一直在場觀戰，但是他們為了部隊假裝統一戰線。

蒂蒙斯沒有起身，這些話是在胡言亂語，會議室的每個人也都知道。

蒂蒙斯懷疑葛洛斯的領導有問題，卻並未沉默不語。同事回想起他不斷批評葛洛斯正在摧毀公司，還大聲質疑葛洛斯是不是已經老了。蒂蒙斯熱愛這裡，葛洛斯的神經錯亂、老化或是任何事物，卻在摧毀這個地方。蒂蒙斯已是全民公敵，他規劃的伊爾艾朗送別餐會半途而廢，現在又聽到這些胡言亂語。因此蒂蒙斯坐在那裡，在一個根據座次表和起立鼓掌衡量權力大小的地方，他這麼做等於公開叛變。

每季週期展望論壇揭露大家在投資展望上的另一個裂痕，因為葛洛斯和副投資長對美國經濟展望看法產生對立，他認為一切都會永遠變得有點糟糕，副投資長的看法卻相左。梅尚紐、葛以森、艾達信和波以斯四位副投資長，試著告訴葛洛斯，他太悲觀了，他對世界的看法卡在暗黑舊時危機後的「新常態」裡，錯過實際上正在美國出現的光明現實。

企業信用領導者葛以森敲著桌子，晃動著一頭橘紅色頭髮，強調他的觀點，就是美國能源市場正在飛速成長，會推動就業和經濟成長，民營企業正在復甦，就業率在增加，航空公司也一樣。「你要為中間的座位支付更多費用！」

梅尚紐表示，股市會比葛洛斯預測的成長五%還高。艾達信則說，未來兩年內，房價會上漲三%到五%。最後，他們設法提高公司做的美國經濟成長率預測。表面上，這是小小的勝利，但是內部人員卻覺得非常重大。

葛洛斯像平常一樣，在新聞界中處理這件事，後來告訴彭博新聞社：「投資委員會由債券業人士主導」，[13]他們通常會悲觀看待這個世界。品浩的新結構成立後，「委員會在樂觀主義和悲觀主義之間，變得更加平衡。」

尋找背叛者

葛洛斯正在狩獵，靜靜看著公司裡的奇怪行為增加，看著對伊爾艾朗有利的報導刊出，內部事件繼續出現在《華爾街日報》、彭博新聞社和每個地方，內部談話一字不差地被引用，有時候是在話說出之後，立刻遭到引用，怎麼可能會這樣？是誰洩露的？

懷疑開始占據腦海，這個內奸可能是任何人，可能是他最信任的副手、最老的盟友。他根本不知道叛徒是誰，他們一直都在狠狠占他的便宜、在侵蝕他，他必須弄清真相。

當時公司裡的一位內部人員說：「有一群人對葛洛斯虎視眈眈，葛洛斯管理七千億美元，很多人看到他退休的那一天，到時候這些資產會釋出，會被大家搶光。」

為了找出洩密者，品浩的法律顧問大衛·傅勒騰（David Flattum）徹底搜查公司電子郵件和通話紀錄，葛洛斯列印部分電子郵件放入活頁夾裡，還加上他的手寫筆記。他記錄自己的觀察，寫下筆記，或是列印出誰有可能是「內奸」，隨身攜帶這些東西，好像安全毯一樣。

葛洛斯和傅勒騰蒐集一份可能的內奸清單，認為是最有可能當間諜的人，還把他們叫來質問，並找副投資長華沃爾幫忙。大家似乎會突然被拉到一旁，由葛洛斯審問員工，從投資委員會成員、常務董事，到較基層的基金經理人、分析師及交易員。審問期間，葛洛斯的活頁夾就打開放在桌上。

他們在彭博新聞社找到一個聊天室，裡面有一群資淺員工使用代號談論每個人。他們投入極多精力破解這些代號，資淺員工把葛洛斯叫做「爸爸」（Papa）、把伊爾艾朗叫做「法老王」（Pharaoh）、把蒂蒙斯叫做「ＪＴ」或「賈斯汀．提姆布萊克」（Justin Timberlake）、蘇迪．馬里亞帕（Sudi Mariappa）的代號是「西裝領帶」（Suit & tie）、微軟的股票代號「ＭＳＦＴ」是指賽德納，他們也經常親切地叫他「軟迪先生」（Mister Softee）。

被指控者的自保舉動

有一位參與聊天室聊天的人記得，在某次審問裡，賽德納說了一些話，表示內奸應該是從洩露消息中獲益最多的人……也許是像蒂蒙斯這樣的人？對葛洛斯來說，這是間接證據，但仍然是證據。

而且葛洛斯相信霍奇和雅各布斯沒有保護他。有一天，他在交易廳外的一間會議室裡與兩人對質，當他低聲指控時，霍奇兩手抱頭，坐著等待審問結束，葛洛斯認為已經向他們確認得一清二楚。隨後有一位記者打電話來，詢問發生這件事的確切時刻。

對葛洛斯來說，這就是證據：難道霍奇和雅各布斯不是洩密的人嗎？如果不是他們，會議室沒有別人，就是公司電子郵件被駭客入侵，有人駭進他們的系統。葛洛斯要求針對電子郵件進行全公司檢查。（葛洛斯表示，他並未這麼做。）

系統遭到入侵嚇壞葛洛斯的幾天後，葛洛斯在執行委員會會議上痛罵這件事，其他委員委婉提醒他，他所說的會議是在交易廳附近的玻璃房間裡舉行的，六十多個人都看得一清二楚。

葛洛斯不能接受這一點：他們是在私下開會，一直都是私下開會。

經過一番勸說後——我們都看見你在那間玻璃房間裡，我們都以為你是故意這麼做，要把會議變成一場表演。葛洛斯停下來，合上大活頁夾，告訴委員會：對，實際上，這一切都是經過設計，他故意這麼做，希望藉由看見他對霍奇和雅各布斯大吼來恐嚇大家，他希望殺雞儆猴，發出要大家不要洩密的訊息。（葛洛斯質疑有這麼一回事。）

葛洛斯斜眼看著每個人，但他的注意力開始集中在兩個人身上：一位是當過記者的波以斯；另一位則是蒂蒙斯。蒂蒙斯已經知道葛洛斯在注意他，不會慢慢等待或默不作聲，而是提出內部申訴，宣稱葛洛斯說過性別歧視、年齡歧視和種族主義的話，說他曾把一位女性常務董事叫做「金髮美女」，把另一位員工叫做「埃及老傢伙」，還讓自己的投資組合管理團隊搶先做好賺的交易。

公司盡責展開內部調查，最後免除葛洛斯的罪名，但是蒂蒙斯的申訴為自己製造防護罩：如果公司現在對他採取行動，他會有一個非常有力的理由，表示有人要針對他的舉報行為進行報復，現在他變成無法開除的人。

內部風暴持續擴大

葛洛斯的另一個目標好辦多了：波以斯是伊爾艾朗在二〇〇六年協助聘僱，彭博新聞社曾刊出這位牛津大學畢業生的簡介，表示他管理的兩個最大基金擊敗九〇%以上的競爭對手，波以斯在報導中稱讚伊爾艾朗，也吹噓自己（團隊）的投資能力。這些事在其他時候，可能不會引起葛洛斯的注意，但現在他已經提高警覺。

還有《金融時報》在伊爾艾朗離開後，立刻刊登一篇報導，對伊爾艾朗極度吹捧，甚至十分友善，波以斯曾在《金融時報》工作，大家直接的想法是他和那裡的朋友打了交道。傅勒騰檢查電話紀錄，的確如此，波以斯違反公司政策，這下子逮到他了。

波以斯不得不供認，霍奇和雅各布斯強迫他發表一份具名並加註日期的書面聲明，說他曾和一位記者談話。波以斯順從地寫下報告，說明在一月二十二日第一次與仍擔任執行長的伊爾艾朗聯繫。品浩的媒體政策是：如果執行長說要做就沒問題，因此這件事合乎公司規範。根據波以斯的供述，伊爾艾朗表示擔心《金融時報》正在撰寫一篇重要報導，有位記者打算寫道：「因為安聯或客戶不滿公司的投資績效」，因此伊爾艾朗打算離開公司。

波以斯寫道：「我說自己收到好幾位記者的電子郵件，卻都沒有回應，而且要打電話給《金融時報》的一位朋友，聽取幕後消息來源，指出其中不對的地方。我和這位記者說話時，他表示報導快要刊登，介紹我去找《金融時報》的另一位記者，我撥打電話，然後和那位記者交談，針對伊爾艾朗的辭職事件提供幕後消息來源，事後向伊爾艾朗報告，說明這通電話的細節，伊爾艾朗先生當時是品浩執行長。」

波以斯寫道，他也在二月中和《華爾街日報》的一位記者談話，但他之所以會這麼做，還是在執行當時仍擔任執行長的伊爾艾朗要求。

波以斯道歉並自請辭職，品浩的管理階層認為這不理想，公司仍因伊爾艾朗的辭職紛擾不安，而波以斯是新任命的副投資長，他的基金表現優異，他們必須維持公司穩定，而且如果現在開除波以斯，對方會不會有理由提出告訴？或者至少他會不會把公司內部的真實狀況告訴新聞界？他們同意把事情延後到年底處理，到時候波以斯必須離開。

但是葛洛斯原來所說的內奸伊爾艾朗要怎麼處理？他仍然領公司的錢，在他積極努力摧毀公司之際，應該不能讓他繼續從公司得利。伊爾艾朗最近也開始在推特上發布推文，侵入葛洛斯最喜愛的這個社群媒體平台，葛洛斯只能想像伊爾艾朗準備發動什麼抹黑戰爭。*

葛洛斯要求執行委員會追溯開除伊爾艾朗，或至少拒絕發放部分二〇一四年第一季五千萬美元獎金。一些同事還說，葛洛斯希望用匿名方式在新聞界抹黑伊爾艾朗，或是引誘伊爾艾朗控告品浩，認為這樣會傷害他找到新工作的機會。他們記得葛洛斯要求大家，要用更美化的方式把他呈現給報紙記者。葛洛斯不是息事寧人的人，他想要反擊。

執行委員會拒絕了，發現葛洛斯的要求令人不安，遠遠超出專業範圍，要是客戶聽到其中的一言半語會做何感想？葛洛斯在這件事處理得不好，這時候迫切的是制定真正的接班人計畫，或許在一年這樣較短的期間內，或是更短，以免情勢無法平息。

霍奇警告葛洛斯，到了某個時候，大家可能會要他為自己的行為負責。

葛洛斯記得霍奇把他拉到旁邊，說：「我可以開除你，你知道的。」

* 伊爾艾朗的律師表示：「伊爾艾朗博士從未使用社群媒體或任何其他媒體，說過一點批評葛洛斯先生的話語。」

第十四章

偷走公司的人

如果葛洛斯的形象已經破碎，而他不知道，或是假裝不知道，就是他可能認為並不會維持太久。四十年來，維持形象讓他站在頂峰屹立不搖。就像玩牌的人說的，留在遊戲中，最後你會贏得勝利。

因此在二〇一四年三月底，品浩讓《彭博商業週刊》的席拉．寇哈特卡（Sheelah Kolhatkar），到新港灘辦公室參訪，她打算撰寫一篇封面故事，披露這家公司的新結構——伊爾艾朗離開後，公司要在葛洛斯的領導下，向全世界展現積極新面貌。

寇哈特卡坐在陽光明媚的辦公室裡，聽著坐在旋轉椅上的葛洛斯，從早上四點半起床開始的例行公事。葛洛斯告訴她，自己會按部就班地煮咖啡、餵貓吃東西、瞄一下書房裡的彭博終端機，並且吻別妻子卻不吵醒她。他每天早上會吃兩顆炒蛋，還會抓一盒家樂氏（Kellogg's）Special K藍莓香脆麥米片一邊吃，一邊駕駛黑色賓士（Mercedes）沿著太平洋海岸公路行進。車子開過拉古納懸崖附近，經過科羅納德爾瑪（Corona del Mar）社區和新港灘的路邊商場時，他的膝蓋會頂著方向盤，到星巴克買每天喝的「黑眼」咖啡——「隨便他們放兩份濃縮咖啡粉」，[1]然後大約在早上五點半，會坐在品浩交易廳裡的辦公桌。他的辦公桌後面窗台上，總會放著一個巨大的紅色活頁夾，裡面放滿列印的表格，內容是管理所有基金的部位明細表。到了早上九點，他會到附近的萬豪酒店（Marriott Hotels）踩固定飛輪，現在固定飛輪取代過去的瑜伽。

寇哈特卡一邊聽，一邊寫筆記，她走在交易廳裡，經過葛洛斯U型桌面上的七台監視器，還有旁邊原本放置伊爾艾朗辦公桌的龐大空間。

葛洛斯談起和伊爾艾朗的關係，也提到現在與過去的其他高階經理人。湯姆森說過，葛洛斯確實是很緊張的人，但這也是他能變成偉大交易員的原因。伊爾艾朗的任務是推動公司，超越靠債券吃飯的時代。葛洛斯承認，沒錯，兩人有過摩擦，葛洛斯說：「伊爾艾朗出身國際貨幣基金，始終是身處大型會議的人，會議上的人愈多愈好；而我一直覺得人愈少愈好，因為這樣可以避免共識性的迷糊仗。」

寇哈特卡曾參加一次投資委員會會議，那次會議上爆發「激烈爭辯，辯論大家是否可能知道利率在多久後會上升」——葛洛斯堅持，在幾個月前，根本不可能會發生這種辯論。事後，葛洛斯一面吃著火雞肉三明治，一面告訴她：「在我看來，每個人都願意參與真是太好了。在沒有人以『老闆』自居的情況下，這種新結構的挑戰是確保風險和報酬之間，能進行適當調整，但我還是要負起最後的責任。」

葛洛斯告訴寇哈特卡，迫在眉睫的大問題是「這個由副手組成的快樂家庭」，能否讓客戶滿意。「我敢說客戶希望我們快樂，過著很好的日子，但關心的重點是**自己**要快樂，我認為這一點始終是我們的重點——你的快樂第一，我們的快樂第二，我認為『妻子快樂，生活就幸福』這句話正確無誤。」

葛洛斯表示，公司內部的快樂當然不會自然轉化成優異成果，實際情形正好有點相反。「讓每個人笑著離開會議桌，不見得總是有效的過程，或許生蠔裡應該有一粒砂才會產生珍珠，或許其中應該有些衝突。」他說，必須在太專制和太甜蜜之間求取平衡——看看什麼組合會產生正確結果。

他說：「像船長一樣，我們希望建立一支擊沉其他海軍船艦的戰鬥隊伍，而不是快樂卻必須駕駛救生艇的部隊，這就是其中的危險——當中並非全部都是愛、親吻和乳酪蛋糕甜點。」

專制領導者的故布迷陣

寇哈特卡回到紐約撰寫報導，她和品浩聯絡，查證事實。公司繼續等待，同時葛洛斯繼續發動魅力攻勢，儘管他覺得完全沒有得到支持，卻繼續這麼做：四月十日，他上彭博電視的節目，主播崔西．黎根（Trish Regan）立刻詢問，為什麼伊爾艾朗離開後會謠言四起？葛洛斯坐立不安，尷尬大笑。她又問，葛洛斯是否認為受到媒體公平對待？

「過去兩個月有點愚蠢。」[2]葛洛斯說著，頭髮也隨著他搖頭而飄動。「突發新聞偶爾會害葛洛斯生氣！」

「是不是因為葛洛斯偶爾會生氣，才害伊爾艾朗離開？」葛洛斯根據《華爾街日報》報導的觀點，解釋道：「答案是否定的，不過從我和公司的觀點來看，如果伊爾艾朗大聲說出口，釐清事實，支持他曾經引以為傲、曾經協助建立的公司，對大局應該會有幫助……然而，他卻沒有這麼做，他沒有開口，對我們來說這是一個謎，坦白說我們極為失望。」

黎根捏了一下自己的臉，關心地問道：「知道他為什麼不大聲說出口嗎？這是否解決你們內部正在處理的一些問題？」

「不，我覺得不是這樣，而且我們覺得這是一個謎團。」葛洛斯說著，黎根點點頭。「他只說自己不是率領公司前進的人，他一直這麼說，卻沒有解釋。」葛洛斯舉起手，像是有放著伊爾艾朗祕密原因的隱形盒子。「他其實沒有說失去興趣；顯然他對市場還有興趣。」他現在擔任安聯的「首席經濟顧問」，而且已經為各種通路撰寫金融相關專欄。

葛洛斯皺著臉，裝出小孩困惑的模樣。「我只想說：『別這樣了，伊爾艾朗，告訴我們原因。』因為在過去兩個月，頭條新聞造成的紛擾其實遭到相當程度的誇大，不能顯示這家公司現在、過去和未來的結構。」

「葛洛斯先生，你對這件事做何感想？」黎根催促地問道：「知道這個人和你共事，而且其實他是受到信任的夥伴，還是你的共同投資長，想到他的離職和不發一語，你覺得如何？」

葛洛斯嗤著口水，表示：「我想自己比較了解他，我要坦白說，我們聘請他當我的接班人，因此這樣會讓我生氣嗎？對，這樣會讓我生氣。這樣會讓我灰心嗎？其實不太會，因為就像我說的，我們現在很可能有一個，」葛洛斯的一眼眨了眨，接著說道：「有一個比過去更好的未來。」接著他在背誦公司的新結構，雙眼都快速眨了眨，但是眨眼的速度太快了。他說：「那是不同型態的公司，是具有包容性的公司，還有，對了，希望葛洛斯會從容許討論，甚至可能從容許歧見的角度，回答大家的問題。」

品浩的員工瞠目結舌，在交易廳看著這場表演。葛洛斯知道伊爾艾朗離開的原因，現在這樣說到底希望達成什麼目的？葛洛斯說：**伊爾艾朗，告訴我們原因？**伊爾艾朗不是簽過不能揭露真相的協議嗎？葛洛斯是否知道伊爾艾朗不能說話，卻故意引誘他開口？隨著燈光熄滅，葛洛斯拿下麥克風，照理他不該說和伊爾艾朗有關的話，卻已經說了，這次有錄影帶、腳本，他無法否認，這確實引發一陣小小的噓聲。

禁止與媒體接觸的封口令

葛洛斯離開現場時，雅各布斯打電話召集高階經理人開緊急會議，葛洛斯沒有受邀，甚至不被告知。他們決定，不再容許葛洛斯上電視或與任何媒體接觸，他要暫時停止露面。

雅各布斯必須傳達這個消息，當時葛洛斯正忙著勸誘已經「退休」四年的麥考利重回公司。找回麥考利，對葛洛斯應該有幫助，也能讓公司找回信心，像以前一樣穩定。

根據葛洛斯的說法，雅各布斯是說話平靜、緩慢，要花一些時間才會談到主題的人，但是雅各布斯最後終於告訴他：委員會已經決定，暫時禁止他在媒體露面。

葛洛斯勃然大怒，**我甚至沒有獲准參加自己的絞刑**。他說：「我是執行委員會的一分子。」他微弱的聲音極度顫動，「你們不能這樣對待委員會的任何成員，更何況是這麼對待我，我至少有資格列席聽取！」

雅各布斯鎮定地提醒葛洛斯，他受訪談話的文字紀錄顯示，說出**伊爾艾朗，你為什麼要離開？**這句話，即使他知道自己受到限制，理當不能談論和伊爾艾朗有關的事。葛洛斯清楚記得雅各布斯告訴他：「葛洛斯，你顯然不受控制，所以我們顯然要控制你。」

葛洛斯大叫道：「你我之間**完了！**」他在盛怒之餘，也可能說出要辭職的話。為什麼不能說？不管公司的管理階層多想控制他，他們都不能冒險讓他辭職，在一團混亂之際，更是不能如此，這樣會毀掉這家公司，這是他的王牌。

他們不了解的是：公司**需要**葛洛斯上電視。客戶每個月仍從公司共同基金家族裡的每檔基金中撤資，這種情形不是大家全面減持債券，撤走資金的現象，而是只從品浩撤資，其他債券業的每家公司看到的都是資金**流入**。

隔天，《華爾街日報》刊登伊爾艾朗談論自己離職的專訪，伊爾艾朗說：「我們的作風總是不同，這讓我們在服務客戶、領導公司在順境和逆境中前進方面，都是非常好的互補，這種狀況順利運作很長一段時間，直到去年為止。」[3]

每個字似乎都是為了觸怒葛洛斯，激發他認為伊爾艾朗欺騙每個人，好讓大家都愛伊爾艾朗的感覺。總有一天，大家會知道這一點。

崛起的下一個世代

雖然領導者的行為讓大家愈來愈絕望，雖然他們擔心接下來會發生什麼恐怖的事，但品浩的高階經理人、分析師和交易員還是努力推動業務，像是一切正常、完好。混亂中有一個補救的因素，就是葛洛斯現在**會**讓大家說話，甚至在投資委員會也一樣——與葛洛斯和伊爾艾朗雙雄並立，坐在長桌前，輪流主持會議時相比，現在的情況是一大改進。如今他們坐在圓桌旁，像武士一樣。而且葛洛斯有點不舒服地往後坐，每開七次投資委員會會議，只主持其中一次，讓六位副投資長輪流當主席。實際上，他或許可以放鬆控制。

葛洛斯接受彭博電視的災難性專訪播出後四天，寇哈特卡的《彭博商業週刊》特大封面故事出刊了，報導內容差強人意，相當公平，但是封面上的葛洛斯揚起眉毛，抬頭凝視遠方，雙掌舉起，下面是斗大的搞笑式標題：我真的這麼混蛋嗎？

寇哈特卡引述葛洛斯「用蘇斯博士（Dr. Seuss）童書裡角色唱歌般的聲音」說話，[4]大量用第三人稱提到自己，告訴寇哈特卡：「我們的葛洛斯在過去兩個月，一直都不是對自己處境滿意的人，但是不快樂的船長仍必須駕駛船舶，穿過礁石。」

品浩盡力控制損害之後，現在需要把重點重新放在投資上，幸好資金雖然繼續外流，但是投資績效終於好轉。

新副投資長馬瑟在四月告訴彭博新聞社，品浩在脫離「新常態」的架構，經濟「正重新朝向新目的地前進」。[5]一週後，葛洛斯致電給同一個節目，表示馬瑟「宣稱新常態已死的話有點過分」。[6]葛洛斯說，公司其實大致上仍走在同樣的「常態」道路上！

整個春季和夏季裡，葛洛斯這類悲觀派人士與公司內部樂觀派人士之間的鴻溝愈來愈大，而且賭美國經濟成長的樂觀派績效勝過葛洛斯。副投資長的新部位似乎為他們壯膽，而績效擊敗葛洛斯，可能是讓他們更有膽量的原因。葛以森和波以斯加碼較長天期的債券，結果這是正確做法，他們與艾達信打敗總回報債券基金。

他們也可以大膽一點，因為極端選擇突然變得可用，也就是他們可以選擇離開。過去公司的老員工離開時，經常會人間蒸發，像威廉斯一樣被華爾街列入黑名單，或是如同許多其他人筋疲力竭。但是賽德納告訴他們、提醒他們，離開還是可能的選項，他在一月離開時，聲勢是他們見過離職人員裡最大的，還找到真正的新工作。

奇怪的新權力動態正在形成，債券業經過多年擴張，新產品和電視上的新面孔層出不窮，葛洛斯現在開始看來像是眾多基金經理人之一，而且像是平凡的一位經理人——總回報債券基金變成拖累，隨著資金持續外流，葛洛斯的權力現在似乎大致上是從其他基金經理人借勢而來，而不是其他經理人借他的勢。推動公司獲利的人是艾達信，不是總回報債券基金，下一個世代已經崛起。

引人注目的新中道理論

葛洛斯正在用自己的方式努力恢復。到了五月，他傳送一封電子郵件給執行委員會，要求每位委員思考從伊爾艾朗辭職以來發生的所有事情，包括沒有開除伊爾艾朗；不顧伊爾艾朗做出對公司不利的事，**照樣**付錢給他；以及伊爾艾朗立刻在安聯獲得高階職位；還有大家沒有解僱葛洛斯稱為「X先生」（Mr. X）的波以斯等；最後一件事則是禁止葛洛斯和媒體來往。這些是正確的選擇嗎？他們當時這麼想，現在仍然這麼認為嗎？

收到電子郵件的人商量後，認定個別回應似乎會適得其反，他們應該把一切都說出來，一起徹底討論，共同對過去的一切進行嚴格檢視。

所以他們回答所有的問題，在個別的郵件中，感嘆伊爾艾朗的背叛令人心碎，雖然他已經離開，卻仍造成嚴重破壞，當時做決定的時刻讓他們十分難過，普遍感覺是：那些選擇都不是最好的選擇，卻勉強稱得上持平的選擇：他們必須咬牙切齒地付錢請伊爾艾朗離開，否則可能要冒險面對醜陋的破壞性訴訟；把伊爾艾朗留在安聯是一項錯誤，卻可能多少有助於控制他在公開場合所說的話，在某種程度上來說，反正大家也不知道能不能不付錢給他。他們必須禁止葛洛斯和媒體接觸，給他時間恢復冷靜。他們可能應該邀請他，參與做出這個決定的會議，但結果是正確的，委員會必須能夠執行政策，否則公司管理階層就會變成笑話。

艾達信在電子郵件中慎重以對，他寫道：葛洛斯是創辦人，應當控制自己的命運，但是他們需要他集中注意力。霍奇和雅各布斯不是敵人，敵人都在外面，在雙線資本（DoubleLine Capital）與貝萊德之類競爭對手的公司裡。公司士氣受到影響，大家都開始聽說葛洛斯的行為。

葛洛斯對這件事有一個應對方法，就是和以前一樣發動公關攻勢，只是這次攻勢比較強大，目的是扭轉他專制領導者的印象。

那年五月的「長期展望論壇」結束後，葛洛斯正在研讀公司知名經濟顧問克拉里達的總結觀察報告。葛洛斯要從這次論壇中寫出結論，以便制定公司未來三到五年的架構，他在克拉里達的報告裡，看到「新中道」（New Neutral）這個完美的名詞。

這個詞彙引人注目、反覆出現，又是「新常態」的成功重複展現。

「現在找到了。」葛洛斯說，還用筆圈起來：新**中道**。

溝通團隊拚命力推這個新名詞，財經媒體也詳細解說，新中道稍微複雜一點，比新常態還難了解一些，但是基本上兩者的意義大致相同，是各國中央銀行重視的「中性利率」（neutral rate），也就是聯準會應該什麼事都不做的神奇水準。

品浩主張，市場對那種利率的估計值太高，因此錯過一次安靜卻穩定的反彈，沒有什麼東西能創造那麼高的報酬率，但是這種利率會平和地前進，這是比較平靜的新常態。

品浩把重點放在較短天期的債券上，因為市場高估聯準會升息的速度，品浩買進高收益債之類風險較高的產品，不是因為期望得到暴利，而是希望獲得穩定、低波動率的利潤。

「我們現在有一個論點，就新中道而言，我們要堅持自己的信念。」[7]葛洛斯說：「相信我，到了二〇一四年底，品浩會提升到頂峰，而不會只是接近中間。」

市場盤整下的勒式交易

那年夏天，美國經濟的表現夠好，卻沒有暴衝，保持微溫，讓聯準會保持不動如山的立場，仍具有支撐經濟的力量，卻沒有趨向升息的動能，因此葛洛斯在他最愛的一種策略上加碼——賣出波動率，打賭市場起伏不會像其他人憂慮得那麼激烈。

整個夏季，品浩公司都盡量默不作聲，賣出跨資產類別的波動率，涵蓋的資產包括股票、政府公債、公司債、外匯，只要是公司能清楚建構交易的領域，都打賭價格波動會緩和。

為了強力表達這種觀點，葛洛斯下令在股市進行巨額交易，名目交易金額超過十億美元。他賣出六萬口和標準普爾五百指數有關的合約，賭股價指數在一定期間內，漲跌幅度都不會超過二％，指數的漲跌範圍介於一千八百四十點到一千九百二十點之間，合約到期日為六月二十日。在選擇權的天地裡，這種策略是「勒式」交易。然後他賣出另外一萬口合約，指數的漲跌範圍為一千八百四十到一千九百四十點。他在利率和主要信用衍生性金融商品指數上，也建構類似的賭注，打賭兩者會在指定範圍內狹幅波動。

市場顯得平靜而緊張，價格居高不下，聯準會急於改變方向，交易清淡，這種情形經常可能表示出現跳空和波動劇烈的交易。葛洛斯賭得非常大，有鋌而走險的意味。

品浩巨額交易的謠言迅速傳開，這個夏天安靜而無聊，因此這種超大賭注變成跨越資產類別，成為所有人熱議的話題：客戶為了自娛，在完全不相關的會議上，詢問自營商與「標準普爾勒式交易」相關的問題；銀行之間議論紛紛；分析師也在記錄中間接提到這些交易。

品浩透過一家銀行，執行大部分的股票交易，希望保持低調，但卻無法阻止八卦亂傳，不是因為夏天沉悶難解，不是因為主角是品浩，而是因為金額極為龐大，交易集中在少數「履約」價格。有人估計，出售這些合約讓品浩賺了一億多美元，但是如果標準普爾五百指數不配合，交易落在葛洛斯的價格範圍之外，那些溢價可能會迅速消失，甚至不只如此。

從品浩手中買進這些合約的自營商必須避險，也就是要像品浩一樣，賣出同樣的交易。自營商每天必須稍微調整部位，好避險到風險中立的程度，自營商透過基本的維持作業，扮演護欄、市場壓力的角色，好讓情勢保持在品浩劃定的範圍內，因而讓這些交易變成自我實現交易。

除非發生若干外在災難（該公司當然是打賭會無災無難），否則這些交易的結構有助於這種交易策略暢通無阻。

在這種怪獸級交易進行和成交之際，新聞界終於把注意力放在品浩的思想領導者地位上，而不是放在葛洛斯的個性或有毒文化上，情勢看來正逐漸步上正軌。

全新大樓帶來新氣象

五月底，公司搬遷到全新大樓，用行動強化這種動能。先前公司規模成長到明顯超越原本的低矮舊建築時曾考慮搬遷，有些人考慮稅務優惠，提議搬到雷諾（Reno），也曾慎重考慮在附近的爾灣，興建一座占地廣大，讓人印象深刻的園區。但是葛洛斯無法想像必須打亂自己的日常例行事務，突然每天早上都要面對新的轉折，他喜歡從拉古納懸崖邊開車進來，抵達時尚島購物中心，停在科羅納德爾瑪的星巴克或玫瑰烘焙咖啡館（Rose Bakery Café），買甜甜圈和咖啡，然後在太陽升起前，慢慢進公司。他的這一票很重要，因此品浩在二〇一一年聘請開發商爾灣公司（Irvine Company），在距離舊辦公室不到一英里遠的新港中央大道六百五十號，興建一棟二十層樓的新大樓。

新大樓看來更優美、更閃亮，平滑外表是如同奶油般的羅馬經典義大利洞石，和舊建築窗戶間交錯的凹凸不平白色外骨骼大不相同。新大樓的窗戶閃閃發亮，使用的玻璃充分利用日照，提高能源效率，超高圓柱保護著內縮的入口，雖然外面一排棕櫚樹平和地搖曳，整棟建築卻帶給人自信十足與盛氣凌人的感覺。

新大樓的建坪有一萬六千七百八十坪，有一座高樓禮堂，實際可以容納公司大部分的人，大樓裡也有一個真正的廣播錄音室。整棟建築斥資超過六千萬美元，品浩是唯一的用戶。《橘郡商報》指出，這棟建築在三十年內都是新港灘最突出的新辦公大樓。

新家容許公司推動結構性變革：交易部門現在分布在三個樓層，投資組合助理（負責照顧投資組合的繁重工作）在十九樓，投資組合經理人（較高階的員工）在二十樓。這種實質劃分清楚說明很多人的感覺，也就是覺得不同角色之間的鴻溝日漸擴大，階級之間的向上流動性日益下降，和一九九〇年代托洛斯基與雜亂小組時的情形大不相同。但是經過金融海嘯、資金流入及僱用新人後，組織層級變得像服裝規定一樣正式，南加州很流行人字拖，這裡卻是住著西裝革履居民的南加州島嶼。

在這棟新建築裡，坐電梯比爬樓梯方便，這表示葛洛斯更難以躲避別人，他說：「你會看到每個人。」

雖然這棟建築很豪華，有人開始把這裡叫做「堡壘」（Fortress），但是搬遷這件事卻遭受新聞界嘲弄，有人談到新建築的「詛咒」，就是企業決定搬到較大、較華美地方的那一刻，就是公司的巔峰，這家公司的成長已經結束。

堡壘裡的人卻不這麼想，新辦公室讓人感覺像是新學期：削尖的鉛筆和全新筆記本。而且在五月底，還有另一個有力的因素增進這種良好感覺，就是麥考利回來了。

品浩大肆宣揚這件事。好一個麥考利！每個人都熱愛麥考利！他回到公司，帶來多年正確建立的閃亮品牌光環，同時他的頭腦清楚、平易近人，又有吸引力，和媒體關係也很好，對公司只會有好處。有著懶洋洋的維吉尼亞州口音，個性溫和。麥考利總是備受歡迎、平衡葛洛斯的友善力量，有著安定人心的鎮定。他重新加入公司，會顯示公司還是老樣子，而且在重大經濟思想上仍遙遙領先其他人。

麥考利告訴新聞界：「對我來說，品浩永遠都是亞瑟王的城堡卡美洛。」[8]他和葛洛斯與品浩在各方面都極為一致，他說：「我和品浩在新中道的路線上，緊密到透不進一絲陽光。」[9]

對葛洛斯的崇拜則是刻意營造的，霍奇在宣布聘請麥考利的聲明中說得很透徹：「葛洛斯是我們這個時代最有天分又最成功的投資大師，他靠著個人的領導能力，延攬麥考利進入公司。」[10]

對追捕洩密者的鍥而不捨

六月初，霍奇主持一場數百名員工參加的全體公司會議，花費一些時間，稱讚葛洛斯在投資方面持久不變的技巧和熱愛。當霍奇說話時，葛洛斯站在旁邊，欣慰地看著。

「四十三年前，他帶著遠見和熱情創辦品浩，今天我們正在體現他的遠見。」霍奇說：「我們全都虧欠之至，謝謝您。」[11]

會議廳裡掌聲雷動，大家再度起立鼓掌，在交易員和研究分析師的注視下，霍奇與葛洛斯極為熱情地握手，幾乎變成熱烈的擁抱。即使這次霍奇不是奉了葛洛斯清楚的命令，才會如此奉承，這樣的行為也是聰明的政治行動，因為葛洛斯對霍奇主導的業務部門愈來愈不滿，認為他們沒有全力以赴，資金仍然繼續外流。六月初，葛洛斯和品浩合夥人私下會晤時，曾公開說出這種感覺。霍奇把業務計畫交給葛洛斯時，葛洛斯責問霍奇：他們打算怎麼補救？有什麼具體做法限制葛洛斯基金的資金外流？

霍奇回覆道：「有一個委員會在處理。」有一個小組正在尋找明確的方法，以便扭轉業務，留住緊張不安的客戶，他們正在努力解決問題。對葛洛斯來說，在任何時候，設立委員會都是絕對錯誤的做法。葛洛斯反駁：如果設立委員會就有用，讓霍奇擔任執行長還有什麼意義？霍奇應該知道這個計畫，應該知道他們正在做什麼。

葛洛斯繼續追捕洩密者，審問與指控正在升級。葛洛斯並未顯示穩定下來的跡象，開始表示，除了「X先生」已經明白確定是波以斯外，也要追捕搞洩密和破壞的「Y先生」（Mr. Y），他明確認定Y先生是蒂蒙斯。雖然有其他名字在名單上出現和退出，副投資長馬瑟就是一例，但葛洛斯卻確定壞蛋是波以斯和蒂蒙斯，但是對於該怎麼處置兩人卻束手無策。

儘管如此，派葛洛斯在二〇一四年六月舉辦的晨星投資會議上發表主題演說，明顯是品浩的禁忌，畢竟公司已經禁止他在媒體露面，在一大堆財富管理專家、記者和轉動的攝影機前公開演講，可能應該受到類似審查，但不知為何公司疏忽了。

離題失控的公開演說

六月十九日，芝加哥的巨型舞廳裡擠滿客戶和潛在客戶，這裡是利益關係人士最集中的地方，鑑於品浩最近爆發的動盪不安，每個人都全神貫注，即使觀望者也是如此。

因為燈光亮得刺眼，所以葛洛斯走上講台時，戴上無框太陽眼鏡，頭頂上的擴音器播放著由卡洛斯．桑塔納（Carlos Santana）和羅布．湯瑪斯（Rob Thomas）合作的著名單曲〈平穩〉（Smooth）旋律，就像每位演講人和每個研討會一樣，葛洛斯上台是任何人都能記得的場景。

當葛洛斯站在台上時，從被眼鏡遮住的眼角，看到自己的巨大影像投射在後面的大型螢幕上。他說：「實際上，當你七十歲時，需要一些東西、需要道具，甚至連男人都需要一些化妝和一些物品，因此我在開始著裝時，就加了這些東西。」[12]他比一比陰影後，又說：「而且我自言自語說：『兄弟，這個人看起來很酷！』」他哈哈大笑，觀眾也笑了起來。

「如果你想了解我，只要詢問晨星分析師艾力克．賈可布森（Eric Jacobson），他現在就坐在前面的桌子，因為過去幾個月來，我告訴他一百多次，說我是多麼偉大的人，而他現在應該也能告訴你，他應該已經記住這些話。」

他說，這一切都讓他想起電影《戰略迷魂》（*Manchurian Candidate*），在這部片子裡，士兵在韓戰期間裡遭到洗腦，為了要告訴美國大眾，專制的隊長是「他們一生中見過最和善、最熱情、最了不起的人」。

他又補充道：「我在工作上從來沒有這麼快樂過。」他笑著開始解釋公司的新副投資長結構，表示霍奇和雅各布斯「超出期望」。

「如果地球上有一個更快樂王國，這個王國可能是在聖塔莫尼卡高速公路（Santa Monica Freeway）北方十五英里的迪士尼樂園。」他說：「不過那是一個幻想，我在這裡說的卻是實際情況，我們在新港灘過得很快樂，我們是一個快樂王國。」說到這裡，他停下來，看著台下。

然後他繼續針對結構性超額報酬，提供優美的解釋——他說，這是通往快樂王國、通往總回報賓士汽車的鑰匙，是他們勝過任何人的關鍵。他解釋所有的波動率賣出，表示品浩樂於賣出保險，因為其中有過於頻繁的錯誤訂價。

沒有人在聽他的話。這時候品浩已把大部分的巨額部位平倉，這些部位在春季和初夏吸引很多交易員，部位的規模極為巨大、極為沉重，以致於可強迫市場，促使這些交易成功運作，但卻只能取得千鈞一髮的勉強成功。那年秋天爆發的劇烈波動如果早點出現，一定會摧毀品浩。

但是參加芝加哥會議的人卻把重點放在《戰略迷魂》，放在太陽眼鏡，整場演說有如火車事故，品浩公關人員驚恐地看著這種景象。

壓力之下，日益不受掌控的創辦人

演說結束後，葛洛斯分發新名片，對品浩管理階層的其他人來說，這清楚顯示是葛洛斯事先計畫好的，而他們並不知道，他還特地為了這種場合印製名片，這不是最後的機會、不是意外或衝動，而是有預謀偏離自己承諾的行為，品浩領導階層甚至再也無法預測他的行動。葛洛斯已經離群，不再屬於他們這一隊。

隔天，葛洛斯拜訪品浩紐約分公司，他不喜歡旅行，所以難得到那裡，這次拜訪理應是重要大事，但是他覺得前一天的烏雲籠罩在頭頂上，他看過報導、頭條新聞及推特，知道這些噱頭未能如他所願地出現。

數百位員工聚集在時髦的曼哈頓中城分公司會議廳裡，葛洛斯覺得必須針對這次慘敗說幾句話。霍奇站在近處，紅潤的臉孔一片茫然，現場情緒緊張不安。

葛洛斯說：「我希望能重來一次。」[13]他的話很快就會傳到《華爾街日報》，「我不會再戴太陽眼鏡，」而且「我並不完美。」

葛洛斯最近承受很多壓力，以後他會解釋。不只是在公司承受壓力，在家裡也一樣：妻子恢復健康，但是他的婚姻不再那麼順利，而且兒子尼克的合夥事業陷入不斷惡化的衝突，看來愈來愈有可能必須控告另一個年輕人財務管理不善。*麻煩很多，葛洛斯有藉口可以推託。

他在晨星投資研討會議上的演說，也讓品浩陽光明媚的總部蒙上一層陰影，大約一半的普通員工公開懷疑葛洛斯是否已經失控，是否已經衰老或出了什麼問題，基層員工的這種猜疑特別嚴重。其他人覺得這種情況並不意外，他們知道的葛洛斯總是怪異、粗魯、無法預測，曾因為報告文件每段沒有縮排被趕出會議室的人更是心知肚明。

葛洛斯最近發表的《投資展望》，對大家的情緒也沒有幫助。數十年來，大家當然看過他在每月一文中出現一些怪異的東西，但是他在二〇一四年四月，寫道已經過世的母貓鮑伯，會看著電視上的葛洛斯，也會看著他進出淋浴間。「我不是特別害羞的人，但是話說回來，為什麼一隻名叫鮑伯的母貓會一直看我？」[14]他寫道：「牠對我的沉迷延續到電視上，我上CNBC時，牠會注意到，而且跟對我本人一樣關注。」然後在五月，他寫道打噴嚏是「坦率、有點色情、在哈啾前後令人極為爽快的壓力釋放！空氣和十萬隻細菌從你的鼻子噴出，速度比印第安納波里斯五百英里（Indy 500）賽車還快。」[15]在六月，他又寫到自己為什麼沒有手機的事：「現在我堅持要聽現場吱吱喳喳的鳥聲，而不是聽憤怒鳥（Angry Birds）的叫聲，我覺得虛擬實境（Virtual Reality, VR）似乎有點**不真實**。」[16]

* 他們的確提出告訴，那個年輕人也控告葛洛斯和他的兒子，這起訴訟在二〇一五年十二月和解。

與葛洛斯最密切合作的人最擔心，他的決定和行動愈來愈難以預測。品浩管理階層懷疑能否信任他，試圖和他一起掌控這件事，如果他們不能信任他，就無法做好自己的工作。

幾個月以來，葛洛斯一直在公司要求屬下公開支持他。他在公司十分孤獨，他們都沒有保護他，霍奇、雅各布斯和其他人必須把他與公司的破碎形象重新黏合，確保他們看起來還是協調一致。公關團隊則部署員工到媒體中，以便進行「幕後消息來源」卻不註明出處的對話，說明他們怎麼加入品浩，和最偉大的傳奇投資大師葛洛斯學習。

那年夏天，霍奇寫了一篇充滿諂媚的「觀點」，公布在品浩的網站上，稱頌葛洛斯數十年的投資績效。他寫道：「我們不知道在固定收益投資的歷史上，還有哪個人曾比葛洛斯為更多的人創造更多財富。在我們看來，沒有另一位經理人曾在這麼長的期間裡，投資過這麼多的錢，得到同樣優異的績效紀錄。」

葛洛斯來訪後幾個月，紐約分公司陷入新的混亂：到處都是臭蟲為患，高階經理人和員工身上遍布咬痕，大家都擔憂會把臭蟲帶回家，擔心衣服和包包裡都藏著臭蟲，以致必須花費數千美元，按照倒楣紐約人的共同傳統，薰蒸公寓和房子、丟掉衣櫥、在烤箱裡烘烤衣服與書籍。

品浩把數百位紐約分公司員工從中城的建築，暫時重新安置到紐約上州。一位發言人告訴福克斯財經網（Fox Business）的查理．加斯帕里諾（Charlie Gasparino）：「這個問題在紐約市並不罕見。」[17]加斯帕里諾揭露這則令人難堪的新聞後，《富比士》、《紐約》（*New York*）雜誌、

Gothamist新聞網站都競相追蹤報導。《紐約》雜誌的凱文·魯斯（Kevin Roose）想知道，「這種侵擾是否可能是精心策劃報復計畫的一環，由一位遭到解僱、姓名不一定與『布罕默德·貝爾費朗』（Bohamed Bel-Ferrian）押韻的高階主管所推動。」[18]

竊取公司的當眾指控

八月十九日，品浩執行委員會開會研商企業策略，委員圍著桌子坐下時，都準備好要開一次冗長的會議，因為公司在創造報酬率和獲利成長方面，碰到真正的大問題。

會議開始後不久，產品管理主管溫蒂·柯普斯（Wendy Cupps）率先談到，她的團隊最近正在為客戶開發一些產品。幾分鐘後，葛洛斯打斷談話，表示柯普斯在未經實際投資資金的投資組合經理人同意下，過度主導開發產品，不能充分保證新產品的品質。」葛洛斯說：「妳正在竊取公司，產品部門正在竊取公司。」不知為何，葛洛斯試圖把推進股票的營運問題歸咎在她身上。

談到股票，葛洛斯無論如何都不想投資，他們為什麼要介入股市？股市一再創新高，目前的股價實在太貴，現在買進股票太離譜，公司沒有蒐集到足夠的資產，不能證明從事這種業務確實有道理。

柯普斯是公司少數擔任或接近領導角色的女性，一直都在盡力做好職責要求的一切工作，也就是協助公司前進股市、支持基金經理人和開發新產品。她的報告就像她的為人，幾乎不符合品浩的標準要求，她在公司力爭上游，在二〇〇四年升任為合夥人，並獲選進入執行委員會，是當時三位女性常務董事之一。

柯普斯沒有「竊取公司」，在場每個人都知道。公司在核准新產品上有正式流程，包括要通過幾乎完全由投資組合經理人組成的委員會。而且他們全都記得，葛洛斯在二〇〇九年的委員會會議裡，極力要求公司推進股市，**加速進行，不然我就要找別人來做。**雖然這是五年前的事，卻是葛洛斯惹出來的風險，他應該承擔，為什麼柯普斯要承受這種非理性和非常公開的攻擊？

柯普斯反駁，葛洛斯不懂她主管的領域。他說，的確如此，但是妳不需要天氣預報才能知道風往那邊吹。柯普斯試著提醒他，這件事經過委員會批准流程，而且二〇〇九年的會議，他堅持**每個人都喜歡他提出的這個提議**，其他人也試圖用類似觀點表示反對。最後他們嘗試重新開會，繼續討論其他議題，有人提到不動產。

葛洛斯又開始反對。我們到底是從什麼時候開始購買實體建築的？我們現在為什麼要這樣做？房地產價格太高，應該不可能賣出，我們會被困住，然後要怎麼辦？我們現在要管理租賃業務嗎？公司現在需要緊縮開支、需要回到過去，做公司最擅長的事，我們不想要這些人。

最後，葛洛斯把注意力放在霍奇身上，痛罵他沒有經營業務的能力，罵他無力阻止客戶的資金外流，他到底知不知道公司的使命宣言？

就在葛洛斯勃然大怒時，可以感覺到會議在他的怒火下分崩離析，他的抨擊如此尖酸刻薄，眾人在震驚中散會。沒有完成半點工作，可以說是一無所成。

葛洛斯看著他們成群安靜離開，覺得空氣中有種好鬥和不安的感覺，他很清楚社交默契，看得出來他們正在離開他，這句話不只是字面上的意義。這次會議令人覺得沮喪，葛洛斯覺得霍奇很怠惰、無能，支持對方出任執行長是一個錯誤，但也可能是自己有什麼誤會，那種權力不可以隨意運用——或許那種權力更微妙或更有限，而且有時候可能會用盡。

葛洛斯馬上要去度假，離開辦公室大約兩週，留下這群人無人看管，可以自由自在地構思反叛他的行動。如今大家不再遷就他長篇大論的抨擊，過去的服從已經消失無蹤，只剩下激烈的摩擦。

不再遷就的管理高層

隔天是八月二十日，柯普斯傳送電子郵件給執行委員會，重申在品浩的完善制度中，「所有新產品」都必須經過投資組合經理人占大多數的委員會「核准」，而且每種新產品都需要一位投資組合經理人「贊助支持」。她表示，她的團隊不但沒有塞進差勁的產品，反而以產品低於標準為由，拒絕投資組合經理人提議的很多新產品，她會樂於提供這份名單。

執行委員會連續第二天開會——柯普斯沒有參加，她事前安排要出差，這天的會議成效高得出奇。葛洛斯再次提議提開，他之前反覆做出這個提議長達一年之久，但現在是他首次覺得時機到了。他知道自己已經不合時宜，要辭去投資長的職務。（但葛洛斯表示他當時沒有要提出辭職。）而且如果冒犯了柯普斯，他很抱歉。

執行委員會的一些委員覺得葛洛斯想提供協助，甚至想遞出橄欖枝，至少希望在他們發起反對行動前先發制人。不過葛洛斯補充說，有一個條件是他們必須開除他所說的X先生波以斯和Y先生蒂蒙斯，他可以離開，但是如果他離開，這兩個人也必須走路。

在葛洛斯在提出建議後，也傳送一封電子郵件給管理階層，表示他即將和妻子出門乘船遊覽，即將脫離公司的網絡。當他不在時，他們可否替他訂定一份正式提案？等他得到充分的休息回來，沒有那麼激動，可以看看他們規劃了什麼。

霍奇回信表示，祝你們假期愉快。

第十五章

債券天王走下神壇

葛洛斯休了將近兩週的假，在這段時間裡，辦公室突然顯得平靜許多。副投資長和管理階層的其他人覺得輕鬆自在，或許他們有了一點小小的希望，情勢可能好轉，或許葛洛斯現在知道自己太過分，真的願意和大家合作。

霍奇、雅各布斯及執行委員會的其他人製作一份簡報，把日期訂在九月五日，一張又一張投影片詳細說明，可以用什麼方式建構公司的未來，他們刻意用葛洛斯的話，清楚列出他的要求，希望他認得這些話，從而可能聽進大家的建議。他們把簡報名稱訂為「葛洛斯的要求」，目的是怕他忘記、好像忘記或假裝忘記自己曾經這樣要求。葛洛斯提出的要求，包括減少面對客戶、減少由他負責監督的客戶人數、減少他一向討厭的管理事務、增加他熱愛的純粹投資、專注從事債券與衍生性金融商品業務、由他負責從戴里納斯手中奪走的絕對收益債券基金、專注債券的基本維生事業，以及在年底前完成所有流程。

其中有一個令人痛苦難過的地方，葛洛斯曾明確表示願意辭去投資長職位，條件是必須把他認為最糟糕的兩個「內奸」——波以斯與蒂蒙斯趕出公司，但是霍奇和其他人覺得這很荒謬，公司與波以斯有一個計畫、一項法律協議。此外，葛洛斯已經退位，還告訴艾達信，這件事完全由副投資長決定。而且在法律上看來可能具有報復意味的期間內，公司都不能採取開除蒂蒙斯的行動，葛洛斯都應該知道，而且理當知道。

如果他們悄悄忽略這個要求，問題就會消失。葛洛斯極為「健忘」，可能在看過簡報後，對其中的建設性前進路線極為滿意，不會注意到遺漏他唯一的要求。

出乎意料的實際反應

但當葛洛斯從航行之旅回到現實生活時，頭腦很清楚，似乎找回一點眼界，可以看出他一向都能看清楚的事，也就是品浩是他的，品浩就是他。突然間，他不再記得為什麼會讓他們把自己逼到這種處境，難道只是因為在那次愚蠢的會議中，他在心裡提出關於公司可怕走向的重要觀點嗎？難道品浩所有新首領都忘記公司是他創辦，他們的財富也是他協助積聚的嗎？難道這些在公司成長的英雄因為變成千萬富豪，就自認為非常聰明嗎？他們在其他地方能變得這麼富有嗎？是葛洛斯造就他們的財富、造就**他們**。所以，他為什麼要下台？

葛洛斯甚至還沒回到辦公室，甚至還沒看他們精心製作的簡報，就燃起熊熊烈火並燒向他們。他傳送一封電子郵件，表明絕對不會退縮，絕對不會提出這樣的要求。

霍奇和執行委員會成員對葛洛斯回來時的答覆雖然有所警惕，但還是出乎意料——公司領導者居然出爾反爾，在大家先前商定的實質策略性企業倡議上，有一百八十度大轉彎。看來葛洛斯不是說謊，就是瘋了，他先前的提議是真誠的要求，或只是想在他離開時，讓大家白忙一場，同時安撫大家？他們無法預測他的行動現在變成常態。

九月八日週一早上，葛洛斯像平常一樣，看來神清氣爽地走進辦公室，他還沒有結束。那天下午，他傳送一封新電子郵件給執行委員會，突然回顧他在八月那場激烈會議上的想法。

日期：二〇一四年九月八日下午兩點三十六分

主旨：八月十九日／二十日會議摘要與紀錄

回顧我們八月下旬的會議紀錄摘要後，我覺得會議變成較是像近期策略會議，而不是長期事業規劃會議……

他以完全冷靜、正常又專業的語氣表示，只想提出八點，主要是為了駁斥會議紀錄上的說詞，其中一點是：「紀錄提及討論我們的使命宣言，我記得我們根本沒有討論這件事。」

紀錄也指出，投資組合經理人應該著重市場「（而不是著重增加管理資產）」，葛洛斯認為，這是在「明確指責」他所說的「產品」觀點——他沒有指名道姓，但柯普斯是在沒有得到投資組合經理人同意下逕自進行。

而且霍奇說過，品浩應該「最大化錢包占有率」[1]和「抵擋費用壓力」，葛洛斯認為，這是徹底的執迷不悟，難道是想在這種環境下，設法向客戶收取更多費用嗎？葛洛斯表示，當他們必須注意費用時，卻讓獲利驅動公司。而且在會議紀錄中，並未反映霍奇所說品浩是主動型債券基金管理業者，公司確實是經營這種事業！但是葛洛斯說，因為公司買進私募基金和不動產之類的所有產品，已經變成被動型管理業者——依賴槓桿獲得報酬率，也依賴市場上流行的產品獲得報酬率。

葛洛斯的言詞令人困惑迷惘。在投資上，「被動型管理」的意義很明確，和葛洛斯的用法幾乎相反，被動型管理指的是指數型基金，會購買每檔股票，以便得到市場的平均績效。艾達信的私募投資業務和葛洛斯了解的意義正好相反，屬於頻譜裡「非常主動型管理」的一端，大量集中購買一些仔細挑選的私營公司，或是購買購物中心的問題貸款，這些產品都無法靠著自動更新試算表就能達成，葛洛斯是否在說這種策略只是借錢，購買建築……然後等待呢？

忍無可忍的反動

艾達信私下回覆葛洛斯的信，寫道：「沒有東西是被動型管理。」這些產品不只要搭便車，而且私募投資業務的結構槓桿很低——實際上，比葛洛斯管理基金中所用的槓桿還低，而且這些私募基金表現優異，提升公司的品牌。

葛洛斯回信給艾達信時，副本傳送給執行委員會所有委員。他重申艾達信的策略並非真正的主動型管理，表示如果品浩可以出售像私募基金一樣的被動型管理產品，應該考慮擴大這種業務。

艾達信再度回信，這次傳送副本給所有委員：好，我再說一次，私募投資是超級主動型的投資，與買進和持有債券，只能希望發行公司績效優異相比，私募投資主動多了！他寫道：「私募基金和許多傳統基金不同，只有替客戶賺錢時，才能收到可觀費用，近年公司的傳統基金收取很多費用，卻沒有替客戶創造超額報酬，甚至還創造負的超額報酬。」

「你總是告訴我們，身為投資組合經理人，主要關心的是投資人的報酬率。」他寫道：「我認為這是公司長期成功的關鍵之一。」

「祝你好運。」葛洛斯的回信寫道：「沒有人願意面對我的電子郵件中提到的重大長期決策。」然後補充道：「順便要說的是，這些電子郵件往來具有建設性，而不是具有破壞性，執行委員會的其他成員應該注意，應該**真正**討論一下，而不是當成由議程決定，時間總是不夠地討論大綱。」

一些屬下懷疑或確實開始覺得，葛洛斯的怒火較不像和企業策略有關，較像是彰顯他深深的恐懼、痛苦、伊爾艾朗離開造成的情感殘留，那次決裂形成的背叛、暴力及羞辱；葛洛斯自己的基金資金外流，他是市場之王的債券時代逐漸式微；公司在複雜性、規模、策略和員工總數等方面極度成長，遠遠超出他能掌控的範圍；總有一天，他可能必須讓位；即使有數十億美元，還是要面對死亡。

執行委員會所有委員都能看出這一切，卻不容易保持同理心。任何形式的分手裡，都會有關上開關，關係中所有投入歸零的時刻，葛洛斯不了解這一點，但是在他回來後的某個時候，燈光已經熄滅。

難分真假的解決之道

他們設法尋求解決之道。九月十日，華沃爾和雅各布斯、霍奇、傅勒騰聚會，他逐漸扮演中間人與治療者，設法弭平斯和其他人之間的鴻溝。華沃爾告知，他已經和葛洛斯談過了，這次他把葛洛斯稱為「好人老葛」，認為葛洛斯很快就會安定下來，同意減少職責。

同一天，高階經理人在華沃爾的要求下再度開會，這次是和葛洛斯開會，葛洛斯會提出怎麼辭職的最新建議。雖然幾天前，他才說過自己永遠不會退縮，但是現在似乎明瞭自己不能再回頭。

在會議上，葛洛列舉可以怎麼轉移他的眾多基金，怎麼尋找取代他的人。在霍奇、雅各布斯、柯普斯、華沃爾和傅勒騰等人的傾聽下，葛洛提議與一位共同投資長分享自己的角色，還表示他們可以立刻開始尋找替代人選，或者他可以只監管固定收益的部分，而其他每件事都可能屬於華沃爾的職權範圍。

葛洛斯提議在共同投資長的情境下，由他繼續和共同投資長監管總回報債券基金一年，直到二〇一五年十二月三十一日為止，屆時他會有秩序地悄悄下台，然後表示會只管理絕對收益債券基金和幾檔其他精選投資組合。

公司高階經理人都坐著傾聽，不發一語。一個月前，這一切很接近他們想聽的話，但是現在已經太遲了。他已經燒傷他們太多次，以致於這場會議幾乎像鬧劇，是他們全都上場演出戲碼中的一景。

感覺上，二〇一五年十二月三十一日距離現在好像還有幾百年，會留給他太多空間，讓他可以再度欺騙大家。如果他的行為正常，或許他們可以建一個台階讓他走下，讓他擔任名譽董事長之類的職位，但是他已經表現出，即使由自己畫線，也不會留在線內。

葛洛斯表示，還有一件事，就是波以斯應該辭職。他說：「現在正是時候。」

一位與會者回憶，霍奇和雅各布斯異口同聲地告訴他，投票時沒有人支持你。他們為這件事投過票，葛洛斯的提議遭到否決。葛洛斯很驚訝，他們在他缺席時投過票？他又有七月時的那種相同感覺，有些事情從他的指縫中溜走了。他感到絕望，只好告訴自己，**我是投資長，如果我不能用那種方式開除他，我會要求他離開。**

霍奇詢問葛洛斯能否離開會議室。葛洛斯收拾文件，走了出去，雖然他在波以斯這件事遇到挫敗，卻覺得很樂觀，他的建議很好，他會找到前進的道路。

慎重規劃「應變計畫」

葛洛斯一離開，少了一位委員的執行委員會，開始討論顯而易見的問題。首先，葛洛斯建議的時間實在太久。其次，他對還由他管理的基金沒有安排明確的接班人計畫，絕對收益債券基金要怎麼辦？他要管理到死才放手嗎？他們要怎麼對客戶解釋？這種情形怎麼可能會是實際計畫？這樣的討論很空洞，這時候連考慮他的建議似乎都在做白工，沒有人認為可以再信任他。最後談話圍繞著一個似乎不可避免的問題展開，這個構想已經在他們心中成形，就是如果他不肯和平離開，可能必須開除他。

執行委員會確實已經出於需要，開始為這件事預做規劃，就在彭博電視於四月播出他糟糕的專訪，以及他事後威脅要辭職後，他們已經開始慎重規劃「應變計畫」。霍奇和其他高階經理人已經設立「過渡委員會」（Transition Committee），而且在過去幾個月，他們已經列出葛洛斯最大客戶的清單——這些客戶持有資產高達數千億美元，並在假設情況下分割這些客戶，決定誰可能處理那些資產。

所幸下一步已經很明顯，艾達信顯然是大家最愛的下一位投資長，每個人都喜歡他。他們知道，權力和資金不會完全交給他，因為他已經擁有部分權力，而且他不會反覆無常，也不會濫用職權：他曾擔任一個委員會的主席，負責監督品浩在世界各地的交易廳和資金管理團隊。數年來，基金經理人同事都推選他擔任執行委員會的代表。最重要的是，艾達信很可靠，他的收益基金在二〇一三年擊敗九七％的競爭對手（在三年和五年都贏過九九％的同類基金），同時管理的私募基金賺到數億美元利潤。

再下一階的職位才會出現競爭，例如由誰接管總回報債券基金？接班人的先後順序如何排定？就像金融界常見的情形，誰的名字排第一至為重要，葛洛斯任命的接班人確實排名第一，但事實證明有些人對葛洛斯太忠誠，華沃爾就是這樣，他在員工審問時站在葛洛斯這邊，一旦戰爭結束，這種情形看來不妙。

肆意行動終於引發人心向背

品浩的每季週期展望論壇是在那個週一中午舉行，各地頂尖投資專家會聚集在新港灘，辯論短期經濟狀況，決定交易策略，就像平常一樣。這表示波以斯會從倫敦飛來新港灘。

葛洛斯叫助理打電話給在交易廳的波以斯，請他和葛洛斯見面，兩人踏進葛洛斯的辦公室。根據某人對這次見面的回憶，葛洛斯告訴波以斯，**這件事和你我有關**。在下一次執行委員會會議結束時，兩人中有一人不會再待在這家公司工作。

「猜猜看是誰？」

「我嗎？」波以斯說。

「不是，是我。」葛洛斯說：「因為他們會投票支持你，而不是我，你會贏得勝利，但是無論如何，我希望你辭職。」葛洛斯說為了公司好，波以斯必須下台。

葛洛斯表示，不是現在就辭職，你先和雅各布斯與霍奇談談，還有和家人談談、傅勒騰談談，花幾天考慮，做你需要做的事，明天來開執行委員會會議。

隔天，葛洛斯再度蒐集所有的文件，這次他要在執行委員會前作證。波以斯沒有出席，不要緊，葛洛斯會讓其他人相信，應該開除承認自己是內奸、洩露消息給新聞界，以及破壞品浩的波以斯。

在葛洛斯說完後，霍奇開口前，與會者幾乎毫無動靜。霍奇一開口就說葛洛斯沒有這個權限，沒有得到能要求常務董事辭職的授權。

葛洛斯設法還擊，告訴他們，他剛和公司律師談話，對方表示在公司章程中沒有任何一條能阻止他——

霍奇插嘴問道：他是否試圖強迫波以斯辭職？

沒有，葛洛斯說，他沒有強迫，要求不是強迫，要求**考慮**甚至不是要求。

艾達信受夠了，這麼做實在荒謬、危險。數個月以來，他一直向同事抱怨，訴說不滿，葛洛斯的行為變得如此無法預測，自從伊爾艾朗離開後，情況變得更嚴重。艾達信和伊爾艾朗、賽德納一起看著這場鬧劇，看著葛洛斯把戴里納斯推入火坑，接管絕對收益債券基金；看著葛洛斯的告密者活頁夾愈來愈厚，當時他還說非常希望擺脫這一切，如果可能，希望埋頭做自己的工作。然而情形愈來愈明朗，整個局面不會改善，艾達信必須採取行動。

那個週四是九月十一日，艾達信和一位律師談話，到了週末，他拜訪一些同事，希望徹底詳談公司的前途，他們必須想出方法，以便跳脫這種混亂的火坑，想通未來應有的樣貌。艾達信告訴品浩管理階層的其他人，他已經習慣葛洛斯的齷齪行為——他們全都如此，但是最近公司的運作已經受到危害，如果這種情形繼續下去，他一定會離開。不只是艾達信，少數重要合夥人一個接一個，告訴管理階層同樣的事，表示他們準備離開。雅各布斯說受夠了，柯普斯也說受不了，他們都無法再與葛洛斯共事。

艾達信即將叛變的消息像熱病一樣，在員工之間流傳，自從賽德納在一月離開後，大家都聽過他的分析：沒有一個正常人能替葛洛斯工作。較基層員工面對這些出自高層的嚴重新威脅時，都在思考葛洛斯離開後，公司會有什麼新局面。

在某種程度上，葛洛斯知道不該激怒大家，但是事情進展神速，而且有時候他的衝動很正確，因此放任自己肆意行動，他為了已經排定舉行的投資組合經理人會議，花費很多時間，規劃座次表。他過去曾利用投資委員會和其他會議上的座次表，反映哪些人是他的愛將。但是以這次會議來說，座次表似乎沒有必要，因為會議室甚至沒有坐滿。和他一起坐在長桌的是華沃爾和梅尚紐。艾達信、波以斯及馬瑟甚至沒有坐在那張桌子旁，艾達信坐在圍繞的第一排椅子，波以斯與馬瑟則坐在第四排，遠離其他重要人物。這種安排顯然有冷落、小氣和幼稚的意味，似乎意在羞辱他們，大家都看得出來。

逐漸升高的共識與僅存的盟友

九月十一日週四，葛洛斯聽說艾達信、柯普斯和雅各布斯三位常務董事威脅要辭職，幾小時後，他聽到又多了兩位常務董事表示要辭職，卻沒聽說是哪兩位，是什麼人不要緊，他可以感覺共識在升高。情況變成不是他們死，就是他亡的局面。

葛洛斯一直把別人拉到一旁，告訴他們沒有能夠開除他的足夠票數，如果他們試圖獨力發動政變，他一定會知道是誰在搞鬼，但是隨著日子一天天過去，他愈來愈不確定。

不久前，他在中學同學會會場外，坐在汽車後座極為焦慮，不敢獨自走進去，直到看見兒時好友傑瑞已經到場才走進去。最後葛洛斯躲在派對的角落，傑瑞看到葛洛斯，立刻走來，因為他知道，對葛洛斯而言，這種情形是艱難的處境。

「他可以走進債券市場，投下五億美元的賭注，我卻會心臟病發作。」傑瑞說：「但是要我走進同學會會場就完全沒問題，即使我不認識所有人，或不知道會發生什麼事，也是這樣；葛洛斯卻不會覺得非常好過。」

同學會上會有一大堆他不懂的社交默契，整個會場人潮洶湧，都是他多少認識，充滿共同經驗的回憶，還有某種程度感覺溫暖的人。即使當時他們不認識，現在也每個人都認識他了，他們會端著啤酒走上前，說些最奇怪、最不恰當的話，總是向他探問與「債券市場」相關的建議。葛洛斯會侷促不安，不知道該怎麼回答，不知道自己的回答應該多嚴肅，不知道他們實際上想從他這裡聽到什麼建議。看來他們好像只是想和他說話，通常他會設法保護自己，防止談起這種話題，他會坐在傑瑞旁邊，詢問**是否知道這個人是誰？**傑瑞會說不知道，他們必須詢問別人。葛洛斯需要這樣的緩衝，需要能坐在一起的人。

九月十三日週六早上，葛洛斯來到華沃爾的家和他談話。華沃爾是他最後一個真正的盟友，對他仍然忠心耿耿。葛洛斯解釋各種反覆、所有的建議，並且詢問華沃爾為什麼大家對他這麼不滿，他真的不懂。

華沃爾溫和地解釋，談起與波以斯有關的所有事情，表示業務方面的人絕對不會放手。葛洛斯詢問華沃爾會怎麼做，他說華沃爾是有投票權的執行委員會委員，有權決定他的命運，到了萬一的時候會怎麼辦。

華沃爾表示，他絕對不會投下對葛洛斯不利的票。有了華沃爾和他自己的票，委員會就沒有足夠的多數票，不能趕走他，因此葛洛斯心想，自己有足夠的時間。但是到了週一，他一定會改變心意，他知道自己現在這麼問，是要求華沃爾阻止已經發動的政變，這會害他必死無疑。葛洛斯心想：「事實上，你可能已經死了。」但有些事情不是獨自能做的，像是家人、癌症、和公開叛變對立，華沃爾必須投下對葛洛斯不利的票。

因此華沃爾哭了，葛洛斯也哭了，兩人抱在一起，知道會碰到什麼事：刀子已經刺來，而華沃爾無法阻止好幾把刀子。

求助曾有類似遭遇的競爭對手

這時候霍奇和其他人每天開會，思考怎麼做該做的事。執行委員會安排好要在九月二十七日週六舉行特別會議，有很多事情需要規劃和準備，即使會議的前置時間這麼長，都讓人覺得太短，但是因為氣氛極為不利，辭職威脅的風險極為迫切，以致有些人開始想要提前開會。

但是這麼做並不理想，從揭露的觀點來看，部分上市公司要在交易所開市的日子裡，推動管理階層的緊急轉換會有困難。一般說來，重要決策人士在開市的日子裡，理當在市場上操作，但是事態太緊急，委員會還是把會議日期從週六提前到週五。

九月十六日週二，葛洛斯收到通知，得知執行委員會二十六日週五下午兩點要開會。因此這天是葛洛斯的最後期限，他的思緒飛速運轉，必須設法重新占上風，用自己的方式出走。

於是葛洛斯撥打雙線資本的電話主線，該公司是品浩的競爭對手，位於新港灘北方的洛杉磯市區，車子直行開上四〇五號高速公路，再沿著十號高速公路往東開，即可抵達雙線資本辦公室。雙線資本接待員接聽葛洛斯的電話後，葛洛斯要求與傑佛瑞．岡拉克（Jeffrey Gundlach）交談。

如果要玩打電話給朋友的遊戲，岡拉克應該不是明顯的好選擇，因為他和葛洛斯在整個事業生涯中都被定位為敵人，兩人都是房貸市場的忠實粉絲，而且葛洛斯覺得，過去幾年來，岡拉克的績效數字慢慢超越他。

現在更貼切的類似狀況推動葛洛斯的行動：岡拉克在近五年前，難堪地離開西部信託公司

（Trust Company of the West, TCW）後，才創辦雙線資本，當時他已在西部信託公司經歷二十四年投資生涯，經營該公司的總回報債券基金，為自己、公司和客戶創造超大報酬。他和葛洛斯一樣，預見房貸債券市場崩盤，並且進行相應投資。但是到了最後，他覺得西部信託公司管理階層，並未依據他替公司賺到的所有利潤發給適度薪酬，還忽視他，不把他當成公司領導者一樣看待。緊張情勢升高為企業內部的戰火，到了某天，岡拉克終於怒氣沖沖地離開，幾位律師真的追著他走下樓梯，走出這棟建築。

最後，岡拉克帶走在西部信託公司六十位員工中的四十五位，創辦自己的企業。在隨之而來令人討厭的訴訟中，荒謬的故事流傳出來，編造這些故事是為了造成最大的傷害，同時故事都與真正案子具有不同程度的相關性，例如一位員工把內含專利資訊的隨身碟塞進胸罩，偷偷夾帶出去；西部信託公司突襲岡拉克的第二間辦公室，發現他私藏的大麻和隨身用具（「帶有最近用過的證據」[2]），還包括兩支玻璃假陽具在內的十二件性「用具」、三十四本「露骨的色情雜誌」，以及三十六片「明確露骨的性愛影音光碟和錄影帶」。岡拉克回答投資人的問題時表示：「我期望在這些空間裡，擁有所有的隱私權，這些空間儲存我生活中重要保密時期的痕跡。」[3]後來他補充，別人發現的物品並非全都屬於他。

不過這位經常自稱天才、「教宗」和「教父」的人，並未沾惹任何是非。最後，陪審團裁定他違反對西部信託公司的受託人責任，卻沒有要求他為這種行為支付任何賠償，還裁定西部信託公司必須付給他和三位共同被告，高達六千六百七十萬美元的拖欠薪資。有人問他對判決有什麼看法，他笑著說：「這是六十七比零。」4

投資人喜愛他，員工喜愛他，雙線資本蓬勃發展，成為歷來成長最快的共同基金管理公司。

產生共鳴的新舊債券天王

對葛洛斯來說，這些細節都不重要。岡拉克的經歷顯示，他們是一樣的人，都在投資和建立事業上擁有無可否認的才能，以致於冒犯並威脅到一堆完全沒用，又只想榨取他們獲得利潤的官僚。

葛洛斯打電話時，雙線資本的接待員梅莉莎表示無法接通岡拉克。葛洛斯留言，梅莉莎因此轉達「葛洛斯」曾來電的訊息。

岡拉克經過幾小時後才回電，仍然心煩意亂的葛洛斯拿起電話說：「噢，嗨，傑佛瑞，該叫你傑夫還是傑佛瑞？」

是叫「傑佛瑞」，岡拉克覺得葛洛斯已經知道，就略過不提。

「品浩不再需要我了。」葛洛斯告訴岡拉克：「他們要進行操縱，把我開除。」5

這個消息讓岡拉克很驚訝，卻讓他起了共鳴。「我不敢相信他們居然要趕你走——這麼做似乎是愚蠢至極。」岡拉克說：「但是我以前看過有人做過這種事，」

葛洛斯表示，他還不想退休或是遭到開除，希望繼續管理資金，管理少一點資金也沒問題，只是還不準備認輸。

「聽起來你很急。」岡拉克說：「你想見面嗎？」他們可以私下討論，至少岡拉克可以分享經驗，他也嗅出一個機會，其中醞釀著某種「夢幻組合」的情境。

隔天下午四點左右，司機載著葛洛斯來到岡拉克的家，接下來三小時裡，他們坐在托斯卡納別墅風格的住家戶外棚架下，對著遠處霧濛濛的太平洋，葛洛斯卸下所有事情，詳細而快速地談論過去一年的經歷，包括與伊爾艾朗的爭吵、可笑的禁止談話、禁上電視禁令、他如何尋找內奸、如何尋找X先生、他創辦的公司如何管理不當。他如何猶豫不決、遲疑不定，從堅決決定先發制人，轉變成同樣堅決地迫使他們開除自己。他一再提到「私募股權」專家，似乎是指艾達信。

葛洛斯說得如此激烈，似乎極為生氣，一切給人的感覺都很熟悉。葛洛斯似乎也很悲傷、沮喪和失望。他對岡拉克描述自己看到的納粹（Nazi）士兵照片，照片中納粹士兵舉起雙手，用槍瞄準排成一列的平民。葛洛斯說，他總猜想為什麼這些平民都不逃走，「現在我知道了。」他說，他在這些受害者中看到自己，他一樣也不會逃走，他不會讓他們如意，如果他們要做這種事，必須親自去做，「他們必須射擊我的腦袋。」

岡拉克設法用自己的方式安撫葛洛斯，他告訴葛洛斯，諷刺的是總回報債券基金這幾十年來的優異績效，現在正在削弱他，這檔基金已經變得大到無法管理，太多的成功會導致失敗，每個成功的人都知道。

岡拉克記得自己對葛洛斯說過：「你管理太多資金了。」

葛洛斯說：「絕對是這樣。」較小的基金較容易管理，事實上，這就是他對品浩建議的事！他曾要求管理四百億到五百億美元，這樣的金額一點都不古怪，只是一筆讓他投資的可觀資金，他不想管理旗艦基金。

但是不行，葛洛斯再度悲傷地告訴岡拉克，他們說不行，說：「我們想要你快快離開。」

投靠對手陣營的互利想法

他們的見面並非毫不緊張，多年來，兩人一直是競爭對手，偶爾還會在財經媒體上互罵。近年來，岡拉克甚至偶爾會在媒體上接過「債券天王」的衣缽，不過他告訴葛洛斯，自己從未鼓勵媒體這麼做。岡拉克記得在這次會面時，兩人談論他們的遺澤，探討自己死亡時會變成什麼樣的人。葛洛斯說，自己像科比．布萊恩（Kobe Bryant），而岡拉克則像「詹皇」勒布朗．詹姆斯（LeBron James），是還沒有變成傳奇人物的後起之秀。葛洛斯說：「我有五枚總冠軍戒指，你有兩枚——可能會拿到五枚。」（葛洛斯否認自己說過這種話。）

在兩人都很自負的情況下，逐漸產生一個互利互惠的想法，如果葛洛斯加入雙線資本，不知道會不會有前途？這兩個名字幾乎很難湊在一起，但是他們努力發揮想像力。葛洛斯表示，他願意為一美元工作，岡拉克知道這表示可以留到以後再敲定細節。

葛洛斯必須揭露一件事，這件事有點難堪，但是如果要加入雙線資本就必須說出來。岡拉克向他保證法不傳六耳，所以葛洛斯告訴他：證交會已經在品浩四周刺探數個月，想「知道」品浩如何訂定債券價格，還窺探他們的第三方訂價系統與法遵部門，尤其是打探和總回報債券ETF相關的資訊，葛洛斯曾接受詳細約談。

岡拉克表示，如果要進行這件事，必須非常清楚地指出一件事，就是他不會和別人分享領導權。他白手起家，創辦雙線資本，這家公司會一直是他的。葛洛斯可以加入公司，擔任基金經理人，做自己想做的事，但是永遠不會變成岡拉克的共同高階主管。

兩人同意保持聯繫，沒有做出任何決定。

岡拉克也沒有失望，「夢幻組合」可能不是好主意，甚至不是可行的主意，他們太相似了。不過雙線資本的人草擬新聞稿，表示葛洛斯要加入公司，以防萬一。

母公司的介入調停

現在安聯已經知道情況的嚴重性。

安聯自從二〇〇〇年買下過半數股權後，一直維持著和品浩保持距離的關係，而且這種關係是刻意設計。品浩有些人一直保持優越感，把公司的任何所有權賣給安聯，當成是對安聯施恩，要求與安聯保持距離，通常這種做法運作起來還很順利。

安聯位於慕尼黑的總公司一直都知道情況持續惡化，但是現在出現意想不到的問題，執行長狄克曼必須干預，因此訂了機票。在狄克曼抵達加州前，葛洛斯已和安聯環球投資（Allianz Global Investors）前負責人約阿希姆·法柏（Joachim Faber），以及品浩已退休執行長湯姆森見面。法柏曾監督二〇〇〇年安聯收購品浩這筆交易，葛洛斯相當喜歡他；湯姆森則是葛洛斯仍然信任的人，他的溫和舉止依舊能撫慰葛洛斯。（品浩高階經理人曾向湯姆森求助；湯姆森在附近保留一間辦公室，他們曾到此請教葛洛斯私下說過的話，希望能得到一些啟發。）

他們藉由電話和電子郵件，擬定一個計畫。如同葛洛斯記得的，他們根據葛洛斯的草圖，安排他從數十年來界定他個人，他本人也界定的公司中轉型並退出，他現在要辭去投資長、投資委員會主席、執行委員會委員及合夥人薪酬委員會（Partner Compensation Committee）委員的職務，交出所有的真正權力來源。他的獎金會減少一半以上，會接受較不重要的角色，完全放開總回報債券基金，接受金額大概數百億美元的較小規模投資組合。而且他不能再進入品浩辦公室，要在其他地方管理自己的小型投資組合，以免他的存在和性格惹惱任何人。此時此刻這是他能期望的最佳待遇，他對此心知肚明。

狄克曼在十七日抵達，葛洛斯的離開是一場代價高昂的災難，但是現在很可能無法避免，狄克曼的目標勢必只是減輕損害，他會盡力而為。

九月十八日早上，狄克曼坐下來與葛洛斯共進早餐。他們彼此當然認識，但是這些年來的互動不太多，因此交談中表現得很拘謹。根據葛洛斯的敘述，狄克曼提出法柏與葛洛斯、湯姆森研擬的計畫，會交給葛洛斯一輛「邊車」（sidecar）——他記得狄克曼用**邊車**這個字眼，兩、三百億美元由他自己管理。兩人都希望這將解決可能會變得棘手的問題。品浩和安聯都會因為這位年邁的創辦人繼續留在公司而受惠，因為葛洛斯會靠邊站，為最忠實的客戶快樂工作，大家可以避免公開決裂，順利完成任務，不會造成破壞，他們全都可以「朝著相同的方向前進」。狄克曼表示會把這個計畫交給品浩管理階層，他們會在幾個小時後再度見面。

完全出乎意料的退休安排

狄克曼去跟霍奇、雅各布斯開會。幾小時後，葛洛斯親自前往與他們約定的會議。葛洛斯記得很清楚，狄克曼微微一笑，指著他說，認為葛洛斯會喜歡馬上要聽到的內容。

這句話讓葛洛斯的腳步增加一點生氣，得到邊車的可能性大增！這場戰爭就要結束，他走了進去。他立刻遭到突襲，霍奇提議的是完全不同的過渡計畫，公司會宣布他要在年底退休，讚揚他在漫長事業生涯中的成就。這完全不是他預期的，他問「邊車」結構怎麼變了？他可以只管理少少的一筆錢，記得嗎？如果讓他留下來這麼困難，他甚至同意在對面完全不同的建築裡工作，即使這樣都不夠嗎？

雅各布斯表示反對，這個想法不合常情。他們要怎麼對客戶解釋？他們告訴葛洛斯，可以考慮這件事，但是不會考慮數百億美元，一、二十億美元或許還可以。

對葛洛斯來說，他們提出的建議就是結束，但這是為了美化和拖延幾個月，以便品浩隱瞞大眾，假裝事態比實際情形還好。發布羞辱人的新聞稿，就像把他當成需要稱讚的化石或一堆假牙，不是債券天王、業界教父、先驅、傳奇人物、億萬富豪或名人，他已經承受足夠的羞辱，而且確實準備遭遇更多，但是他不能同意這個建議。

他們表示，如果葛洛斯留任到十二月，應該有助於緩和他卸下職責與責任的過渡期，但是葛洛斯只聽到他會「獲准」留任，如果他不接受這個新建議，就會立刻遭到開除。他們解釋，葛洛斯不能再當品浩的員工，必須各走各的路，但是可以想出一些行得通的結構。葛洛斯回憶，雅各布斯建議由品浩協助葛洛斯，開創一家新公司或新基金。

他回答道：「那是連狗都不會撿的骨頭。」雙方沒有達成協議，他就離開了。

在外界，網路上有一個和伊爾艾朗相關的新爆紅故事，突然炒作到新高點。伊爾艾朗是強大又高貴的執行長，因為女兒寫的二十二個理由清單，從影響力和財富高峰急流勇退。在六月，他替《價值》（*Worth*）雜誌撰寫的文章刊出，大家突然莫名其妙對他重燃興趣，到處都可以看到他的身影，包括《電訊報》（*Telegraph*）、《每日郵報》（*Daily Mail*）、《獨立報》（*The Independent*）、《赫芬頓郵報》（*Huffington Post*）和《電子線上》（*E! Online*）。所有忠誠的品浩員工都在喋喋不休地討論，卻無法證明伊爾艾朗策劃媒體閃電戰，好逼瘋葛洛斯。*謠傳伊爾艾朗和安聯洽談可能回歸的事宜。

被宣布開除前，保有尊嚴的選擇

大約在這時候發生一些事。九月二十三日，《華爾街日報》爆料，報導證交會正在調查的消息，記者葛蘭德、祖克曼、珍．伊格仙（Jean Eaglesham）撰寫一篇報導，表示主管機關正在調查，品浩是否人為拉抬旗下債券ETF的報酬率；這檔ETF的「超高初期獲利」[6]是否可能有助於吸引投資人；報告也指出，在最近幾週內，證交會已經加強這項調查；葛洛斯本人也和調查人員見過面。

這篇報導的細節不多，但是證交會已經掌握品浩利用零股訂價機制，讓總回報債券ETF取得至為有利的先機，擊敗共同基金對手——就像威廉斯的訴訟中指控的。

品浩對調查保密非常久，現在卻在公司處境最差，一切都到緊要關頭時爆發。品浩管理階層知道，這種情形最後可能會洩露，在正常情況下，消息洩露這種事會讓人覺得好像是災難，但在此時刻，這並不是他們最大的問題。

「週五下午兩點」仍迫在眉睫，葛洛斯還保有一些尊嚴；他不會出面。他不願意在這些人面前遭到開除，會在這個時間前找到解決之道，對他們的小小計畫發動先發制人的攻擊。

葛洛斯打電話給魏爾。在與伊爾艾朗相關的混亂風波時期，葛洛斯曾在夏天打電話給魏爾，說他有遭到開除的危險。魏爾說駿利歡迎葛洛斯加入，但當時葛洛斯認為自己可以繼續留在品浩，兩人之間的互動就逐漸減少。現在情勢有了變化。

魏爾不是傻瓜，他看到機會；多年來，他一直試著在駿利出人頭地，卻只能獲得中等成績，現在他告訴葛洛斯，駿利會準備好辦公室。

* 伊爾艾朗透過律師，否認參與品浩內部導致葛洛斯退出的任何事態發展。他的律師表示，這則新聞會炒作到頂點，「催化劑」是安聯安排讓伊爾艾朗博士與路透社舉行一次編輯會議的結果，記者在這次會議中，詢問在二〇一三年五月談話，關於他的「原文如此」一事。其他媒體會接力報導路透社的這則新聞，則是因為他們普遍關注與工作和生活相關的題材。

葛洛斯打電話給岡拉克，留下語音訊息：他要離開品浩，但是不會加入雙線資本，不過還是謝謝。

週四晚上，太陽下山很久以後，距離執行委員會開會還有半天的時間，葛洛斯潛入品浩辦公室，走在空蕩蕩的交易廳裡，在交易單據和印表機用紙上，為他依然尊敬，認為仍是盟友，數目卻逐漸減少的人，寫了一些關心的便條，寫給班恩．艾蒙斯（Ben Emons）的是：「繼續好好幹。」寫給王琦（Qi Wang）的是：「照顧好自己。」他把便條塞進信封裡封好，寫上收信人的名字，放在十五或十六個即將變成前同事的人桌上。

他又草草寫了一張便條，還加上預測的時間標記：

致品浩執行長：

此函證實本人自二〇一四年九月二十六日太平洋標準時間早上六點二十九分辭職。

葛洛斯

第十六章

改朝換代後的市場動盪

連那張便條都嫌晚了。九月二十六日太平洋標準時間早上五點二十八分，駿利資本宣布：傳奇債券投資大師葛洛斯已經加入本公司的行列。

品浩和安聯都大為震驚。在慕尼黑，安聯的股價立刻暴跌；高階經理人狂打電話到新港灘的品浩，確認葛洛斯已經不可思議地辭職。專門採訪品浩的記者驚訝不已，華爾街上下、避險基金、全美各地的債券公司交易員也深感震驚，一向消息靈通的金融界名人瞪著閃爍的螢幕，質疑是否有另一個同名同姓的人。

等到他們和世界上的其他人發現時，葛洛斯的獵鷹式（Falcon）噴射客機已經停在科羅拉多州的丹佛機場，葛洛斯進入駿利的櫻桃溪（Cherry Creek）辦公室。他設法整理好想要的一切，包括自己的基金、沒有管理職責，還有自己至少一部分的自尊，他沒有拿到遣散費，也沒有黃金降落傘。

葛洛斯要管理駿利全球無限制債券基金（Janus Global Unconstrained Bond Fund），這檔基金管理的資產總額為一千三百萬美元。他會負責設立駿利的新港灘分公司，所在地距離品浩總部大約只有數千英尺，建築好比品浩建築的翻版，只是多出一層樓，謠傳開發商多蓋一層樓，意在高出品浩一等。（他們並沒有這種意圖。）

消息傳出的那天早上，市場驚慌失措，市況已經因為一些不相關因素緊張好幾週，但是葛洛斯的離職讓交易者震驚不已，恐怖的震波橫掃債券市場，波及不同的資產類別，原因在於葛洛斯**就是**品浩的化身，這個消息的影響可能非同凡響。鑑於葛洛斯在債券市場上善於呼風喚雨，這件事是否表示他最愛的交易會失寵？退潮會有多劇烈？會不會引發龐大的債券賣壓？或是造成他一手支撐的新興市場證券拋售浪潮？

結果很快計算出來，品浩在所難免，一定會遭遇最嚴重的客戶贖回潮打擊。贖回表示，品浩必須在市場上以大批發方式大量拋售多種證券。凡是品浩喜歡的產品，都要**快速**撤出。於是品浩和葛洛斯喜愛的產品暴跌，巴西與墨西哥的政府公債下挫，品浩最愛的公司債發行公司崩跌，葛洛斯最珍愛的衍生性金融商品、交換合約、抗通膨債券和所有的一切都慘跌。交易員從品浩網站上，拉出由總回報債券基金持有，每六十天更新一次的證券清單，並尋找可以施壓的證券，規劃要從什麼地方施壓，從什麼地方加以突破的策略。

因人而引發的可怕「系統性」市場事件

不是只有交易員努力猜測，主管機關也很緊張，擔心葛洛斯垮台，可能是金融海嘯以來首見的可怕「系統性」事件，是他們總是設法預測和預防的地震。從消息傳開的那一刻，監理機構就拚命打電話。證交會、金融業監管局（Financial Industry Regulatory Authority, FINRA）和其他監督機關，紛紛致電品浩，設法評估葛洛斯離職的潛在衝擊，還致電品浩的競爭對手、避險基金、券商、負責交易的交易所高階經理人，詢問**這件事可能惡化到什麼程度？**他們想要知道答案。這會造成整個金融市場不穩定嗎？這會是趨勢嗎？他們不斷致電最大的基金公司，詢問是否有客戶要求撤資，還有債券市場是否有任何亂象。

每個人都注視著市場，監看市場是否出現在巨量交易下崩潰的跡象。只有一檔證券有利多反應，駿利的股價飆漲四三%，創下有史以來最高的上漲紀錄。

財經媒體努力消化這則新聞，文字記者從零碎訊息中拚命發出更新資訊；電視製作人爭先恐後預約能上節目，還願意出面留下紀錄的來賓，希望他們能解釋品浩到底出了什麼大麻煩。

品浩匆忙草擬一份聲明，在太平洋時間早上六點三十七分傳出，表示葛洛斯已經辭職，而且雖然他已經離開，聲明還說他「將離開公司，即刻生效。」[1]

霍奇在聲明中表示：「今年以來，公司領導階層和葛洛斯之間，對於應該如何領導品浩前進的問題，出現根本分歧的情勢日益明顯，本公司基於對客戶、員工和母公司（安聯）負責起見，已研擬接班人計畫一段時間，以便確保公司做好準備，推動領導階層的無縫過渡。」

霍奇似乎是說，雖然葛洛斯最後在掌控確切時機上，可以贏得最後勝利，但是公司沒有因此陷入困境，因為品浩已經做好妥善準備。品浩管理階層召開一連串會議，以便選出下一任投資長，不過似乎毫無疑問，當選的一定是艾達信，但常務董事還是必須投票。

品浩宣布馬瑟、葛以森及華沃爾會接管總回報債券基金的管理——華沃爾因為忠於葛洛斯而遭到輕視，卻顯然取得最後一張票；而且他們已經開始工作，和試圖搶先低價拋售的貪婪避險基金交易員對抗。

這幾乎是無可避免的狀況，在葛洛斯離開後，從十月到三月間，客戶從總回報債券基金撤走一千多億美元，品浩勢必要用某種方式應付這些贖回。品浩忙著在公司內部低價出售持有部位，利用最愛的第十七a之七條規定，出售大約一百八十億美元的證券，給其他品浩的投資組合，這樣無法抵銷撤資的一千億美元，但是不無小補。

公司利用第十七a之七條規定，從總回報債券基金中，把一大堆葛洛斯深愛的抗通膨債券，賣給艾達信管理的收益基金。到了三月底，抗通膨債券變成收益基金中最大的部位，這檔基金多年來幾乎從未持有這種債券——客戶會選擇這檔基金，是因為這檔基金專注於創造收益、創造額外的現金流量，這個目標可說和抗通膨債券的目標截然不同。

在對外方面，品浩交易員敏捷地賣出債券指數，也賣出自己持有交易最熱絡的產品，以便籌集現金，同時緊抱在市場上遭到沉重打擊的證券，不讓迴游在四周的避險基金鬥魚摧毀他們。「品浩已經進入戰鬥警戒。」[2]鮑爾斯說：「每個人都必須收拾葛洛斯離開掉落的碎片，加上伊爾艾朗稍早的離職，他們得在一年內進行第二次重組……你很難想像有人比他們更努力、更專心工作，大清早四點半就抵達公司，經常到了晚上六點才離開，週末還要來上班。」但是鮑爾斯說：「這是他們說服自己相信流程和結構已經各就各位，能夠有效運作的時候，而且這些東西會比葛洛斯活得更久。」

面對突發狀況的因應之道

品浩很清楚自己有一個小小的窗口，可以贏得根據直覺反應的投資顧問和客戶。從那個週五早上開始，客服努力打電話給每個取得聯絡的人，無論是大型退休基金，還是個別投資人，然後對他們說：來看我們，你們會喜歡我們的新結構，你們知道嗎？從某個角度來看，這件事**消除**我們突出的部分，因為葛洛斯終歸要離開，我們只是不知道到時候該怎麼辦，現在情勢已經釐清了！我們現在很堅強，並準備好衝刺！

這是一場硬仗，關於葛洛斯行為無法預測的報導幾乎立刻出現，交易員和記者重新炒作《華爾街日報》在二月的報導，新的點點滴滴也開始浮現，例如在所有人中，葛洛斯曾打電話給岡拉克，並且見面。消息傳出的那一天，岡拉克勇敢對艾布蘭敘述兩人會面的經過；消息人士告訴CNBC記者，表示葛洛斯即將遭到公司開除，因為他的「行為愈來愈古怪」。[3]

古怪這個字眼一再出現，在全國公共廣播電台（National Public Radio, NPR）、《紐約時報》上都曾出現，這個字眼具有誘導性，暗示葛洛斯不但卑鄙又令人討厭，不只是對人不好。

這也產生一些難題，就是品浩管理階層明瞭，如果葛洛斯過去行為有多古怪的消息傳開，品浩可能贏得對葛洛斯的戰鬥，卻輸掉這場戰爭，客戶可能要求知道管理階層為什麼沒有更快採取行動。很多人深感震驚，在一家和信任有關的企業裡，怎麼可以放任「關鍵人物」不穩定長達十八個月都不處理？公司沒有大人嗎？他們對自己「古怪的」創辦人完全沒有控制嗎？沒有什麼委員會、規則或公司章程嗎？難道這家業者不是真正的公司嗎？從品浩的角度來看，他們可以辯稱葛洛斯是到最後才變得不適任，如此一來，問題就會迎刃而解。

在葛洛斯離開後，霍奇在週六首次接受葛蘭德的專訪，指出公司上下有一種「壓倒性」的解脫感；同時，艾達信在週五下午獲得任命後，聚集在一起的品浩員工用他們知道的唯一方法——即興式的起立鼓掌慶祝這件事。霍奇說：「大家有樂觀和熱情的感覺。」[4]

九月三十日週二，艾達信和霍奇上了CNBC，準備設定公司的新基調和方向，以便安撫客戶的憂慮，平息這次風波。這是一場災難，兩人以挑釁般的角度坐著，盡可能地遠離彼此，完美呈現雙方之間水火不容的關係。他們回答問題時支吾其詞，聽起來像是經過排練，看起來相當辛苦。

霍奇迴避主播沙利文的問題時，陳腔濫調地說著關於品浩多有活力與樂觀進取的話語，並表示：「葛洛斯最後一定會離開，我們全都知道這一點，無論是在週五、明年或明年以後。」[5]

訪談一直這樣進行下去，他們幾乎說了十多次的「向前進」或「前進」。品浩員工在交易廳看節目，目瞪口呆，十分驚恐，這樣的訪談有幫助嗎？

克服困境的灑錢大作戰

公關部門向財經媒體推出艾達信的空泛簡介，說他喜愛納斯卡賽車（National Association for Stock Car Auto Racing, NASCAR）和鄉村歌手喬治·史崔特（George Strait），在海灘跑步時，喜歡聽雷鬼音樂，他幾乎是個正常人，在品浩裡，這是說他很酷。「如果你在週六看到他，你絕對猜不到這個人是品浩投資長。」[6]他的前主管席蒙說：「他看起來像是在紐波特海灘上散步的普通人，他是優秀的投資專家，只是為人平凡無奇，他天生擁有極為高明的風險報酬意識。」

《金融時報》寫道，艾達信住在公司附近「靠近大海的一座美麗半島上，因此可以利用海灘跑步或打排球」[7]。最重要的是，他是愛狗人士，不像曾為死去的愛貓鮑伯寫過讚頌式《投資展望》的那位領導者，這一點很重要，他們是截然不同的人。

這表現在交易廳裡，據說此時團結合作的新精神發揮主導作用，分析師和交易員會自然而然地圍著辦公桌，聚集在一起，興高采烈地進行腦力激盪。或許相對而言，情形確實有所不同，不過他們當然還是品浩，或許任何事都是改善。

同時，有些員工在這一年稍早因為受不了葛洛斯而逃離，現在開始三三兩兩地回流，公司恢復安全了。而且在幾週後，就宣布聘用天才基金經理人賽德納，以及夏天離職時引發轟動的一位利率交易員；重新聘用備受尊敬，卻在這一年二月卸職的諾貝爾經濟學獎得主麥克・史賓塞（Michael Spence），繼續擔任公司顧問。公司也擴大股票與另類投資團隊，這兩個類別正是葛洛斯想拋棄的。

品浩決定現在不准任何人離職，這種決心讓情勢變得很簡單，碰到任何潛在問題，只要灑錢應付就夠了。便於運用的是，就是公司利潤有一大部分剛剛分配給合夥人：品浩每年可以從安聯手上保留三〇%的年度獲利。品浩合夥人會自行分配，葛洛斯固定取得其中二〇%，和伊爾艾朗合計拿走約五億兩千萬美元，現在這一大筆錢由他們分配，釋出讓合夥人自由運用。

這很幸運，不然先前提供免費的獎勵看起來會很糟糕，因為公司用M股獎勵員工追求成長，結果M股價值暴跌，似乎會產生適得其反的效果。即使在葛洛斯辭職前，品浩要把獲利能力提升到夠高，好讓M股具有價值，就已經很困難。不過現在公司看來會面臨無法避免，難以阻止的多年資金外流，從作用上來看，M股應該會變成毫無價值，新近釋出的五億兩千萬美元，可以填補M股形成的漏洞。

這筆錢解決合夥人的問題，卻沒有解決一般員工的問題，因此高階經理人前往安聯，請求對方制定特別獎勵計畫，以便協助留住人才。安聯讓步，撥給品浩兩億七千九百萬美元，用來獎勵較低階層——「沒有參與分享品浩利潤分配的員工」，他們的獎金會加倍發給，直到明年為止。

安聯無法討價還價，必須盡量讓新領導階層高興。因此合夥人保有更豐厚的利潤分配，一般員工也得到更多金錢獎勵。

十月二日，領導安聯十一年的狄克曼宣布，明年滿六十歲，達到規定的董事會成員年齡限制時，就要結束領導安聯。

正當品浩經理人拚命恢復公司平靜時，也傾注資源致力讓總回報債券基金恢復健全，他們的努力獲得回報，基金績效反彈回升。經理人大幅降低葛洛斯押注的中期政府公債比率，並增加短期公司債投資，這檔基金繼續流失大量資金，光是十月流失金額就高達四百八十億美元，但是從某種角度，過去幾個月來，總回報債券基金的績效開始勝過同類基金，而且在十二個月後重返績效巔峰，幾乎擊敗所有的基金。

另起爐灶，重返榮光的決心

葛洛斯在時尚島購物中心的星巴克，拿走平常會點的雙份濃縮黑眼咖啡。現在是上午五點三十分，是他的正常上班時間，天色依然昏暗，他走在早晨通勤道路中的最後一段路，他走同樣的路將近五十年。就在品浩調整組織的這段期間，葛洛斯已經恢復每天大部分的例行事務。每天清晨，從位於懸崖邊的家開車過來，買完咖啡，再進辦公室，開啟彭博終端機。他非常努力地維護一切，但是這位受到例行事務病態般束縛的人，幾年內卻第二次被迫搬遷，如今他走出星巴克後，不是像以前那樣左轉，而是必須右轉，再走向位在新港中央大道的新辦公室，新辦公室位於一棟尚未蓋好，外觀幾乎和品浩原有建築一樣的大樓。

這個涼爽的早晨，葛洛斯走入建築，沉默地向警衛點頭，坐電梯到八樓。駿利新港灘分公司一開始成立時，公司裡只有他和新助理，葛洛斯是這棟全新大樓的第一位承租戶，大樓尚未興建完成，有如墳墓般寂靜無聲。

葛洛斯和助理在八樓陽光明媚的地方安頓下來，葛洛斯當然占用角落辦公室，最後那裡會有會議室和一些角落、小隔間，讓交易員與助理進駐，有很多空間可以擴展。葛洛斯的辦公桌面向品浩，這樣坐在終端機前時，品浩大樓會在巨大窗框中隱約可見，天天如此，這是強大的激勵力量。棕櫚樹頭重腳輕地在下方搖曳生姿，光線會在高大的黑色窗戶上反射出去，偶爾會形成令人困擾的眩光。

每天早上，同一位技術員會比他先進辦公室，替他打開終端機並登錄，否則七十歲的他就必須從頭開始，一切靠自己動手。他必須運用數十年來不曾用到的終端機功能，必須進行過去總是屬於別人權限的證券交易，現在一切都落在他的身上。辦公室的安靜令人滿意，品浩似乎總是太吵，即使他堅持在交易廳要保持安靜，仍然不能如願，還是會有鍵盤上那種難以抑制的悶響、咳嗽聲和他大致無法抑制的交談聲。他希望這棟辦公室能提供避風港，讓他把心思重新放在交易上，他要從中斷的地方、從自己績效開始黯然失色的地方重起爐灶，拉緊鬆弛幾年的線頭，恢復長期的優異績效紀錄。

在這棟足以自誇的辦公室裡，他終於可以把舊公司積壓多年的所有問題拋諸腦後：政治和裝腔作勢問題、背後傷人、嚴重破壞公司、員工洩密給新聞界、公然藐視政策卻毫無忌憚等問題，仍讓他震驚不已，以致於他不知道為什麼，在自己的公司裡失去懲處任何人的能力。多年來，他降低自己從利潤分配中分得的比率，像其他人一樣變成隨意的員工，還慷慨地把所有權與控制權分配給大家，卻害自己痛失大權，最後遭到他聘用、訓練和培養的手下背叛，這些人在他開創市場時都還穿著尿布，如今卻理所當然地取代讓他們變得如此富有的人。

現在他只能從外面看著自己的公司，想著自己的「金錢、權力及名聲」的問題，想到五個陰謀分子為了金錢和權力才做出這些事。不過他當然沒有一蹶不振，會向他們和所有人證明他仍是債券天王，資金會從他以前創辦的公司流出，他在數十年來極力服務到盡善盡美的客戶會拋棄品浩，跟隨他前來駿利。他每天早上會在太陽升起前起床，心裡只有一個重點：要讓他們**好看**，要證明品浩錯過太多東西，這就是他總是對第一任妻子、對拋棄品浩的客戶、對不能真正認可他的人說的話。

向過去的好日子道別

十月九日，葛洛斯以駿利員工的身分，發表第一篇《投資展望》，還附上一封信解釋他的行動。這篇文章彷彿要維持傳統，還是非常奇怪，「在過去幾個月，被人邀舞似乎變成我生活的重要大事。」[8]他寫道：「要是有一個合理的方法能繼續留在那裡，我願意留下來，直到呼出最後一口氣為止。」[9]然後他談到品浩：「但是我慢慢地，在十分猶豫不決的情況下，發現自己該離開了，創辦人偶爾會碰到這種鳥事！不過就像他們說的，那是已經過去的事，我不打算再理會，現在我們談談未來。」

他知道讀者會問：為什麼投奔駿利？

「我希望恢復比較簡單的角色，完全專注在市場、投資績效和服務客戶上……。我詢問（魏爾），駿利是否可能提供那種簡單的機會，他非常熱情地回答『可以』，我們一起跳舞吧！對於能夠和我信任的人，在真正合作夥伴的環境中工作，讓我深感興奮。」

他把這篇《投資展望》取名為你只跳兩次舞，表示幾乎所有婚姻都有一些「欠缺的環節」，他本人欠缺的環節是……從未與人共舞。「我和蘇的三十年婚姻就是這樣——我是青蛙，而她是公主，但絕對不是終極的完美或滿足——直到現在為止。」[10]他寫道：「這麼多年來，我們雖然很幸福，卻總是欠缺一些東西，我可以確定，缺少的是最後一塊微小的拼圖，但是至少對我來說，是一塊我會注意到的拼圖，就是**我們從未一起跳舞！**」

葛洛斯說，蘇終於在九月二日邀他共舞。就在他即將回去拚命工作前，妻子終於在遊輪上邀他跳舞。「原因可能是她多喝了一點餐桌上的伏特加馬丁尼，可能就像她那天稍晚所說的，是我的『頭髮蓬鬆』，或者可能只是命中注定的最後一塊拼圖，聚集到我認為獨一無二、完美婚姻的整個拼圖中，無論原因是什麼，我們終於一起跳舞了！」的確如此，既然他們已經共舞，他的婚姻「就像童話一樣」，他寫道：「是完美的畫面。」

從某個角度來說，這是一種姿態，是送給蘇的花束。這麼多年來，他一直定期送她甜美的《投資展望》簡介，回敬她挖苦式的反駁；回敬她以令人嫉妒的飛快速度從地上撿起硬幣的動作；以及她善於複製畢卡索畫作的技巧。他離開品浩之後發生的事讓她有點驚嚇，圍繞在他身邊的謊言讓她不安，但是他可以在自己知道的艱難日子裡表達謝意，這篇《投資展望》花束是他知道怎麼做的事，是他可以公開呈獻給她的東西。

這篇《投資展望》伴隨著網路廣播，穿著棕褐色西裝的魏爾採訪葛洛斯，兩人坐在皮椅上討論金融市場與投資人可能期望的話題，葛洛斯為了右眼下方貼的ＯＫ繃感到尷尬，這是他在一個小手術中弄出的傷口，對他的整體形象沒有幫助。

葛洛斯仍然看空市場，如同他近年來經常說的，指出債券多頭市場已經結束，利率不斷下降，降到歷史性低點的時代即將結束，兩位數報酬率的日子也會隨之終結。「時代變了。」[11]他說：「對我、對駿利，以及對投資人來說，這一點真是太不妙了……。向那種好日子說再見吧！」他這麼說可能不是很好的推銷方式，但是每個人都重視他的坦率。

投入自有資金，把握時間創造績效

葛洛斯繼續上電視，每個人仍然關心他的想法，至少在債券市場如此，他知道只要堅持下去，他的魅力會繼續發揮作用。但那些全都只是甜點，是他吸引注意力的東西，真正重要的是績效。如果說有誰了解強勢開場的好處，這個人一定是葛洛斯，他知道如果最初幾週和幾個月內，績效沒有好到讓人吃驚，績效紀錄幾乎就不可能再拉到更高。如果他在一開始能展現打敗所有對手的數字，就不容易受到一般傷害。

葛洛斯認為，會有一大波客戶跟隨他，因為品浩前一陣子的亂象讓他們害怕。分析師估計，至少會有兩百五十億美元流向他；晨星則預測，會有「數百億美元，甚至上千億美元」[12]離開品浩，而且其中大部分可能追隨葛洛斯。這種錢潮可能像洪水一樣，他不知道水勢有多大，但是必須做好準備。

一開始，葛洛斯為了確保自己成功，把超過七億美元的自有資金投入新基金，這樣有助於新基金運作，讓他有足夠資金可以操作，也讓新基金的規模超過十億美元，跨越許多機構投資人認定的重要門檻，也為自己奠定坦途。投入自有資金表示葛洛斯必須支付費用給駿利，因為急於找到聘用自己的公司，他其實沒有花費什麼心力談判薪資，在他看來，薪酬不是最重要的。諾貝爾經濟學獎得主，也是品浩前董事邁倫．休斯（Myron Scholes）在七月加入駿利，擔任首席投資策略師，所以葛洛斯告訴魏爾，只要給他休斯拿到的薪資就好，結果休斯拿到的薪資不是那麼多，大約有兩百位駿利員工的薪資比他還高。考慮到葛洛斯為七億多美元投資支付的費用，他其實是付錢給駿利，買到在那裡工作的特權。

十一月，駿利宣布索羅斯的家族投資基金要投資葛洛斯五億美元。有時候客戶需要第一個採取行動的人，需要有人可以跟隨，大型退休基金不以開拓新天地，獨自勇往直前聞名。

葛洛斯從駿利的帳號發布推文，寫道：「獲選和中選都是榮譽。」[13]他必須對索羅斯和其他勇敢追隨自己的少數客戶履行諾言，也必須一勞永逸，向品浩證明誰才是輸家。

唯一的方法是在市場上做出成效。如果葛洛斯的「結構性超額報酬」交易方式和構想仍然有效，依舊可以利用，他也認為它們應該還有用。他可以放空波動率，投資在短期公司債上，而不用投資在十分便於轉換的現金。但是投資能否成功，大部分要靠賭徒所說的「真實賠率」——時間來決定，也就是要有夠長的時間間隔、夠多的資料集，以便顯示他的五一%優勢。短期內，他要冒著獲得市場無緣無故回吐的隨機樣本風險，或是承擔不同投資標的之間關係的橫向變化，市場出現毫無來由暴漲的風險。在真實賠率中，他會獲勝；如果沒有真實賠率，他就可能虧損。如果他的策略仍然有效，取得優勢的唯一方法是時間。

流失的客戶忠誠度

但是葛洛斯沒有時間；他明白這一點，所以必須更努力。長久以來，他比較像是用共同基金包裝的避險基金經理人，承擔較多風險，和無聊退休基金經理人的可能做法相比，他投入的賭注會比較集中。對那些花時間注意的人來說，那種情形現在變得更深刻、更明顯，他把自己綁在市場的雲霄飛車上，冒著大量的風險，設法利用舊有創造績效的能力。如果他更努力工作，施加足夠的壓力，從市場中擠出難能可貴的基點，就可以達成目標。

數個月來，資金從品浩總回報債券基金中流出，卻沒有流入葛洛斯那裡。在駿利的第一年，他的駿利全球無限債券基金規模只達到約十四億美元。他宣稱這樣很好，他**想要**行動敏捷，這就是市場操作的樂趣。但是這種規模當然令人失望，他把全部的時間，其實是把數十年的時間，都用來極力為客戶服務，把客戶放在第一位，現在他們的忠誠度何在？

至少魏爾得到回報：二〇一四年最後一季，駿利的獲利激增一八%，五年來，新客戶的淨資金流入首次達到二十億美元之多。魏爾在丹佛告訴彭博新聞社：「葛洛斯是我們的傳奇四分衛培頓・曼寧（Peyton Manning），對我們來說，是改變遊戲規則的人才，大家都在注意我們。」[14]

一月，不屈不撓的《華爾街日報》記者葛蘭德和祖克曼報導指出，葛洛斯的新基金資產中有一半是自己的錢。葛洛斯對這兩位記者厭煩至極，在報導刊出前，發布推文表示：「感謝@《華爾街日報》的@葛蘭德發表即將刊出的報導——對，我的確相信駿利全球無限債券基金，也投資這檔基金！」[15]

從葛洛斯接管以來，這檔基金的資產淨值已經虧損一・一%。光是二月，投資人基於他的基金管理方向錯誤，就從中撤走一千八百五十萬美元資金。而以二〇一五年整年來說，情況也相當不妙，根據晨星的說法，該檔基金的績效下跌〇・八%，落後九六%的同類基金。無論是從「創立以來」或「今年」的績效數字來看，情況都不像葛洛斯期望得那麼好。

第一份威爾斯通知

在街道另一邊，稍微小一點的一棟大樓裡，品浩引以為傲的推進股市行動並未帶來好處。就在葛洛斯直言拒絕股票業務後幾個月，品浩終於在二〇一五年五月結束股票業務，結束三檔主動型股票共同基金。梅尚紐於六月離職後，他們並未找人接替。

葛洛斯先前認為，品浩追逐股票業務毫無道理，雖然這種看法埋藏在他的怒火中，但最後事實仍然證明這個看法正確無誤，他們從未吸引許多資金：在品浩放棄前，等待清算的三檔基金持有的客戶資產，仍然只有數百萬美元，的確微不足道。但公司內部卻沒有人說葛洛斯是對的，因為大家強烈認為，推動股票業務一直是他的想法，不管後來他怎麼寫歷史。

不幸的是，梅尚紐離職後，進一步降低品浩已經岌岌可危的多元化比率：公司有六十三位常務董事，女性常務董事只有八位，而她是其中一位。而後在二〇一五年八月，品浩經歷另一個第一：證交會調查品浩的做法多年後，終於發出威爾斯通知，這是一項正式警告，表示該單位即將採取監理行動。

出身品浩的其他「吹哨者」，也向證交會投訴，並建議與主管機關談話。根據這些前品浩員工的說法，如果證交會努力探查，一定可以發現很多蛛絲馬跡。他們表示，葛洛斯擴大解釋文字、規則和訂價系統的適用範圍，逾越原有意圖，但整家公司也是如此。投資組合經理人不滿法遵問題，推動較寬鬆的監督，擴大解釋術語來盡可能發揮自己的優勢，為自己涉及的不當行為開闢坦途。這些行為包括操縱配置做法；隨意濫用第十七a之七條的豁免規定；利益衝突；以及用「『心照不宣』的方式」，根據重大的非公開資訊，進行公開交易。（證交會並未根據這些指控採取行動。）

從品浩的立場來看，這次的威爾斯通知對公司可能是好的，是解決葛洛斯留下的錯誤，洗刷自己清白的大好機會，因為所有壞事都是葛洛斯負責時做的，做最多壞事的人已經離開。品浩就這樣僥倖擺脫罪名，粉飾全公司挑戰極限、利用漏洞的錯誤行為，把所有問題都推給已經掃地出門的糟糕老創辦人，也是協助創造這個市場，讓他們可以繼續玩遊戲的糟糕老創辦人。葛洛斯協助壯大金融業，和整個經濟體相比，依附在整體經濟的金融業，規模大得不成比例，在別人難以了解的層層術語和衍生性複雜層次的保護下，對應的薪酬與獎金也高得不成比例。

葛洛斯離開後的品浩，終於可以從創辦人經營的公司畢業，成為既有體制內的企業，乾乾淨淨地成為容納思想領導者的地方，成為與眾不同、優良而穩重，只知堅持卓越、傑出、非常長期績效紀錄的公司。葛洛斯的所有缺點，包括每個月一次令人尷尬的情緒性展現、在道德上令人厭惡的勞資紛爭，以及種種粗暴的行為，都已經隨著他離開而消失。但是葛洛斯所有的良好遺澤，卻全部變成他們掌控的財產，包括葛洛斯的所有發明與數十年的成就；利用漏洞，助長這種遊戲更瘋狂的做法（直到遊戲變成危機，政府被迫介入為止）；以及葛洛斯靈光一閃，派遣艾達信到波士頓假裝購屋，奠定品浩遠見的基礎，以及全球權威性、影響力和在當權派中遊走自如的基礎，全都落入品浩的手裡。

為了和解與零頭債券相關的指控，品浩最後付出近兩千萬美元，付出他們輕易可以吸收的這筆錢，換來既不承認，也不否認違反任何事項的結果。

不再吸引投資人的基金績效

在葛洛斯加入駿利大約一年後，可以看到自己的績效紀錄逐漸成形。到了二〇一五年十月，他的基金虧損超過一%，績效落在七〇%的同類基金之後。接著在十一月，新聞曝光，指出索羅斯已經撤走如今剩下四億九千萬美元資金，他是追隨葛洛斯的唯一投資大戶，現在也離開了。

隨著葛洛斯的行動不當，無法在市場上打敗品浩，因此改採不同的方法，開始更大聲宣揚自己遭到別人趕出公司，宣稱自己一直為小人物奮鬥，主張降低向散戶投資人收取的費用——這是事實，多年來他一直在爭取！在一九九〇年代，他的著作也曾提及，甚至在《投資展望》中也大聲疾呼。在二〇一四年，他還向執行委員會力爭，表示因為預測的報酬率降低，客戶的費用也應該跟著下降。當葛洛斯回想這件事時，覺得這種反對民粹主義的理想，似乎也是害他離開的原因，因為他代表客戶推動的所有奮鬥，威脅到業者超高的薪酬、巨大的豪宅和收集的眾多超跑。除此之外，他們也希望奪走他得到的獲利分成。

葛洛斯覺得必須釐清事實，因此在被趕出品浩幾週後，寫了三十一頁的迷你備忘錄，這是一本和真實狀況相關的小冊子。大家總是說他很會寫作，因此他運用這些技巧，趁記憶猶新時記錄下來，包括伊爾艾朗在最後一刻要求擔任共同執行長；波以斯的背叛，向新聞界出賣葛洛斯；葛洛斯只能尋求小人物的協助，最後還害自己受傷的經過；以及他的憤怒等。葛洛斯把這本小冊子叫做《投資展望》版的品浩快車謀殺案，這份文字現在應該可以幫助他。他聘請洛杉磯的律師派翠西亞．葛拉瑟（Patricia Glaser），並在那年十月控告品浩。

實際上，葛洛斯聲稱遭到品浩**開除**，是被貪婪的「陰謀集團」趕出來，因為該集團「受到權力慾望和貪婪的驅使，也受到犧牲投資人和體面，以便改善本身財務狀況與聲望的渴望所驅動」。訴狀中表示，他們希望瓜分他在利潤分配中的分成，又害怕他推動降低費用的做法，訴狀還巧妙指控品浩不讓他囤積財富，也不讓他分享財富，投訴是透過**品浩快車謀殺案式**的語氣、描述、語句和激烈的方式通知。

葛洛斯聲稱，這是推定終止和違反合約，他在第三季還有四天才結束時離開，因此品浩積欠他第三季獎金，但是這麼做與金錢無關，他希望說清楚，從這件訟案中得到的任何利得，都會透過他的基金會捐贈給值得的目標。

布里諾在彭博電視上表示：「對資金管理業來說，這是非常悲傷的一天；對品浩來說，是悲傷的一天；對葛洛斯來說，也是悲傷的一天。」[16]布里諾這種近乎蘇斯博士童書式的描述，和葛洛斯所說「這件事對每個人都很糟糕」的評估，正好互相呼應。

布里諾表示，葛洛斯在過去大約六十年，「能把那種自我、自戀心理的一部分，引導到積極的方向，我必須說，過去三、四年是悲傷的重要時期，而且不幸的是，葛洛斯不該那樣走向事業生涯的黃昏。」

對品浩而言，葛洛斯不肯放下仇怨，頂多只是造成不便；但客戶只想要事情恢復平靜，希望能不必再隨時想到品浩的問題。品浩必須維持團結一致，因此顯得無動於衷，宣稱這場訴訟「是在法律上，對過去傳奇事業生涯毫無根據的悲傷附注。」品浩表示：「葛洛斯先生辭職後，本公司已經向前邁進，現在他也應該這麼做。」[17]

這場代價高昂的戰鬥會持續一年多。葛洛斯堅決想在市場和法院打敗品浩的決心，對他形成消耗，以他的所有財富與高齡來說，他每天通勤上班就是困於無法放手，即使良知希望他把所有的時間，都耗在印第安威爾斯打高爾夫，他還是無法放縱自己，現在驅使他起床的東西，是戰勝那些推翻他的人，以及向他們**展現**「證明」這件事的永恆願望。

每天在加州時間下午三點，葛洛斯會比對自己的基金、品浩總回報債券基金和絕對收益債券基金的績效，看看哪一檔基金獲勝，他說：「如果我的表現較好，就會度過一個快樂的晚上；如果我的表現沒有較好，就會度過一個不那麼快樂的晚上。」[18]

他知道自己的時間不多了。「如果你真的能夠對自己誠實——我想每個人都做不到，說難聽一點，到了某個時候，你就會、就有希望知道自己已經輸了，知道你正在犯錯，沒有以前那麼專注。」他說：「這種時刻尚未到來，但我知道七、八十歲的人會碰到這種事，人生就是如此，到目前為止，我認為自己還不錯。」

反目成仇的離婚官司

二〇一六年十一月，葛洛斯的妻子蘇訴請離婚，聘請的律師勞拉．華瑟（Laura Wasser）赫赫有名，曾替安潔莉娜．裘莉（Angelina Jolie）和小甜甜布蘭妮（Britney Spears）打過離婚官司。

葛洛斯完全呆住了，他知道長年以來兩人的婚姻並不順利，即使如此，離婚還是葛洛斯無法想像的事，但是在適應這種痛苦後，事情變得很明朗：蘇希望開戰。好吧！葛洛斯在十二月發送簡訊給她，表示：「請妳盡可能地保持平靜，玫瑰戰爭即將爆發，而且我可以預測誰是贏家！😜」

葛洛斯在那個月的另一天，傳訊給蘇：「妳簡直極品，妳確實不是朋友——很長的一段時間裡，也是一個懦夫，不敢說妳為什麼真的想離婚，我覺得遭到徹底的背叛，而且我不會害臊，不會不敢讓別人知道。」他從自己的駿利帳戶中傳送電子郵件給她，表示：「妳很噁心——所有的人都會知道這一點，我確實是指所有的人。」

葛洛斯知道，蘇是要他的錢；聘請華瑟當律師就清楚說明這一點。華瑟那一年曾明白告訴彭博新聞社：如果妳在加州，「可以在丈夫工作時，坐在沙發上吃糖果，卻仍然可以得到一半的東西。」[19]這次可不行。

蘇提出離婚訴訟那週後，葛洛斯一再傳送電子郵件給蘇，指控她有婚外情，撲滅可能可以與他「平和、方便離婚」的希望。（蘇的一位代理人表示，蘇從未外遇。）隨著傳送給她的電子郵件升級，葛洛斯也寫信給蘇的妹妹和妹婿。

他自己描繪出一個痛苦而明顯的相似之處：正在經歷多年來的第二次「離婚」。「妳應該知道，（當時還在進行）與品浩之間的訴訟裡，」他在一封火氣十足的郵件中寫道：「即使在遭到開除後，我仍處於被動，直到他們在新聞界攻擊我時為止——我直到那時候才進入攻擊模式，現在也一樣——我現在什麼人都不信任，尤其是妳。」

事實證明，蘇是強大的對手。葛洛斯在一份法庭聲明宣稱，她切斷印第安威爾斯住家的水電，那個放置讓他極為驚異的一桿進洞獎盃的家；因為缺乏過濾，導致泳池都變成綠色。葛洛斯聲稱，蘇未經宣布，突然出現在爾灣海灣（Irvine Cove）的宅院，帶走寶貴的財產；葛洛斯回憶蘇曾告訴他，要「盡其所能地把他趕出那棟房子」。（蘇的一位代理人表示，二十五年來，那棟不動產一直都由同一家物業管理公司維護；蘇並未切斷水電；泳池根本沒有變綠；沒有得到律師團的批准，她從未回家；而且她從來沒有說過那句話。）

蘇忍辱負重，贏得那棟宅院，這是她在平分財產時，分到的三棟住宅之一。

無法乾脆放手退出的心態

但是葛洛斯無法優雅退出，他在交出那棟房子前，跑到一家藥房，買了號稱聞起來像放屁和嘔吐物的噴霧瓶，跑到主屋有三百八十八坪的那棟宅院到處噴灑，蘇在垃圾桶裡發現很多空瓶。蘇說，她還發現其他的分手禮物，包括通風口中的死魚和泥土；跑步機的電線遭到切斷；花盆裡的花被剪下；電視、窗簾及其他科技用品的遙控器全部不見；抽屜裡放了一團又一團的頭髮；還有她畫在家具上的三隻貓，眼睛和嘴巴也被刮掉了。

葛洛斯說，他看見蘇在兒子尼克的音樂會上，擔心對方帶著一把刀；還說擔心遭到竊盜，因此聘僱帝國情報（Empire Intelligence），好知道蘇和她親戚的最新行蹤。以致蘇向法院申請限制保護令，對應葛洛斯在音樂會事件後，針對她申請的同樣法院命令。（蘇的一位代理人表示，蘇在廚房以外從未帶過刀，在兒子的音樂會上更沒有。）

葛洛斯離開居住三十年的家後，在爾灣海灣努力搶購房產，希望在同一社區重新安身立命。爾灣海灣是有門禁的社區，因此至少從某個角度來說，如果帝國情報要得到任何相關情報，也需要有一個基地。因此在二〇一八年夏天出現幾棟求售的房屋後，蘇花費三千七百八十萬美元，確保葛洛斯在那裡買不到房子。幾週後，蘇的妹妹和妹婿住家對面的房屋要出售，蘇與葛洛斯都出價競標，蘇的出價較高，但是葛洛斯提出用現金購買，因此花費三千六百萬美元買到這棟房子。

還有其他成本是葛洛斯預測不到，也不能精確估價出來。兒子在義大利結婚時，葛洛斯還是從牙醫那裡聽來。

葛洛斯對品浩的提告，至少得到讓他夠滿意的解決方案：經歷冗長的尋找財富之戰後，在二〇一七年三月和解，品浩送出八千一百萬美元給「威廉與蘇．葛洛斯家族基金會」（William and Sue Gross Family Foundation），儘管不久後，和「蘇」有關的基金會都會改名，改成「威廉、傑夫和珍妮佛．葛洛斯家族基金會」（William, Jeff and Jennifer Gross Family Foundation），他們是葛洛斯的其他家人，卻不是蘇所生。葛洛斯在那筆捐款外，還多捐了不少錢，讓整筆捐款金額超過一億美元。根據慈善世界的若干定義，那是「巨額捐款」的門檻，有機會在當年的最大筆捐款匯總名單中占有一席之地，得到最大收益。

和解的條件之一是，品浩同意在公司總部裡撥出一間房間，供共同創辦人利用，協議並未明白指定是哪間房間，公司有些人就開玩笑，應該是地下室的廁所。

葛洛斯和品浩發表一份聯合聲明，並在聲明中表示：「對我來說，品浩總是我的家，而且像家人一樣，偶爾會有看法不同的時候，我很高興我們有機會化解這些歧見。」[20]

艾達信補充道：「葛洛斯一直都是卓越不凡的人，對品浩和很多走過公司各個大廳的人的事業生涯，都有著極大影響。」艾達信的收益基金剛剛超車總回報債券基金，變成品浩旗下最大的基金。

影響很多人——如果葛洛斯看到這句話，一定會覺得這是輕描淡寫，但是他們一定要這麼做；這一定要算是他的一桿進洞，在他四十五年建立的生活與王國裡，只有他的上下班路程和一半的錢還留下來。

一手建立的殘忍世界終將反噬

葛洛斯建立的世界很殘忍、狹小、充滿扯下蒼蠅翅膀的小男孩——但是這個世界屬於他。最後這個世界也對他展現殘忍的一面，他的權力消失，獲得正義待遇的希望也跟著消失；他不能報復自己培養的人，以及他建立的公司和市場。

根據幾乎葛洛斯的所有標準來看，他都已經**贏得勝利**。他在招募人才時詢問別人的問題——權力、金錢或名聲，哪一種最重要？這三樣東西他都得到了，金錢當然是最先得到的；名聲是他最愛的答案——他出現在自己能想像的所有頭條新聞和電視專訪上；還有權力——雖然現況有點不堪，但難道他過去的影響力不大嗎？他曾是國王，曾經擁有一個王國。他以前加入債券投資的穩定世界時，債券都存放在保險櫃裡，但是他協助把這個世界轉變成賭場。他教導門徒像自己一樣操作，熱心擁抱抵押債券、衍生性金融商品和複雜的結構，改變這些東西的成長率，而當這些東西破壞整個美國經濟的穩定時，他協助爭取政府的保證，現在這種保證可說是已經擴大到每種產品。葛洛斯總是願意大聲說出投資只是賭博的少數人，但是到了最後，他還是把投資差不多變成賭博。

二〇二〇年九月，葛洛斯透過新聞稿，發布一篇《投資展望》，標題叫做紋身，文中說他和蘇的最小兒子令人失望。他寫道：「我猜每個家庭裡總會有一個紋身（黑）羊，尼克是我的黑羊。」[21]然後他轉而描述全球經濟怎麼遭受新冠病毒「紋身」。

葛洛斯也在接近他真正的家裡——或者該說是他為當時的「生活夥伴」艾美．施華茨（Amy Schwartz）購買的美麗家園裡進行鬥爭。他在二〇一七年透過鮑爾斯，認識年近五十的施華茨；她過去是職業網球選手，他們喜歡一起打高爾夫球。葛洛斯送給施華茨一座價值一百萬美元的戴爾．奇胡立(Dale Chihuly)雕塑作品，把這座雕像放在水岸宅邸的院子裡。這座六公尺多高，由刺狀管子和放在地上的肥大球體構成的鈷藍色玻璃作品，受到自然因素損毀後（可能是被落下的棕櫚葉擊中），他們在作品上方加了類似足球網的東西，以便保護。只是網子擋住隔壁住戶的視野，鄰居試圖促請他們移走網子卻不被答應，最後向拉古納灘市政府投訴，市政府因此發函通知葛洛斯和施華茨，表示這件雕刻作品和網子需要許可證。

然後兩人開始全天候大聲播放音樂，喇叭就放在房產地界線附近，從七月放到十月，播放的音樂包括齊柏林飛船（Led Zeppelin）和五十美分（50 Cent）的音樂、電視節目《綠色的田野》（*Green Acres*）的主題曲，最常播放的是電視劇《蓋里甘的島》（*Gilligan's Island*）的歌曲。

在七月三十一日將近午夜時，鄰居傳訊給施華茨，請他們降低音量，葛洛斯回覆：「全面和平，否則我們只會夜夜開音樂會，老兄。」[22]十月，葛洛斯和施華茨控告這位鄰居侵犯隱私，表示遭到觀看、拍照及攝影，包括他們在泳池游泳時更衣。隔天，鄰居提出騷擾的控訴。

因此在那個冬天，大多數人都在躲避新冠肺炎時，葛洛斯和施華茨卻忙著跑聖塔安娜（Santa Ana）的法院，作證他們只是喜愛音樂，特別是《蓋里甘的島》主題曲。葛洛斯作證說：「我們學會歌詞，會一起用雙手輕點，好像小小的演出，因為這樣能讓自己真正快樂，演到一半時會開始跳舞，我們跳完後會注視彼此，覺得日子真美好。」[23]

有一項證據顯示，葛洛斯穿著四角褲，蹲在兩塊房地產中間隔牆後方，畫面裡五十美分的歌曲〈在大俱樂部〉（In Da Club）清晰可聞。在鄰居拍攝葛洛斯時，葛洛斯跳著舞，手指輕點，身體搖擺。過了一會兒，葛洛斯蹲下來，顯然是要躲起來，五十美分的歌曲逐漸停止，音樂變成《蓋里甘的島》的主題曲，葛洛斯在隔牆那一邊，抬頭看著鄰居的攝影機。

「我們會用傳票要求提供那樣東西，老兄，所以你最好刪除。」[24]葛洛斯透過棕櫚樹葉偷看，說：「那是騷擾，**騷——擾！**」他一面大聲說著最後一個字，一面向前衝，然後爬回自己的房子。

十二月，葛洛斯嘗試採取新策略，他在寫給鄰居的一封公開信裡表示，情況已經失控，他們身處一個特別惡劣的時刻，忘了大事。「知道我和我的歷史的人，都知道我不願意從戰鬥中退縮。」[25]他寫道：「但是這種狀況已經升級到與實際問題相比，遠遠不成比例的程度，和每天有幾千、幾萬人死亡和受苦，還有更多人失業，忙於繳交租金與養家活口的世界大勢相比，這個問題根本微不足道。」

葛洛斯表示，他們應該結束爭鬥，計算過去和未來要花費的法務費用與法院支出，把加總金額捐給橘郡食物銀行和其他慈善機構。鄰居拒絕這個建議，他的律師表示：「這只是億萬富豪葛洛斯試圖用自己的方式，擺脫為自己可怕行為應負的責任。」[26]

葛洛斯自行其是，還是捐出五十萬美元，還在另一份自行發布的新聞稿裡，重新提出自己的建議，要鄰居跟進。二〇二〇年十二月，法官站在鄰居那邊，裁定葛洛斯和施華茨確實一直騷擾鄰居。她禁止葛洛斯和施華茨不得進入鄰居所在地方五碼的範圍內（除非他們當時在自己的房地產上），而且禁止兩人在後院泳池區無人時，在戶外（以高於六十分貝的音量）播放音樂，並駁回葛洛斯宣稱鄰居騷擾的控訴。

葛洛斯在一份聲明中表示，雖然他「對結果感到失望」，卻願意遵守裁定的條件。在那個月裡，有人發布一份新聞稿，宣布葛洛斯已經簽署捐贈誓言。

葛洛斯有時間進行自我再造。他和施華茨經過四年交往後，二〇二一年四月在印第安威爾斯一座可以俯瞰沙漠陽光普照的經典俱樂部（Vintage Club）高爾夫球場的教堂裡，在少數家人和朋友觀禮，還有裝滿白玫瑰的巨大花瓶簇擁下，舉行小型婚禮，然後兩人爬上掛著新婚標誌的高爾夫球車，在這個封閉社區閒逛。當地的一篇報導文章寫道，這對佳偶「會分別在他們的拉古納灘、新港灘的中國灣海灘（China Cove Beach）及印第安威爾斯的住家中過日子。」[27]這三個地方大約在方圓一百六十公里內。

葛洛斯在《橘郡商報》編輯拜託下，寫下他的行善經歷，表示捐贈會帶來幸福的生活。他闡述一九六〇年代老歌〈幸福奔跑〉（Happiness Runs）的歌詞，認為「自我滿足、探索內心、自我滿意，等於感受到滿足於生而為人的快樂」，[28]也會看到「佛教無常和注重當下的哲學。」

「我是否達到那種俗世（或舊式）的幸福呢？我剛剛和生命中的摯愛施華茨結婚，因此我和那種境界更接近一些，但是我也知道，終生捐贈提供的幸福可以用自我滿足來衡量，也可以用數量來衡量。」

以前代表成功的事物是：資產的成長、交易的利潤、適度勝過標準普爾五百指數的幅度，現在他改變成功的標準，代表成功的事物變成看著自己的所作所為而感到滿足。

葛洛斯似乎已經恢復結構性健忘和重新開始的能力，這讓他可以不受後悔之類的無用情緒妨礙，重新接近牌桌，這是賭徒必須採取的姿態，系統會運作自如，只是那時候系統沒有運作而已，如果他繼續玩下去，就會贏得真實賠率。

結語

績效飛逝，聲望長存

葛洛斯安坐在新港時尚島R＋D廚房（R+D Kitchen）吧檯的椅子上，該餐廳位於新港中央大道上，籠罩在對面品浩大樓的陰影下。葛洛斯最近高興地看到很多事，如品浩投資組合經理人以專家的身分，出現在頗負盛名卻必須付費參加的研討會小組討論中。他一向抵制這種研討會，認為這是自大官僚自我吹捧的花招。更重要的是，霍奇捲入大規模的大學賄賂醜聞，被控電信詐欺罪名，將會認罪並入獄服刑九個月。葛洛斯不可能精心安排出比這更好的劇情。

但是現在葛洛斯從債券市場、郵票市場、破碎婚姻之戰中退出了，正在努力練習平靜，他事前沒有散播這個消息，直到前一晚才告訴魏爾。這是他的事，當他在二月宣布退休時，起初他很高興地看到，品浩在《華爾街日報》的B五版刊登一則大廣告祝賀他：

四十八年時光，超過兩千五百位員工，服務千百萬個客戶，一位投資傳奇人物。品浩恭賀

> 葛洛斯的傳奇性事業生涯，以及他在將近五十年前協助創辦公司的持久成就。他聘用並培養我們當中的許多人，啟發更多的人。他領導公司四十年期間確立的原則和程序，現在仍然協助我們，每天為我們的顧客追求卓越。

一旦最初的溫暖消退，其中的訊息就很清晰：這是品浩為自己刊登的廣告，還是一如以往，顯得小巧而瑣碎，「仍然」追求「卓越」。別擔心，他看得懂，他們邀請他參加年會，他婉拒了。葛洛斯不知道情勢是否可能不同，他誠實地自問可能會發生的狀況。**他七十三歲了，還可能在那張辦公桌上，繼續擔任債券天王嗎？可能繼續當到八十歲嗎？**

「的確需要逐漸放手和退隱的過程。」他說：「不是我根據願意選擇的方式，而且事後回想，也不是品浩願意選擇的方式，但那是一種自然演變，不只是生命的自然演變，也是企業生命的自然演變。你會上升到巔峰，逐漸消磨，然後出局。但當你是債券天王，表現很好，而且因為有你，資產才達到兩兆美元時，你很難看出這一點，因為這個成功故事不只屬於我，對我協助創辦的公司也是超出想像的成功故事，是一個童話故事。因此為什麼鐘聲要在午夜時敲響？那樣似乎甚至不可能會有南瓜馬車，只要穿上拖鞋，維持婚姻就好了。」

「你可能有一次表現不好，但是你建立的聲望要經過很久才會消逝。」他補充道：「想像這件事可能一直持續，並非不切實際的想法。」

領悟有別於其他退位創辦人之處

所有的避險基金現在也都努力這麼做，在年邁創辦人背後，安排軟弱，甚至是其中最容易控制的接班人。私募基金也是如此，大家全都設法維護和延續所打造機器的壽命，希望把機器變成某種遺產，彷彿機器是更好的手搖搖桿，可以從眾多企業；建材、醫院和地面挖出的汙泥；以及從工人身上壓榨金錢。這些公司的資淺員工也想要這台機器繼續運作，但是只為自己運作，他們不在乎什麼遺產，只關心這台機器繼續壓榨。對他們來說，這台機器不像對創辦先賢那麼神聖、不像對葛洛斯那麼神聖。年輕人看不出葛洛斯與同行無中生有，憑空創造這些美麗的機器，看不出他們用盡全力，強迫取得較好績效，再從這裡學會怎麼利用自己的意志改變情勢，挑選能夠獲利和不能獲利的公司，這不僅是一場遊戲。如今在繼承這些東西的人眼裡，一切看來很廉價。

或許這家公司真是致力於造福客戶的合夥組織，或許到了今天，那裡的人仍相信這一點。債券交易員過去習於輕信自己的話，表示因為有他們擔任債券交易員，資金成本才能降低。如今因為聯準會公開在市場上購買公司債，與品浩和貝萊德兩家公司一起拉抬價格，這種制度的基本荒謬性質無疑變得顯而易見。葛洛斯和品浩明白政府需要市場繼續運作，想要股市上漲，想要企業不會破產，如此一來，大家才會在充分的安全感下，認定政府永遠不會讓產品跌到太低的水準，可以競相爭奪由基點構成的利潤。況且即使產品價格下跌，對專業資金經理人來說，下跌幾乎從來不是他們的問題。

這種情形要感謝很多人，但主要得感謝葛洛斯。

葛洛斯看著全盤局勢之際，看到整個產業的同行在自己的組織裡洗牌，有秩序地提拔年輕人，讓這些人在他們以某種方式離開時，管理他們的公司，以便確保他們的遺澤和某種程度的不朽，他看出其中的主要差別：其他年邁創辦人保留高層的權力和盟友。

葛洛斯說：「那是我的錯，我應該確保執行委員會不是層層疊疊的結構，應該在執行委員會裡有一位朋友。」他表示，在所有的背叛中，傷害他最深的人是戴里納斯，戴里納斯是他將近四十年的朋友、是他在交易廳裡的門徒，也是經常和他一起共進晚餐的夥伴。

葛洛斯留在品浩的最後一週，他們準備開除他，同時任命新投資長，因此需要組織遴選委員會，這個委員會由兩位投資組合經理人、兩位客戶經理人和其他人組成。不知道為什麼，委員會中一位投資組合經理人的位置，落在戴里納斯身上。他們打電話來時，戴里納斯正在箭頭湖（Lake Arrowhead）度假，告訴他：「你得回來這裡，參加一次特別會議。」戴里納斯拒絕，但是他們逼迫他，直到他答應為止，至少這是他告訴葛洛斯的情況。

因此戴里納斯在那個週六回來投票。他不是執行委員會委員，因此不會投票開除葛洛斯，卻投票贊成撤換葛洛斯。對葛洛斯來說，這樣等於開除他。

對葛洛斯而言，其中的訊息很清楚，他說：「友誼只能到此為止。」

透過成名與別人產生連結的渴望

葛洛斯正過渡到整天打高爾夫球的新生活，但這不表示他從盛名中退隱，他還是會上彭博電視，提及他的亞斯伯格症診斷，而眾人的反應是同情。蘇比任何人都早告訴他——他看過麥克．路易斯（*Michael Lewis*）的名作《大賣空》（*The Big Short*），書中有一個角色在勾選症狀清單：

□「缺乏和他人分享快樂、興趣或成就的自發性……」

□「難以看出別人眼中的社交／情感訊息……」

□「用來表達憤怒的調節或控制機制有問題……」

葛洛斯從頭到尾確認這張清單，在每個敘述前打勾。（除了一個和不協調有關的敘述外，這個敘述在這裡並不正確，因為他的行動相當敏捷。）他把這本書拿給蘇看，她看了之後，大致上是說：是的，沒錯。因此二〇一六年，葛洛斯去看一位精神科醫生，醫生表示贊同：「我認為症狀屬於邊緣，是很典型的狀況。」葛洛斯在談到他的病例時說：「其中有正面特質和一些負面特質。不錯，我希望自己沒有一些負面特質，但是這會讓你有成功運用的可能性。」

葛洛斯曾在《投資展望》中，隱約談到這次診斷，但是沒有人把握住，明瞭這或許是他如此嚴重錯誤解讀事情的原因，是他無法了解今天大家對開放與和顏悅色有無盡需求的原因。大家應該了解這件事，他並非只是混蛋。

如今葛洛斯的王國不再受他影響，他發現自己的大部分動力出於渴望獲得外界的肯定。他現在想知道這是否和冷淡的加拿大籍雙親有關，父親從未和他一起打棒球，是屬於採用班傑明．史波克（Benjamin Spock）醫生育兒法那一代的父母，看著子女，卻不傾聽子女的心聲。他還記得在某個週日早上，與父親一起看著有趣的報紙，那是他親近父親的唯一一次回憶。

「你怎麼可能認為不該擁抱自己的孩子？」葛洛斯感嘆地問道：「但當時那是你該做的事，這沒道理，不是嗎？因為人性想要接觸、想要擁抱，那是我設法透過成名來達成的事——不是得到別人的擁抱，而是與別人連結。我假設自己在情感上，而不是在理智上與人連結，我在理智上始終知道這是胡說八道，但是在情感上會假設受到注意和名聲等於大家都愛我。我在理智上會說，**我知道那是胡說八道**，但是接著會忘掉這件事。」

因此他會利用任何形式的遊樂場，努力達成目標，對他來說，金融市場就是他的遊樂場。數十年來，他努力突破限制、創造發明、持續不懈地向前推進，讓競爭對手始終望塵莫及，急於模仿他、追隨他、希望捕捉他的一些魔法，讓參差不齊的少數主管官員四處追逐他們，弄得筋疲力盡，卻毫無成效。

在某些方面，葛洛斯可以看出這麼做會得到什麼成果，他持續向前衝、忽略其他會對他不利的一切，而且那些成果已經消失不見。

葛洛斯表示，他曾試圖改變，他必須改變、可以改變。只不過幾天前，他才跟著提姆布萊克的歌曲跳舞。他曾在考艾島（Kauai）搭乘直升機，玩高空滑索。每個在那裡玩高空滑索的人都才三、四十歲，頂多五十來歲，**我在這裡幹什麼？**他想了又想，不由得哈哈大笑。

葛洛斯會和高爾夫球友出去玩，甚至開始結交新朋友，在兩輪比賽之間，與俱樂部中的陌生人交談，甚至和女性交談，還會說出讚美的話，這是他嗎？他不是在打情罵俏，而是試著向世界打開心扉。蘇離開後的幾個月，他開始試著約會時，有一位約會對象指出，他吃了將近十年的安眠藥安必恩可能不太好，因此他停藥一陣子。他不能改變自己的過去、不能改變他做過的事，或許即使他能改變，也不願意這麼做。但是他現在可以試著改造自己，在還有一些頭髮、有很多錢，還有一點小小名氣的餘生裡。

「我的新生活和舊生活不同。」他說：「原因之一是我知道自己必須過新生活。」

「我可以改善自己的舊面貌，我可以做到。」

葛洛斯表示，和施華茨一起生活真的太棒了，但即使是這樣的生活，也需要花一點時間、需要付出真正的努力。剛開始，他有時候會看著鏡中的自己，思考**她到底對我的哪一點感興趣？**他說：「可能是對你的刷牙方式、對你得到一個信號時的反應——可能是你的蒙面或面具脫落，你變成真人，展現真正自我的時候。」他從自己在品浩得到的對待中，知道自己的面具一定很可怕，但不管為什麼，施華茨都不離不棄。

葛洛斯點了一杯開水，沒有點吃的。一位年齡和他差不多，戴著草帽，穿著有扣休閒襯衫的男人走上來，伸出手，說：「我不在乎他們說了什麼，我覺得你做得對。」葛洛斯多年來一直替他賺錢，他讚賞這件事，因此表達感謝。葛洛斯笑著和對方握手，感謝他的美言。

「我常遇到這種情況。」葛洛斯說。不過他補充道，不太可能會有人走過來說他很爛。

作者感言

寫作本書的這些年裡，聽過很多跟我相關的謠言，包括聽說我付錢取得一些故事。（新聞界沒有人會這樣做，小報界則不然。）我聽過自己和葛洛斯勾結，或是跟品浩串通，好讓另一方看來很糟的故事。

我第二喜歡的謠言會出現，是因為我在寫作和修訂上花費太多時間，品浩有很多人假設我已經遭到收買，答應不再撰寫本書。我聽到的數字是一千萬美元，這讓我大笑出聲。

我最喜愛的謠言則是這樣的：

二〇一四年九月，我以彭博新聞社跑線記者的身分來到洛杉磯時，公司派我「挖掘」葛洛斯辭職並遭到開除「背後的真正內幕」。這個大膽任務令人振奮，我卻發現自己坐在聖摩尼卡（Santa Monica）的旅館房間裡，什麼事也做不了，因為沒有半個人願意讓我採訪。身為基層跑線記者，我別無選擇，只能上門堵葛洛斯。

我想著手提烘焙食品上門，應該比較能夠接受，於是開向葛洛斯位在懸崖峭壁上的住家，把車停在爾灣海灣的大門口，一位身穿制服的女士坐在亭子裡，轉頭看我。我笑著說：「我要來拜訪葛洛斯，他在嗎？」

「……在，他跟妳約好了嗎？」

「沒有，但我有這些……布朗尼要送給他。」

我突然想到，警衛不會接受陌生人送給樹敵眾多的億萬富豪禮物，於是說：「你不能吃這些布朗尼嗎？」

「不能。」

「對，當然不能，怕炭疽病，我完全了解，謝謝你！對不起！」然後我加速離開，對自己騷擾另一個人的能力覺得不寒而慄。

我向上級報告，表示嘗試過了，然後把這件小事的記憶盡量埋藏在內心最深處，直到幾年後，有一位消息來源告訴我，聽到和我有關的好笑故事，說我扮成女童軍去敲葛洛斯的大門，我才回想起幾年前這件事。扮成女童軍？這毫無道理可言，這種裝扮有什麼用？身為記者卻變成故事裡的角色，感覺很奇怪異；因為你的身分理當是拍攝故事的鏡頭。

我剛體驗品浩的特殊電話遊戲，資訊在每個人之間迂迴流傳，經常會被加油添醋或嚴重扭曲，我就是靠著這種遊戲，聽到很多令人厭惡的謠言，我不能也不願寫出來。這些謠言甚至來自我最喜愛的消息來源，而且他們真心誠意地告訴我這些故事，希望揭發某人的惡劣品格或道德問題。但我沒興趣報導品浩員工的私生活，這和我的職責無關，但是品浩卻一直擔心我會為了寫作挖掘員工私生活，儘管我一再保證不會這麼做。

這一切應該會描繪出一種自戀、非理性焦慮及孤立的環境，當人身陷其中時，會看不到自己建立的世界，會假設每個人也住在那種世界裡，每個人對於同樣的（金錢）誘因都會做出相同反應，也會重視相同的優先順序，他們和女性相關的笑話都很有趣；合理假設「熟女」都希望在市區酒吧裡「捕獵小鮮肉」（也就是在品浩工作的男性都很富有，因此是理想伴侶）；也假設每個人都想玩梭哈、一起打高爾夫球、在脫衣舞俱樂部結識好友。

這一切都說明本書的重點是：為什麼一個白人會生另一個白人的氣，或是生另一個罕見非白人的氣，為什麼在本書裡，幾乎容不下任何女性或有色人種的憤怒或經驗。一般說來，這種人、事、物很寶貴、很少見，品浩舊員工和現任員工的人口統計分析就是明證，能獲聘的女性和有色人種絕大多數都遭到邊緣化，遠離權力中心。值得注意的是，極少數的有色人種中，卻有一位經常有人對我說他是壞人的要角，不但進入權力核心，還獲得相稱的大量財富。

過去幾年裡，有三位女性對品浩提出備受矚目的歧視訴訟（其中一件訴訟正在進行，還有另外三位女性加入控訴）；有位合夥人因為「不當接觸」一位較低階員工遭到調查後，已經辭職；二十一位現職和離職女性員工致函營理階層，提出遭到虐待與歧視的指控；還有一位員工在妻子提出受虐指控後，辭職離開。《華爾街日報》曾統計，截至二〇二一年初為止，品浩長達五十年的歷史中，從未出現半個黑人合夥人。這些只是引起大眾關注或上法院的案例，還有極多案例根本沒有公諸於世。品浩願意提出一個又一個申訴，拖延法律流程、消耗原告的財力。

經過多年研究，接觸眾多資料來源樣本，又沉浸在這裡及其文化幾年後，我得到一些結論。停留在充滿毒性和不安全感的壓力鍋裡太久，會對人心產生長久的腐蝕。我還沒想通，變得富有是否會讓你的心胸變得極為狹窄，還是這種狹小的器量有助於積聚財富，還是大部分人都會如此，但是我們的惡毒只會在擁有夠多錢時才表現出來。我猜任何假設性的一千萬美元，一點都不會讓自己更快樂，而且視情況和結構而定，繼續前進經常是經過成本與風險調整後的最佳選擇。

注釋

前言

1 Bill Gross, "PIMCO Co-CIO William Gross Intvd on Bloomberg Radio," Bloomberg News, November 9, 2013.

第一章

1 Bill Gross, "Pimco's Bill Gross on Scoping Out Subprime," *Bloomberg Businessweek*, June 9, 2011.
2 David Leonhardt, "2005: In a Word; Frothy," *The New York Times*, December 25, 2005.
3 David Rynecki, "The Bond King," *Fortune*, March 4, 2002.
4 Gross, "Pimco's Bill Gross on Scoping Out Subprime."
5 Devin Leonard, "Treasury's Got Bill Gross on Speed Dial," *The New York Times*, June 20, 2009.
6 Gross, "Pimco's Bill Gross on Scoping Out Subprime."
7 Jeff Collins, "Pimco Predicts Soft Landing for Housing," *The Orange County Register*, May 10, 2006.
8 "Pimco Exec Cites Fallout from Housing," *The Orange County Register*, June 5, 2006.
9 Bill Gross, "Mission Impossible?" *Investment Outlook*, Pimco.com, May 16, 2006.
10 Paul McCulley, "Teton Reflections," *Investment Outlook*, Pimco.com, September 7, 2007.
11 Paul McCulley, "The Shadow Banking System and Hyman Minsky's Economic Journey," Pimco.com, May 26, 2007.
12 Allianz, Letter to the Shareholders, Fiscal Year 2000.

13 Bill Gross, "Miracu(less)," *Investment Outlook*, Pimco.com, August 1, 2001.

14 Paul McCulley, "*Time*: Varying Variables Vary," *Investment Outlook*, Pimco.com, October 19, 2006.

15 Bill Gross, "Reality Check," *Investment Outlook*, Pimco.com, November 30, 2006.

16 Gross, "Pimco's Bill Gross on Scoping Out Subprime."

第二章

1 Bill Gross, "100 Bottles of Beer on the Wall," *Investment Outlook*, Pimco.com, January 29, 2007.

2 Steven L. Mintz, Dana Dakin, and Thomas Willison, *Beyond Wall Street: The Art of Investing* (Hoboken, N.J.: Wiley, 1998).

3 Craig Karmin and Ian McDonald, "Harvard's Loss: El-Erian," *The Wall Street Journal*, September 12, 2007.

第三章

1 Bill Gross, "On the Course to a New Normal," *Investment Outlook*, Pimco.com, September 1, 2009.

2 Bill Gross, "Looking for Contagion in All the Wrong Places," *Investment Outlook*, Pimco.com, July 2007.

3 Kai Ryssdal, "Bernanke Cites Concerns with Economy," Marketplace.org, July 18, 2007.

4 "2 Bear Stearns Funds Are Almost Worthless," Reuters, July 17, 2007.

5 Jim Cramer, "Watch the Full Rant: Cramer's 'They Know Nothing!'" CNBC, August 2007.

6 Seth Lubove and Elizabeth Stanton, "Pimco Power in Treasuries Prompts Suit Gross Says Is Nonsense," Bloomberg News, February 20, 2007.

7 Sudip Kar-Gupta and Yann Le Guernigou, "BNP Freezes $2.2 Bln of Funds over Subprime," Reuters, August 9, 2007.

8 Paul McCulley, "After the Crisis: Planning a New Financial Structure Learning from the Bank of Dad," Pimco.com, May 10, 2010.

9 John Ward Anderson, "E.U. Central Bank Injects More Cash as Markets Tumble," *The Washington Post* Foreign Service, August 11, 2007.

10 Robert Shiller, "Bubble Trouble," Project Syndicate, September 17, 2007.

11 Brooke Masters and Jeremy Grant, "Finance: Shadow Boxes," *Financial Times*, February 2, 2011.

12 Christine Benz, "Our 2007 Fund Managers of the Year," Morningstar, January 3, 2008.

13 Julie Segal, "War Stories over Board Games: How Bill Gross and Warren Buffett (Almost) Saved America," *Institutional Investor,* April 2017.

14 Deborah Brewster, "Man in the News: Bill Gross," *Financial Times*, September 12, 2008.

15 Michael S. Rosenwald, "'Bond King' Can Really Think on His Head," *The Washington Post,* October 11, 2008.

16 Barbara Kiviat, "Even Bond Guru Bill Gross Can't Escape," *Time*, September 18, 2008.
17 Segal, "War Stories over Board Games: How Bill Gross and Warren Buffett (Almost) Saved America."

第四章

1 Bob Campion, "Bill Gross Reveals Lessons from Blackjack," *Financial Times*, October 17, 2010.
2 David Lynch, "OC trader makes bonds a profitable game," *The Orange County Register*, August 10, 1992.
3 David Rynecki, "The Bond King," *Fortune*, March 4, 2002.
4 "PIMCO Announces Mohamed El-Erian to Rejoin Firm as Co-CEO, Co-CIO," Marketwired, September 11, 2007.
5 Erin Burnett, CNBC, January 3, 2008.
6 Mohamed El-Erian, "When Wall Street Nearly Collapsed," *Fortune*, September 14, 2009.
7 Nelson D. Schwartz and Julie Creswell, "Pimco's Boss, Armed with Billions in Cash, Tackles a Monster," *The New York Times*, March 23, 2008.
8 Ibid.
9 Bill Gross, "There's a Bull Market Somewhere?" *Investment Outlook*, Pimco.com, September 3, 2008.
10 Schwartz and Creswell, "Pimco's Boss, Armed with Billions in Cash, Tackles a Monster."
11 Mohamed El-Erian on *Charlie Rose*, PBS, July 24, 2008.
12 Bill Gross, "There's a Bull Market Somewhere?"
13 "Gross: Big Investors Avoiding Bank Debt for Now," CNBC, September 4, 2008.
14 Katie Benner, "Pimco's Power Play," *Fortune*, February 20, 2009.
15 Michael Steinberg, "Bill Gross Politicking for His Own Bailout," Seeking Alpha, September 5, 2008.
16 Benner, "Pimco's Power Play."
17 Steven Pearlstein, "Pearlstein: Government Takes Control of Fannie Mae and Freddie Mac," *The Washington Post*, September 8, 2008.
18 El-Erian, "When Wall Street Nearly Collapsed."
19 Ibid.
20 Laura Blumenfeld, "The $700 Billion Man," *The Washington Post*, December 6, 2009.
21 Ibid.
22 Hamilton Nolan, "Financial Crisis Taking a Toll on Our Favorite Asshole Banker," *Gawker*, November 14, 2008.

23 Mohamed El-Erian, "'Messy Healing' Process for U.S. Economy: El-Erian," CNBC, January 15, 2009.
24 "What Bill Gross Is Buying," *Forbes*, January 6, 2009.
25 Benner, "Pimco's Power Play."
26 Jennifer Ablan and Matthew Goldstein, "Special Report: Twilight of the Bond King," Reuters, February 9, 2012.
27 Benner, "Pimco's Power Play."
28 "What Bill Gross Is Buying."
29 "Big Brother Investing," *Forbes*, December 25, 2008.
30 Bill Gross, "Andrew Mellon vs. Bailout Nation," *Investment Outlook*, Pimco.com, January 8, 2009.
31 "What Bill Gross Is Buying."
32 "Big Brother Investing."

第五章

1 Bill Gross, keynote address, Morningstar 2009 Investment Conference, Chicago, Ill., May 28, 2009.
2 Russel Kinnel, "Stock Managers Go Bonkers over Bonds," Morningstar, June 1, 2009.
3 Bill Gross, "I've Got to Admit It's Getting Better Getting Better All the Time," *Investment Outlook*, Pimco.com, March 1, 2005.
4 Peter Cohan, "Bill Gross, the $747 Billion Man, Declares the Death of Equities," AOL, February 26, 2009.
5 Jonathan Lansner, "Bill Thompson: Ex-Pimco CEO an Engine for Charity," *The Orange County Register*, January 4, 2013.
6 Sam Ro, "EL-ERIAN: These Are The Institutions And People Who Shaped The Way I Think," *Business Insider*, September 25, 2012.
7 Seth Lubove and Sree Vidya Bhaktavatsalam, "Gross Vows This Time Different as El-Erian Leads Equities Push," *Bloomberg Markets*, June 24, 2010.
8 Neil Barofsky, Bailout: *How Washington Abandoned Main Street While Rescuing Wall Street* (New York: Simon and Schuster, 2013).
9 Felix Salmon, "Where Else Could Kashkari Have Gone?" Reuters, December 8, 2009.
10 Devin Leonard, "Treasury's Got Bill Gross on Speed Dial," *The New York Times*, June 20, 2009.
11 Devin Leonard, "Neel Kashkari's Quiet Path to Pimco," *The New York Times*, December 31, 2009.
12 Katie Benner, "Pimco's Power Play," *Fortune*, February 20, 2009.

第六章

1 Eric Jacobson, "Gross: It's Been a Fixed-Income Decade," Morningstar, December 28, 2009.
2 Bill Gross, "Consistent Alpha Generation Through Structure," Reflections, *Financial Analysts Journal* (September/October 2005).
3 Deepak Gopinath, "Pimco's El-Erian Shuns Banks That Break His Rules," Bloomberg News, September 23, 2005.
4 Joanna Slater, "The Obsessive Life of Bond Guru Bill Gross," *Globe and Mail*, October 22, 2010.
5 Seth Lubove and Sree Bhaktavatsalam, "Gross Vows This Time Different."
6 Devin Leonard, "Treasury's Got Bill Gross on Speed Dial," *The New York Times*, June 20, 2009."
7 Deborah Solomon and Damian Paletta, "Treasury Names Nine Firms for Toxic-Asset Program," *The Wall Street Journal*, July 10, 2009.
8 Katie Rushkewicz Reichart, "Fund Times: PIMCO Passes on PPIP," Morningstar, July 9, 2009.
9 Bill Gross, "The Ring of Fire," *Investment Outlook*, Pimco.com, January 26, 2010.

第七章

1 Anthony DePalma, "Mexico Eases Crisis, Selling All Bonds Offered," *The New York Times*, January 18, 1995.
2 Jennifer Rubin, "Exclusive Interview: Bill Gross of Pimco," *The Washington Post,* April 7, 2011.
3 Megan McArdle, "The Vigilante," *The Atlantic,* June 2011.
4 Ibid.
5 Catherine Tymkiw, "Why Pimco Cut Its Bond Holdings," CNNMoney, March 31, 2011.
6 Rubin, "Exclusive Interview: Bill Gross of Pimco."
7 Felix Salmon, "Pimco Datapoints of the Day," Reuters, February 14, 2011.
8 Cullen Roche, "Bill Gross Sells Government Bonds. Does It Matter?" Pragmatic Capitalism, March 11, 2011.
9 Paul Krugman, "Stocks, Flows, and Pimco (Wonkish)," *The New York Times*, April 19, 2011.
10 Nikola G. Swann, John Chambers, and David T. Beer, "United States of America Long-Term Rating Lowered to 'AA+' on Political Risks and Rising Debt Burden; Outlook Negative," RatingsDirect, Standard & Poor's Global Credit Portal, August 5, 2011.
11 Brian Parkin and Rainer Buergin, "Merkel Faces Dissent on Greece as Schaeuble Stokes ECB Clash," Bloomberg News, June 8, 2011.
12 Mary Pilon and Matt Phillips, "Pimco's Gross Has 'Lost Sleep' over Bad Bets," *The Wall Street Journal*, August 30, 2011.
13 Bill Gross, "Mea Culpa," *Investment Outlook*, Pimco.com, October 2011.
14 Joe Weisenthal, "The Costliest Mistake in All of Economics," *Business Insider*, October 16, 2011.

15 Rob Copeland, "Bill Gross Built Pimco Empire on Prescience, Flair," *The Wall Street Journal*, September 26, 2014.

第八章

1 Sree Vidya Bhaktavatsalam and Alexis Leondis, "Gross Says Pimco's Active ETF a Call to 'Mom-and-Pop' Investors," Bloomberg News, March 1, 2012.
2 Bill Gross, *Everything You've Heard About Investing Is Wrong! How to Profit in the Coming Post-Bull Markets* (New York: Crown Publishing, 1997).
3 Bhaktavatsalam and Leondis, "Gross Says Pimco's Active ETF a Call to 'Mom-and-Pop' Investors."
4 Joyce Hanson, "All Eyes on PIMCO ETF Launch," *Investment Advisor, March 26, 2012.*
5 U.S. Securities and Exchange Commission, "PIMCO Settles Charges of Misleading Investors About ETF Performance," December 1, 2016, Washington, D.C.
6 Richard T. Pratt et al., *New Developments in MortgageBacked Securities* (Washington, D.C.: CFA Institute, 1984).
7 SEC, "PIMCO Settles Charges of Misleading Investors About ETF Performance."
8 Kirsten Grind, "Bill Gross's Shiny New Toy," *The Wall Street Journal*, April 13, 2012.
9 SEC, "PIMCO Settles Charges of Misleading Investors About ETF Performance."
10 Jackie Noblett, "Pimco's Total Return ETF Makes Strong Start," *Financial Times*, May 4, 2012.

第九章

1 Bill Gross, "Shaq Attack," *Investment Outlook*, Pimco.com, April 1, 2003.
2 Karl Taro Greenfeld, "Neel Kashkari Wants to Be a New Kind of Republican," *Bloomberg Businessweek*, May 29, 2014.
3 Bill Gross, "Cult Figures," Pimco.com, July 2012.
4 Steven Russolillo, "Bill Gross Is Wrong About Stocks: GMO," *The Wall Street Journal*, August 10, 2012.
5 Jason Kephart, "The 'Cult of Equity' Isn't Dying, It's Going Passive," Bloomberg News, August 6, 2012.
6 Roben Farzad, "Can Pimco Break Free of Its Bonds?" Bloomberg News, February 1, 2013.
7 Sewell Chan, "In Marketing of a New Mortgage Fund, Pimco Lists Former Bush Officials," *The New York Times*, December 16, 2010.
8 Charles Stein and John Gittelsohn, "Pimco Beats 99% of Peers with Ivascyn as Market Beast: Mortgages," Bloomberg News, January 27, 2014.
9 Christopher Condon and Alexis Leondis, "Gross Dethroned as Pimco Bond King," Bloomberg News, August 29, 2012.
10 Jody Shenn, "Pimco Mortgage Head Scott Simon to Retire from Bond-Fund Manager," Bloomberg News, January 25, 2013.

第十章

1 Ryan Leggio, "PIMCO High Yield Skipper Jumping Ship; Gross Taking Helm," Morningstar, May 15, 2009.
2 Jennifer Ablan and Jonathan Stempel, "Ex-PIMCO Exec Sues Firm, Says Was Fired for Reporting Misdeeds," Reuters, March 13, 2013.
3 Ibid.
4 Gretchen Morgenson, "Was Someone Squeezing Treasuries?," *The New York Times*, August 7, 2005.
5 Seth Lubove and Elizabeth Stanton, "Pimco Power in Treasuries Prompts Suit Gross Says Is Nonsense," Bloomberg News, February 20, 2007.
6 Mark Whitehouse, Aaron Lucchetti, and Peter A. McKay, "Short-Bond Shortage Isn't Over," *The Wall Street Journal*, August 11, 2005.
7 Lubove and Stanton, "Pimco Power."
8 Erin Coe, "Pimco Settles Short-Seller Action for $92M," Law360, January 3, 2011.

第十一章

1 Bill Gross, "A Man in the Mirror," *Investment Outlook*, Pimco.com, April 3, 2013.
2 David Rynecki, "The Bond King," *Fortune*, March 4, 2002.
3 Bill Gross, "So CQ-ish," Pimco.com, October 29, 2008.
4 Gross, "A Man in the Mirror."
5 Mohamed El-Erian, "8 Themes for Long-Term Investors in the 'New Normal' Markets," Nasdaq.com, May 13, 2013.
6 Sam Forgione and Jennifer Ablan, "UPDATE 2-Pimco Total Return Fund Adds Treasuries in Tumultuous June," Reuters, July 15, 2013.
7 Gregory Zuckerman and Kirsten Grind, "Inside the Showdown Atop Pimco, the World's Biggest Bond Firm," *The Wall Street Journal*, February 24, 2014.
8 Steven Goldberg, "What 'New Normal'? El-Erian's Pimco Fund Falls Flat," Kiplinger, November 20, 2013.
9 Bill Gross, "Mr. Bleu," Pimco.com, June 2015.
10 Jennifer Ablan and Katya Wachtel, "Pimco's Gross Tells Icahn to Leave Apple Alone," Reuters, October 24, 2013.
11 Sam Forgione and Jennifer Ablan, "Pimco's Gross Urges 'Privileged 1 Percent' to Pay More Tax," Reuters, October 31, 2013.
12 Bill Gross, "Kennethed," *Investment Outlook*, Pimco.com, February 2002.
13 "BlackRock's Larry Fink and PIMCO's Bill Gross Discuss the U.S. Economy," UCLA Anderson YouTube, October 11, 2013.
14 "Protest at Pimco over Troubled Home Loans," *The Orange County Register*, October 31, 2013.

15 Bill Gross, "Scrooge McDucks," *Investment Outlook*, Pimco.com, November 1, 2013.
16 "Bill and Sue Gross Take Unorthodox Approach to Giving," *Philanthropy News Digest*, December 22, 2013.

第十二章

1 Mohamed El-Erian, "Father and Daughter Reunion," *Worth,* June 7, 2014.
2 Deepak Gopinath, "Pimco's El-Erian Shuns Banks That Break His Rules," Bloomberg News, September 23, 2005.
3 Gregory Zuckerman and Kirsten Grind, "Inside the Showdown Atop Pimco, the World's Biggest Bond Firm," *The Wall Street Journal*, February 24, 2014."
4 Bill Gross, "The Tipping Point," *Investment Outlook*, Pimco.com, July 1, 2013.
5 Zuckerman and Grind, "Inside the Showdown."
6 Miles Weiss, "Gross Overhauls Dialynas's Unconstrained Fund," Bloomberg News, March 5, 2014.
7 Laura Smith, Affidavit in Support of Criminal Complaint, March 11, 2019, Department of Justice, Federal Bureau of Investigation, Washington, D.C.
8 Doug Hodge, "I Wish I'd Never Met Rick Singer," *The Wall Street Journal*, February 9, 2020.
9 Doug Hodge, "Restoring Trust in the New Normal: Remarks to SIFMA Annual Meeting," Pimco.com, October 23, 2012.
10 Doug Hodge, "Restoring Trust in Our Financial System: It's All About Culture," *Pensions & Investments,* July 25, 2012.
11 Laura Smith, Affadavit, DOJ, FBI.
12 Nathaniel Popper and Matthew Goldstein, "Heir Apparent at Pimco to Step Down," *The New York Times*, January 21, 2014.
13 Tom Braithwaite, "Hours and Friction Prompted El-Erian Exit," *Financial Times*, January 22, 2014.
14 "PIMCO Appoints Leadership Team," *Investment Outlook*, Pimco.com, January 21, 2014.
15 Zuckerman and Grind, "Inside the Showdown."
16 Sree Vidya Bhaktavatsalam and Alexis Leondis, "Gross Says Pimco to Name More Deputies as El-Erian Quits," Bloomberg News, January 22, 2014.
17 Alexis Leondis and Charles Stein, "Pimco's El-Erian Resigns as Hodge Named Chief Executive," Bloomberg News, January 22, 2014.
18 Bill Gross, "Bill Gross: El-Erian's Exit a 'Surprise to Us,'" CNBC, January 29, 2014.
19 Sam Forgione and Jennifer Ablan, "Pimco's Gross Tells Clients 'We Are a Better Team at This Moment,'" Reuters, February 5, 2014.

第十三章

1 Gregory Zuckerman and Kirsten Grind, "Inside the Showdown Atop Pimco, the World's Biggest Bond Firm," *The Wall Street Journal*, February 24, 2014.
2 Felix Salmon, "It's Time for Bill Gross to Retire," Reuters, February 25, 2014.
3 Sheelah Kolhatkar, "Bill Gross Picks Up the Pieces," *Bloomberg Businessweek*, April 14, 2014.
4 Marc Andreessen, Twitter, February 25, 2014.
5 Brian Sullivan, "Bill Gross Responds to WSJ Portrayal," CNBC, February 25, 2014.
6 Julia La Roche, "Bill Gross Calls into CNBC to Respond to the Scathing WSJ Article," *Business Insider*, February 25, 2014.
7 Gregory Zuckerman and Kirsten Grind, "Pimco's Gross Defends Competitive Culture," *The Wall Street Journal*, February 28, 2014.
8 Greg Saitz, "Pimco Fee Plaintiffs May Have Powerful Ally—a Former Director," BoardIQ, June 13, 2016.
9 Scott Reckard, "Pimco Trustee Assails Exec's Salary," *Los Angeles Times*, March 11, 2014.
10 Jeff Cox, "'Mediocre' Gross overpaid at $200 million: Trustee," CNBC, March 11, 2014.
11 Jennifer Ablan, "Exclusive: Pimco's Gross Declares ElErian Is 'Trying to Undermine Me,'" Reuters, March 6, 2014.
12 Eric Jacobson and Michael Herbst, "Morningstar's Current View on PIMCO," Morningstar, March 18, 2014.
13 Mary Childs, "Pimco Dissidents Challenge Bill Gross in 'Happy Kingdom,'" Bloomberg News, July 8, 2014.

第十四章

1 Sheelah Kolhatkar, "Bill Gross Picks Up the Pieces," *Bloomberg Businessweek*, April 14, 2014.
2 Trish Regan, "Bill Gross: I Thought I Knew El-Erian Better," Bloomberg TV, April 10, 2014.
3 Gregory Zuckerman, "At Gross's Pimco, El-Erian Says 'Different Styles' Stopped Working Well Together," *The Wall Street Journal*, April 11, 2014.
4 Kolhatkar, "Bill Gross Picks Up the Pieces."
5 Mary Childs, "Pimco's Mather Sees Clear Departure from 'New Normal,'" Bloomberg News, April 25, 2014.
6 Mary Childs, "Pimco's 'New Normal' Thesis Morphs into 'New Neutral,'" Bloomberg News, May 13, 2014.
7 Mary Childs, "Gross Says Pimco Funds Headed Back to the Top," Bloomberg News, May 14, 2014.
8 "PIMCO Hires Paul McCulley as Chief Economist," Pimco.com, May 27, 2014.
9 Mary Childs, "McCulley Returns to Pimco as Gross Seeks to Restore Shine," Bloomberg News, May 28, 2014.
10 "PIMCO Hires Paul McCulley as Chief Economist."
12 Gregory Zuckerman and Kirsten Grind, "Bond Giant Pimco and Founder Bill Gross Struggle to Heal Strains," *The Wall Street Journal*, July 14, 2014.

13 Bill Gross, "Bill Gross: Economy Can't Survive Much Higher Rates," keynote address, Morningstar 2014 Investment Conference, Chicago, Ill., June 27, 2014.
14 Zuckerman and Grind, "Bond Giant Pimco and Founder Bill Gross Struggle."
15 Bill Gross, "Bob," *Investment Outlook*, Pimco.com, April 2014.
16 Bill Gross, "Achoo!" *Investment Outlook*, Pimco.com, May 2014.
17 Bill Gross, "*Time* (and Money) in a Cellphone," *Investment Outlook*, Pimco.com, June 5, 2014.
18 Jennifer Ablan, "Pimco NYC Office Tackles Bed Bug Infestation, Fumigates," Reuters, August 20, 2014.
18 Kevin Roose, "Financial Firm PIMCO's New York Office Is Reportedly Besieged by Bedbugs (Updated)," New York, August 20, 2014.

第十五章

1 Landon Thomas, Jr., "Pimco Suit Sheds Light on Murky Investor Fees," *The New York Times*, November 9, 2015.
2 Bess Levin, "Jeffrey Gundlach NOT Set Up by TCW, Big Fan of 'Dr. Fellatio' Series," Dealbreaker, January 11, 2010.
3 Mina Kimes, "Firing the $70 Billion Man," *Fortune*, March 10, 2010.
4 Tom Petruno and Tiffany Hsu, "TCW-Gundlach Trial Ends in Split Verdicts," *Los Angeles Times*, September 17, 2011.
5 Jennifer Ablan, "Bill Gross Told Rival Gundlach: 'I Am Kobe, You Are LeBron,'" Reuters, October 5, 2014.
6 Kirsten Grind, Gregory Zuckerman, and Jean Eaglesham, "Pimco ETF Draws Probe by SEC," *The Wall Street Journal*, September 23, 2014.

第十六章

1 "PIMCO CIO William H. Gross to Leave the Firm," Pimco.com, September 26, 2014.
2 Erik Schatzker, "Pimco Is 'Rich in Talent,' Bill Powers Says," Bloomberg TV, October 7, 2014.
3 Jonathan Berr, "Departure of Pimco's Gross Stuns Investing World," CBS News, September 26, 2014.
4 Kirsten Grind, "CEO Douglas Hodge Cites 'Overwhelming' Relief at Pimco," *The Wall Street Journal*, September 27, 2014.
5 Brian Sullivan, "Pimco Executives: 'The Firm Is Moving Forward,'" CNBC, September 30, 2014.
6 Mary Childs, "Ivascyn Survives Allianz Firing to Guide Pimco Post-Gross," Bloomberg News, October 1, 2014.
7 Stephen Foley, "Daniel Ivascyn: The Straight Talking Portfolio Manager," *Financial Times*, October 1, 2014.
8 Myles Udland, "Here's Bill Gross' First Letter as a Fund Manager at Janus," *Business Insider*, October 9, 2014.

9 Jennifer Ablan and Sam Forgione, "UPDATE 2-Bill Gross, in His 'Second Life,' Says Janus Role Is Simpler," Reuters, October 9, 2014.
10 Udland, "Here's Bill Gross' First Letter as a Fund Manager at Janus."
11 Dean Starkman and E. Scott Reckard, "Bill Gross Gives Somber Outlook for Financial Markets," *Los Angeles Times*, October 9, 2014.
12 Kirsten Grind, Gregory Zuckerman, and Min Zeng, "Billions Fly Out the Door at Pimco," *The Wall Street Journal*, September 28, 2014.
13 Jennifer Ablan, "Bill Gross of Janus to Manage $500 Mln for Soros Fund," Reuters, November 21, 2014.
14 Mary Childs, "Weil Counts on Gross as Peyton Manning in Janus Rebound," Bloomberg News, December 19, 2014.
15 Gerard Baker, "The 10-Point," *The Wall Street Journal*, January 8, 2015.
16 Miles Weiss, "Brynjolfsson: 'This Is a Sad Day' for Both Pimco and Gross," Bloomberg News, October 8, 2015.
17 Dean Starkman, "Pimco Moves to Dismiss Bill Gross' Employment Suit," *Los Angeles Times*, November 9, 2015.
18 Mary Childs, "Gross Gets Personal: 'I Just Wanted to Run Money and Be Famous,'" *Bloomberg Markets,* June 29, 2015.
19 Claire Suddath, "This Lawyer Is Hollywood's Complete Divorce Solution," *Bloomberg Businessweek*, March 2, 2016.
20 Mary Childs, "Bill Gross and Pimco Settle Suit over His Ouster," *The New York Times*, March 27, 2017.
21 Bill Gross, "Tattooed," PRNewswire, September 14, 2020.
22 Patricia Hurtado, "Bill Gross Says He Sought Peace in Text to 'Peeping Mark,'" Bloomberg News, December 14, 2020.
23 Patricia Hurtado, "Bill Gross's Playing of 'Gilligan's Island' Muted by Judge," Bloomberg News, December 23, 2020.
24 Meghann Cuniff, Twitter, December 7, 2020.
25 Bill Gross, "An Open Letter from Bill Gross," PRNewswire, December 7, 2020.
26 Laurence Darmien, "Bill Gross Seeks to End Dispute over Lawn Sculpture: His Neighbor Is Having None of It," *Los Angeles Times*, December 7, 2020.
27 Laurence Darmiento, "Bill Gross Harassed Neighbor with 'Gilligan's Island' Song, Judge Rules," *Los Angeles Times*, December 23, 2020.
28 Bill Gross, "OC LEADER BOARD: Why I Give What I Give, and Why You Should Too," *Orange County Business Journal,* May 24, 2021.

新商業周刊叢書BW0811

債券天王

比爾・葛洛斯，從拉斯維加斯賭場到華爾街交易之神的傳奇人生

原文書名／The Bond King: How One Man Made a Market, Built an Empire, and Lost It All
作　　者／瑪麗・蔡爾姿（Mary Childs）
譯　　者／劉道捷
企劃選書／黃鈺雯
責任編輯／黃鈺雯
編輯協力／蘇淑君
版　　權／吳亭儀、林易萱、江欣瑜、顏慧儀
行銷業務／林秀津、黃崇華、賴正祐、郭盈均、華華

總　編　輯／陳美靜
總　經　理／彭之琬
事業群總經理／黃淑貞
發　行　人／何飛鵬
法律顧問／台英國際商務法律事務所
出　　版／商周出版　臺北市中山區民生東路二段141號9樓
電話：(02)2500-7008　傳真：(02)2500-7759
E-mail：bwp.service@cite.com.tw
發　　行／英屬蓋曼群島商家庭傳媒股份有限公司　城邦分公司
台北市104民生東路二段141號2樓
電話：(02)2500-0888　傳真：(02)2500-1938
讀者服務專線：0800-020-299　24小時傳真服務：(02)2517-0999
讀者服務信箱：service@readingclub.com.tw
劃撥帳號：19833503
戶名：英屬蓋曼群島商家庭傳媒股份有限公司城邦分公司
香港發行所／城邦(香港)出版集團有限公司
香港灣仔駱克道193號東超商業中心1樓
電話：(825)2508-6231　傳真：(852)2578-9337
E-mail：hkcite@biznetvigator.com
馬新發行所／城邦（馬新）出版集團
Cite (M) Sdn Bhd
41, Jalan Radin Anum, Bandar Baru Sri Petaling,
57000 Kuala Lumpur, Malaysia.
電話：(603)9057-8822　傳真：(603)9057-6622　email: cite@cite.com.my

封面設計／萬勝安　內文設計暨排版／無私設計・洪偉傑　印　刷／鴻霖印刷傳媒股份有限公司
經　銷　商／聯合發行股份有限公司　電話：(02)2917-8022　傳真：(02) 2911-0053
地址：新北市231新店區寶橋路235巷6弄6號2樓

ISBN／978-626-318-460-2（紙本）　978-626-318-457-2（EPUB）
定價／520元（紙本）　360元（EPUB）

城邦讀書花園
www.cite.com.tw

國家圖書館出版品預行編目(CIP)數據

債券天王：比爾.葛洛斯,從拉斯維加斯賭場到華爾街交易之神的傳奇人生/瑪麗.蔡爾姿(Mary Childs)著；劉道捷譯. -- 初版. -- 臺北市：商周出版：英屬蓋曼群島商家庭傳媒股份有限公司城邦分公司發行, 民111.11
　面；　公分. --(新商業週刊叢書；BW0811)
譯自：The bond king : how one man made a market, built an empire, and lost it all

ISBN 978-626-318-460-2(平裝)

1.CST: 葛洛斯(Gross, William H.(William Hunt), 1944-)　2.CST: 債券　3.CST: 投資　4.CST: 傳記　5.CST: 美國

563.53　　111016178

2022年（民111年）11月初版